ars vivendi

Gastro-Tipps

Geschichte & Geschichten

Einkaufen

Brauchtum & Kultur

Touren & Spaziergänge

Naturphänomene

Sehenswürdigkeiten

Freizeit & Sport

Anna Schwarm (geb. Schneider), 1978 in Nürnberg geboren, ist Journalistin. Nach dem Studium der Germanistik, Medienwissenschaften und Soziologie in Erlangen arbeitete sie sowohl in freier als auch fester Anstellung als Redakteurin für verschiedene fränkische Medien wie die *Nürnberger Nachrichten*, den *Bayerischen Rundfunk* und die *dpa Nordbayern*. Dabei verantwortete sie eine Zeit lang auch das Ressort »Kultur« der *Hersbrucker Zeitung*. Inzwischen ist sie als Kulturmanagerin für die Stadt Nürnberg im Einsatz. Die Hersbrucker Schweiz ist ihre Walheimat. Zusammen mit ihrem Mann, Martin Schwarm (Fotografie), hat sie in der Altstadt von Hersbruck ein denkmalgeschütztes Fachwerkhaus über mehrere Jahre hinweg aufwendig renoviert und mittlerweile mit dem gemeinsamen Sohn Erik und Hund Bob auch bezogen.

Anna Schwarm (Texte)
Martin Schwarm (Fotografie)

Der Ausflugs-Verführer Hersbrucker Schweiz

Ein ars vivendi Freizeitführer

Für Erik
Herzlich willkommen in Deiner Heimat

Bildnachweis:
Anna M. Scholz Stiftung: S. 25, 45; Anna Schwarm: S. 92; Dauphin Speed Event GmbH & Co. KG: S. 125; Fackelmann Therme Hersbruck: S. 121; Gasthof Brauner Hirsch: S. 185, 187; SAMMLUNG WERNER LÖFFLER: S. 137; Sascha Hupfer: S. 30, 33, 39, 61, 63, 64, 75, 70, 73, 79, 80, 82, 84, 169; Stefan Harries: S. 123.
Alle übrigen Fotografien stammen von Martin Schwarm.

Erste Auflage August 2016

www.arsvivendi.com

Umschlaggestaltung: ars vivendi verlag
Lektorat: Ute König, www.besserer-text.de
Satz: Christine Richert, www.typoholica.de
Druck: GPS Group GmbH, Velden
Printed in the EU

ISBN 978-3-86913-594-6

Inhalt

Teil I

Teil II

Teil III

Högenbachtal

Hirschbachtal

Oberes Pegnitztal

Sittenbachtal

Vorwort
Wosd need soggsd: So schai wäi dahamm is närche'ds!

Die Hersbrucker Schweiz, im nördlichen Teil der Frankenalb gelegen, ist die kleine, aber außergewöhnlich vielseitige Schwester der Fränkischen Schweiz. Zu Unrecht steht sie häufig in ihrem Schatten. Denn in dem traditionsreichen Gebiet rund um die »Cittaslow« Hersbruck, begrenzt vom Schnaittachtal im Westen, dem Veldensteiner Forst im Norden, Neuhaus im Osten und Alfeld im Süden, reicht die Vergangenheit nicht nur der Gegenwart die Hand, sondern auch der Zukunft: Über Happurg lässt sich die »Houbirg«, eine der größten keltischen Höhensiedlungen in Süddeutschland, erkunden. Derweil breitet der romantische Stausee drunten im Tal seinen glatten, dunklen Wasserspiegel über eines der finstersten Kapitel deutscher Geschichte. Im *Urzeitbahnhof* Hartmannshof wird anschaulich Vor- und Frühgeschichte dokumentiert. Und einige stattliche, mittelalterliche Burgen und Schlösser zeugen vom großen Einfluss des Ritterstandes in der Region. Nicht zuletzt sind aber auch Künstler und Sammler gern hier zu Hause. Sie lassen sich von der abwechslungsreichen und aufregenden Gegend inspirieren: Statt großflächiger Monokultur prägen kleinteilige Kulturlandschaften mit traditionsreichen Flächen wie Hutanger und Streuobstwiese, natürliche Orchideenwälder, Blockschutthalden sowie zerklüftete Felsformationen das Bild. Und die Pegnitz bahnt sich mit zahlreichen Zuflüssen unermüdlich ihren Weg durch sieben von sanften Hügeln und massiven Bergen gerahmte Täler. Einfach optimal für Spaziergänger, Wanderer, aber auch für verschiedenste Freizeitsportler, die sich unter freiem Himmel, im Sattel, am Hang oder auf dem Wasser verausgaben wollen!

Als ich vor einigen Jahren zum ersten Mal bewusst dieses Kleinod der Metropolregion Nürnberg erkundete, verliebte ich mich sofort: in meinen späteren Ehemann, den ich hier besuchte, die Region und ihre Menschen – gradheraus und einfach unverschämt herzlich. Dass die »Stoderin« aus Nürnberg fast keinen Dialekt sprach, machte sie schon per se verdächtig … Als »Lebkoung-Preiß« (Lebkuchen-Preußen) hat mich mein Mann damals manchmal geneckt. Ich bin geblieben. Zunächst als Kulturredakteurin der *Hersbrucker*

Zeitung, später, um mit meinem Mann in der Hersbrucker Altstadt ein denkmalgeschütztes Fachwerkhaus zu renovieren. Und mit den Jahren wuchs das »Dahamm«-Gefühl immer mehr, so als hätte ich nie woanders gelebt, und mit ihm der Wunsch, etwas zurückzugeben: die Idee, in einem Buch zu zeigen, wie schön das beschauliche »Herschbrugg« und seine Schweiz eigentlich sind. Gemeinsam mit unserem Hund Bob und bewaffnet mit mehreren Kameras begaben wir uns schließlich auf geplante Entdeckungsreisen durch die Hersbrucker Alb. Trotzdem kann und will dieser Band keinen Anspruch auf Vollständigkeit erheben. Er ist lediglich ein erster, subjektiv gefärbter Eindruck von dem, was diese reiche und bunte Region zu bieten hat, wenn man sich darauf einlässt. Eine Anregung, die aber auch dazu ermutigen will, eigenständig darüber hinaus zu schauen. Als Einheimische teilen wir mit Ihnen, wo wir uns gern verausgaben, am liebsten einkehren oder einfach die Seele baumeln lassen.

Ein *Ausflugs-Verführer* entsteht natürlich nicht an einem Tag. Auf halbem Weg wurden wir ein wenig ausgebremst: von der herrlichen Botschaft, dass die Hersbrucker Schweiz bald einen Bewohner mehr hat. Deshalb möchte ich es an dieser Stelle nicht versäumen, mich bei all denen zu bedanken, die die Entstehung dieses Buches mit ermöglicht haben: Ich danke meinem Sohn Erik, der in seinen ersten Lebensmonaten so geduldig ausgeharrt hat, wenn Mama an ihren letzten Texten feilte und Papa noch Bilder sortierte. Mein besonderer Dank gilt meinen Schwiegereltern Heidi und Werner Schwarm sowie meiner großen Schwester Katja Holler und ihrer Tochter Paula, unserem Patenkind, dafür, dass sie Erik in dieser stressigen Zeit so liebevoll umsorgt und uns damit den Rücken freigehalten haben. Auch das Gegenlesen und die Erstkorrekturen durch meinen Dad Günter Schneider waren eine große Hilfe. Und nicht zuletzt hat unser Patenkind Sascha Hupfer einige großartige Fotografien zu diesem Band beigesteuert. Außerdem darf ich mich ehrlich glücklich schätzen, dass mein Mann, Martin Schwarm, mich und dieses Projekt in allen Phasen so nachhaltig unterstützt hat und mehr noch, meine Texte mit seinen wunderbaren Bildern erst rund gemacht hat. Für die gute Zusammenarbeit, den Humor, das offene Interesse am Thema und ihr großes Engagement danke ich meinen beiden Lektorinnen Ute König und Magdalena Haid, meinem Verleger Norbert Treuheit für das entgegengebrachte Vertrauen und natürlich dem ganzen *ars vivendi*-Verlagsteam.

I
Laafm loua wäi a Schnegg

Laafm loua wäi a Schnegg

Entschleunigen in Deutschlands erster Cittaslow Hersbruck

Die mittelfränkische Kleinstadt Hersbruck mit ihren beinahe 12 500 Einwohnern bildet das Herzstück der Hersbrucker Schweiz. Nach Lauf an der Pegnitz und Altdorf ist sie die drittgrößte Stadt im Landkreis Nürnberger Land.

Seine Gründung im zehnten Jahrhundert verdankt das Städtchen wohl der strategisch günstigen Lage: gelegen an einer der frühen Handelsrouten zwischen dem bayerischen Herzogshof in Regensburg und dem fränkischen Königshof in Forchheim. Hier, unweit des heutigen Wassertors, bot die Pegnitz eine passierbare Furt. So war es nur naheliegend, an dieser Stelle eine Zollstation zu errichten. Aus dieser Zeit stammt wohl auch der Stadtname, der sich auf den ersten Brückenbauer und Zöllner mit Namen Haderich (»Haderichsbrücke«) zurückführen lässt. Im Mittelalter lag Hersbruck direkt an der »Goldenen Straße«. Der wirtschaftliche Aufschwung verschaffte dem Ort bereits im ausgehenden 13. Jahrhundert eigene Stadtrechte.

Heute präsentiert sich die Ortschaft allerdings etwas weniger geschäftig, um nicht zu sagen gelassen. Denn seit dem Jahr 2001 ist Hersbruck Teil der »Cittaslow«-Bewegung. Als erste deutsche Stadt überhaupt wurde der mittelfränkische Ort mit diesem Label ausgezeichnet. Wappentier der Initiative italienischen Ursprungs, die in Orvieto (Umbrien) ihre Wurzeln hat und gegenwärtig in zehn Ländern weltweit zelebriert wird, ist die Schnecke.

Trotzdem steht das »slow« in keinster Weise für Langsamkeit oder gar Langeweile. Im Gegenteil, es geht um das, was eine Stadt erst lebenswert macht: um den »Standort« an sich, die »Lebensqualität« im Besonderen, die »Offenheit« für Neues und die traditionellen »Werte« einer Gemeinschaft.

Nach diesen vier Statuten richtet sich die Stadt Hersbruck aus, um ihren Bürgern und Gästen gleichermaßen eine entschleunigte »ars vivendi« zu ermöglichen. Ganz im Sinne des Ursprungsmanifestes, welches besagt: »Eine Cittaslow ist eine

Stadt, in der Menschen leben, die neugierig auf die wiedergefundene Zeit sind, die reich ist an Plätzen, Kultureinrichtungen, Geschäften, Cafés, Restaurants, Orten voller Geist, ursprünglichen Landschaften, faszinierender Handwerkskunst, wo der Mensch noch das Langsame anerkennt, den Wechsel der Jahreszeiten, die Echtheit der Produkte und die Spontaneität der Bräuche genießt, den Geschmack und die Gesundheit achtet …«

Ein solches Bestreben stellt sich bewusst der sonst so dauerpräsenten Globalisierung unserer Zeit entgegen und legt stattdessen viel Wert auf althergebrachte Tradition sowie moderne, lokale Akzente. Dabei geht es um Entschleunigung auf der einen Seite und Nachhaltigkeit auf der anderen.

In über zehn Jahren »fränkische Cittaslow« konnten die Hersbrucker Bürger in diesem Geist bereits einige Projekte verwirklichen: Dazu gehört die gezielte Umgestaltung des öffentlichen Raums mit vielen Grünanlagen und Ruheinseln genauso wie die Umstellung der städtischen Busse auf Erdgasbetrieb oder das ausgezeichnete »Hutangerprojekt« des *Naturschutzzentrums Wengleinpark* zur Erhaltung einer naturnahen Kulturlandschaft, aber auch die gezielte Förderung regionaler Kunst und Künstler sowie der Ausbau von Therme und *Hirtenmuseum*.

Anfahrt

Mit dem Auto

Autobahn A 9 Berlin–München, Ausfahrt »Lauf/Hersbruck«
Autobahn A 6 Heilbronn–Amberg, Ausfahrt »Alfeld«
B 14 von Nürnberg in Richtung Sulzbach-Rosenberg, Ausfahrt »Hersbruck Süd«

Parkmöglichkeiten

Parkplatz Turnhalleninsel – 2 Min. zu Fuß zur Innenstadt (kostenpflichtig)
Parkplatz Kasernweg – 5 Min. zu Fuß zur Innenstadt (kostenlos)
Großparkplatz Plärrer – 3 Min. zu Fuß zur Innenstadt (kostenlos)
Bahnhof rechts der Pegnitz – Park & Ride Parkplatz (kostenpflichtig)
Parkhaus Zentrum – Lohweg in der Innenstadt (kostenpflichtig)
Parkhaus Sparkasse – Poststr. in der Innenstadt (kostenpflichtig)

In der Hersbrucker Innenstadt kann seit dem Jahr 2014 der Parkschein auch per Handy bezahlt werden. Dafür werden Kfz-Kennzeichen und die gewünschte Parkdauer an die ausgeschilderte Kurzwahlnummer gesendet und der Bezahlvorgang wird via SMS bestätigt. 10 Minuten vor Ablauf der Parkzeit erinnert eine kostenlose SMS an das Ende der Parkzeit. Bei Bedarf kann die Parkzeit von unterwegs problemlos verlängert werden.

Mit der Bahn/VGN

Mit dem Regionalexpress »Pendolino« (R3/R4) von Nürnberg Hauptbahnhof Richtung Pegnitz, Amberg und Hof bis Hersbruck (rechts der Pegnitz). Die Fahrzeit beträgt lediglich 17 Min.

Mit der Regionalbahn R3 von Nürnberg Hauptbahnhof Richtung Neuhaus bis Hersbruck (rechts der Pegnitz). Die Fahrzeit beträgt eine halbe Stunde.

Mit der S1 von Nürnberg Hauptbahnhof Richtung Hartmannshof (über Lauf) bis Hersbruck (links der Pegnitz). Die Fahrzeit beträgt etwa eine halbe Stunde.

Nightliner

Zwischen Nürnberg, Lauf und Hersbruck fährt die Nachtbuslinie N2 im Stundentakt jeweils in den Nächten von Freitag auf Samstag und Samstag auf Sonntag.

Mit dem Rad

Der »Fünf-Flüsse-Radweg« passiert auf seiner Route von Nürnberg über Amberg bis nach Regensburg die Stadt Hersbruck sowie die Hersbrucker Alb.

Dees dou mäins wissn

Wissenswertes rund um »Herschbrugg«

Fundbüro

Fundbüro im *BürgerBüro*, Unterer Markt 2, 91217 Hersbruck
Tel. 0 91 51/73 54 01, Mo, Di u. Do 8.00–18.00, Mi 8.00–12.00, Fr 8.00–15.00

Freies WLAN in der Stadt

Die Stadt Hersbruck ist Teil des Pilotprojektes des Bayerischen Finanzministeriums »Bayern-WLAN«. Zwei dieser Hotspots wurden im Rathaus (EG, 1. OG) installiert, die auch außerhalb des Gebäudes auf dem Oberen und Unteren Markt das schnelle Surfen im weltweiten Netz ermöglichen. Der Hotspot ist mit »@BayernWLAN« gekennzeichnet. Es sind keine Passwörter oder Anmeldedaten erforderlich.

GERU-Halle

Mehrzweckhalle im Kinderkompetenzzentrum
Happurger Str., 91217 Hersbruck
500 Sitzplätze

Gottesdienste

Termine werden an jedem Freitag in der *Hersbrucker Zeitung* veröffentlicht.

Kartenvorverkauf

Touristeninformation im *BürgerBüro* (siehe unten)
Ticket-Shop der *Hersbrucker Zeitung*, Tel. 0 91 51/7 30 70

Kino

Kinoverein *KiCK* im *City Kino*, Braugasse 14, 91217 Hersbruck
Kinoprogramm unter www.kultkick.de
Spieltage Mo u. Di 19.30 sowie Sondervorstellungen

Kultur
Kulturverein *KiCK* im *City Kino*, Braugasse 14, 91217 Hersbruck, Programm in der *Hersbrucker Zeitung* und unter www.kultkick.de, Konzerte immer Sa

Markt in Hersbruck
Wochenmarkt Mi, Fr u. Sa 7.00–13.00 auf dem Oberen Markt

Post
Deutsche Post, Unterer Markt 2, 91217 Hersbruck
Mo–Fr 8.00–13.00 u. 14.00–18.00, Sa 9.00–13.00

Stadtführungen
Treffpunkt: Rathaus, So u. 1. Mi im Monat 10.00

Taxi

Taxi 4 000, Tel. 0 91 51/40 00
Taxi Raps, Tel. 0 91 51/13 11

Touristeninformation und Zimmervermittlung

Hersbruck Tourismus, Unterer Markt 2, 91217 Hersbruck, Tel. 0 91 51/73 54 01
Mo, Di, Do 8.00–18.00, Mi 8.00–12.00, Fr 8.00–15.00

Nürnberger Land Tourismus, Waldluststr. 1, 91207 Lauf a. d. Pegnitz
Tel. 0 91 23/9 50 60 62, www.urlaub.nuernberger-land.de

Weitere Informationen: www.hersbruck.de, www.nuernberger-land.de

Herschbrugg von Fräie's bis Eddse'dla

Museen, Sehenswertes und Kulturveranstaltungen

Im Lauf der Jahrhunderte war die Stadt Hersbruck Schauplatz vielfältiger Geschichtsschreibung: Ursprünglich gegründet als Burg und Zollstation, bescherte der Ortschaft ihre exponierte Lage an der »Goldenen Straße« schon im frühen Mittelalter die Stadtrechte und damit einigen Wohlstand. Im Besitz der Freien Reichsstadt Nürnberg fiel Hersbruck zu Beginn des 19. Jahrhunderts ebenso wie der überwiegende Teil Frankens an die Bayern. Der daraus resultierende Anschluss an das weltweite Eisenbahnnetz als Teil des Schienenverkehrs der »Bayerischen Ostbahnen« brachte den Hersbruckern erneut wirtschaftlichen Aufschwung. Bis heute wird der südliche Stadtteil mit seinem dazugehörigen Industriegebiet von Einheimischen deshalb auch liebevoll »Ostbahn« genannt.

Eine wenig rühmliche Rolle kam der Stadt hingegen in Zeiten des Nationalsozialismus zu: Kurz vor Kriegsende entstand auf halbem Weg nach Happurg, an der heutigen Amberger Straße, ein berüchtigtes Außenlager des Konzentrationslagers Flossenbürg. Hier waren Zwangsarbeiter untergebracht, die einen Stollen für die kriegsentscheidende Rüstungsindustrie in den nahe gelegenen Berg Houbirg treiben mussten.

Markante historische Bauwerke, Museen, aber auch moderne Gedenkstätten sind eindrucksvolle Zeugen dieses bunten Zeitenwandels. Das Stadtbild selbst ist bis heute von fränkischen Fachwerkbauten sowie Bürgerhäusern mit den für eine Hopfenstadt typischen Trockenböden geprägt. Ein Spaziergang durch die Altstadt wird so schnell zum Rundgang durch die Geschichte. Und mit dem Label »Cittaslow« bemüht sich die Stadt schon seit der Jahrtausendwende mit Nachdruck um den Erhalt von Traditionen, ein reges Kulturleben und Nachhaltigkeit, um Bürgern und Besuchern gleichermaßen eine hohe Lebensqualität zu bieten. Kein Wunder also, dass es nicht zuletzt auch viele aktive Künstler in den Mittelpunkt der Hersbrucker Schweiz zieht. In Vereinen, privaten Initiativen und Stiftungen sind sie hier bestens vernetzt und zeigen gern, was sie können.

1. Die drei Hersbrucker Stadttore

Den Bock zum Hirsch gemacht

So leicht wird der Bock zum Hirsch gemacht. Wer die drei noch bestehenden Hersbrucker Stadttore – Wassertor, Nürnberger Tor und Spitaltor – genauer unter die Lupe nimmt, wird auf manche Ungereimtheit stoßen: Setzt auf den an Spital- und Nürnberger Tor angebrachten Stadtwappen ein stattlicher Hirsch zum beherzten Sprung zwischen zwei Türmen an, kämpft sich stattdessen am Wassertor ein entschlossener Widder die Brücke hinan. Und tatsächlich war der Widder (belegt durch ein amtliches Siegel aus dem Jahr 1314) das ursprüngliche Wappentier der »Haderichsbrugger«. Er gemahnte Handeltreibende an die Achtsamkeit vor dem »Dickschädel« und dem streitbaren Gemüt der Zöllner beim Kassieren des Brückenzolls. Doch als im 16. Jahrhundert die Stadttore ihr Gesicht erhielten, hatte man sich wohl nicht auf den ursprünglichen Namensgeber – einen vom Bayernherzog eingesetzten Zöllner namens Haderich, der im zehnten Jahrhundert dort eine Brücke bauen und Zoll erheben ließ – besonnen, sondern fälschlich angenommen, dass der Name »Hersbruck« auf den Hirsch (Hersch für Herschbruck) zurückzuführen sei. Als der Wassertorturm um 1930 saniert wurde, ließ man deshalb wieder

einen Widder springen. Inzwischen ist der Hirsch aber auch offiziell als Wappentier der mittelfränkischen Kleinstadt bestätigt.

Gleich neben dem Wassertorturm steht das letzte noch original erhaltene und nach denkmalpflegerischen Aspekten (2003) aufwendig sanierte Pflasterzollhaus der Stadt. Der Volksmund nennt es auch das »Schusterhaus«, weil der letzte Zöllner in der Amtsstube auch seine Schusterwerkstatt betrieb. Das malerische Ensemble mit Brücke über den linken Pegnitzarm (»Waschpengertz«) gilt als Wahrzeichen der Stadt und ist ein beliebtes Fotomotiv. Das Spitaltor, auch »Hohenstädter Tor« genannt, wurde ebenfalls Mitte des 15. Jahrhunderts erbaut und versetzte das bestehende Spital ins Innere der Stadtmauern. Die schweren Stadttore sind nicht mehr erhalten. Lediglich sind an den oberen Balken noch die Löcher zu sehen, die der Aufhängung und Mechanik dienten. Gleich nebenan findet sich das alte Einlasshaus, in dem heute das *Hersbrucker Kunstmuseum* (»KMH«) beheimatet ist.

Das Nürnberger Tor, früher »Altensittenbacher Tor«, ist der einzige der drei Tortürme, der noch in seiner ganz ursprünglichen Form aus dem Jahr 1414 erhalten ist. Zwar wurden Zwinger (Vorhof) und Graben zwischenzeitlich abgerissen und aufgefüllt, doch der mittelalterliche Brückenbogen verbirgt sich noch unter der grob gepflasterten Straße, die zum Oberen Markt führt. Zwei weitere Tore befanden sich wohl ursprünglich noch im ältesten Teil der Stadt: An der Südostecke des Pflegschlosses stand ein Rundturm mit kleinem Durchlass ausschließlich für Fußgänger und am südlichen Ende der heutigen Kirchgasse diente das Mühltor Reisenden, von Weiher und Engelthal kommend, als Eingang zur Stadt. Beide Gebäude sind heute aber nicht mehr zu sehen.

2. Im Eisenhüttlein

Hersbrucks historisches Schatzkästlein

Kaum einer in Hersbruck kann heute durchs sogenannte Eisenhüttlein gehen, ohne einen Augenblick zu verweilen und dem kurzen, historischen Straßenzug mit seinen wunderschön hergerichteten Häusern einen Moment bewundernder Aufmerksamkeit zu schenken. Das war sicher nicht immer so, denn

der Name »Eisenhüttlein« erinnert nicht von ungefähr an Eisenschmelze, Rauch und Hammerschlag. Bis ins Jahr 1400 war das Ensemble außerhalb der Stadt gelegen, weil hier das in der Umgebung geschürfte Eisenerz verhüttet wurde. Später, als das Eisenerz in die größere Maxhütte nach Sulzbach-Rosenberg geliefert wurde, siedelten sich dort Farbbrenner an – auch sie wegen ihres geruchsintensiven Gewerbes außerhalb der Stadt. Und als die Häuserzeile schließlich hinter die Stadtmauern rutschte, war hier – im Haus Nummer 9 – noch immer der letzte innerstädtische Schmied beheimatet. In seiner Werkstatt verrichtete er die typischen Arbeiten eines Huf- und Wagenschmiedes. Unter einem Vordach, dem sogenannten Schmiedbruck, standen an Holzbohlen gebunden die Pferde, die neu beschlagen oder behandelt werden sollten. Bis in die Zwanzigerjahre des letzten Jahrhunderts gab es rund sechs solcher Vorbauten in Hersbruck, die nach und nach alle aus dem Stadtbild verschwanden. Auch der Schmiedbruck im Eisenhüttlein ist heute leider nicht mehr zu sehen. Er wurde in den Vierzigerjahren abgebrochen.

Inzwischen hat sich das Eisenhüttlein als Verbindungsstraße zwischen Oberem Markt und Mauerweg aber anderweitig herausgeputzt und präsentiert sich in historisch reizvollem Gewand. Im Mittelpunkt steht natürlich das *Deutsche Hirtenmuseum*, das durch seine mit prächtigen Schnitzereien versehenen, alten Haustore hervorsticht. Wer den Blick weiter nach oben richtet, kann auf dem Museumsdach Hersbrucks auffälligste Wetterfahne entdecken: Sie ist Bäckermeister Paul Holzmann gewidmet, der der Stadt das Anwesen gegen eine Leibrente vermachte. Die Fahne aus Kupferblech zeigt das Hersbrucker Original im Profil mit Bäckerkappe und Breze als Zeichen seiner Zunft.

Am Ende des Eisenhüttleins thront der »Gänsturm«, um 1440 als Teil der Stadtbefestigung gebaut. Der schlanke Rundturm mit Spitzdach wurde um 1800 rechteckig ummantelt und erhielt obenauf einen Fachwerkbau zu Wohnzwecken. Dort sind heute die *Altstadtfreunde Hersbruck* zuhause. Bei einem Wohnhausbrand im Februar 2010 wurden der »Gänsturm« sowie der rückwärtig gelegene »Braumeisterturm« und das daran angrenzende historische Stück des Wehrgangs beschädigt, anschließend aber aufwendig saniert. Der in seinem Schatten gelegene Brunnen wurde noch bis ins ausgehende 19. Jahrhundert mit Quellwasser vom Steinberg gespeist und von dort auf sechs Brunnen in der Innenstadt verteilt. Die heutige Brunnensäule aus Grauguss mit runder Wasserschale ist eine Stiftung der *Altstadtfreunde* und kann mit einem in den Gehweg eingelassenen Trittbrett in Betrieb genommen werden.

3. Deutsches Hirtenmuseum Hersbruck
Tradition und Moderne

Als einzigartiges Spezialmuseum widmet sich das *Deutsche Hirtenmuseum* einem der ältesten Berufe der Welt: dem Hirtenwesen. Untergebracht sind Sammlung und Wissen in einem ehemaligen Bürgerhaus aus dem Jahr 1524. Das Gebäude liegt mittig im Eisenhüttlein, das den Oberen Markt mit dem Mauerweg verbindet. Bautechnische Highlights sind etwa die aus der Zeit der Renaissance stammende, umlaufende Dockengalerie im Innenhof, das traditionelle Fachwerk mit Aufzugserker an der Frontseite sowie die Haustüre mit Oberlicht und klassizistischen Schnitzereien.

Bereits seit 1933 besteht das Heimat- und Hirtenmuseum in Hersbruck. Allerdings geht das Engagement inzwischen weit

Deutsches Hirtenmuseum, Eisenhüttlein 7, 91217 Hersbruck, Tel. 0 91 51/21 61
Mi–So 10.00–16.00, Gruppen u. Schulklassen nach Vereinbarung
1.1., 24.12.–26.12., 31.12. geschlossen
Familie 8 €, Erwachsene 4 €, ermäßigt 1,50 €
Schenke Zum Espan, Mi–So 16.00–22.00 (nur bei schönem Wetter)

über die fränkische Hirtenkultur hinaus. Die Dauerausstellung rückt das Hirtenwesen weltweit in den Fokus. Zu sehen sind unentbehrliche Gerätschaften, typische Bekleidung, Instrumente und Zeugnisse besonderer Handwerkskunst aus allen Teilen Deutschlands sowie aus Frankreich, Ungarn, Portugal, der Slowakei und Afrika. Ein Glanzstück der Sammlung sind 400 bunt bemalte, hölzerne Schellenbögen, die fränkische Rinder auf der Weide um den Hals trugen. Daran waren die geschmiedeten Schellen befestigt, die durch ihr harmonisches Geläut die Identifikation der Tiere erleichterten. Die stadtgeschichtliche Sammlung im Erdgeschoss und ersten Obergeschoss des Haupthauses widmet sich hingegen Zeugnissen vergangener Alltagskultur wie dem Hopfenanbau, dem Löschwesen oder der Beleuchtungskultur, darunter sind auch eine vollständige Küche aus dem 19. Jahrhundert und ein originales Biedermeierzimmer.

Seit Februar 2013 kann das Museum mit einer weiteren Dauerattraktion aufwarten. Das Hersbrucker Traditionsgeschäft »Leder-Soergel« wurde mit allen originalgetreuen Einbauten im Untergeschoss der rückwärtig gelegenen Scheune untergebracht und kann nun besichtigt werden. Bei Veranstaltungen wie dem »Schaffest« (s. S. 88f.) kann man sich erklären lassen, wie hier früher der Arbeitsalltag ausgesehen hat. Im zweiten Stock der Scheune – sie wurde bereits im Jahr 2009 umfassend renoviert – ist zudem die multimediale Museumsschau »Mensch und Tier« untergebracht. Sie nimmt sämtliche Facetten der wechselseitigen Beziehung unter die Lupe, ist interaktiv aufgebaut und richtet sich an alle Sinne: Hör- und Filmstationen berichten von früher und heute. Der Besucher kann Wolle, Fell und Leder verschiedener Tiere erfühlen – und vieles mehr.

Zwei weitere Ausstellungsflächen werden von der Stadt Hersbruck für Sonderausstellungen und Märkte genutzt: Jeweils im ersten Obergeschoss des Hauptgebäudes und der Scheune werden kulturhistorische ebenso wie künstlerische Ausstellungen gezeigt. Darüber hinaus steht die Scheune für Museumsveranstaltungen und Privatfeste zur Verfügung. Ein umfassendes medienpädagogisches Programm rundet das Angebot ab. Neben dem Wissen über Hirten, Heiler und Nutztiere widmen sich unterschiedliche Workshops etwa dem Lederhandwerk, der Tradition des Brotbackens, dem Filzen, Papierschöpfen oder gar der Lithografie. Einige Termine sind im Kalender des

Hirtenmuseums festgesetzt: Darunter fallen das »Hirtenfest« (s. S. 86ff.) am 6. Januar, das »Schaffest« (s. S. 88f.) im Mai sowie der »Sardische Abend« im Spätsommer. Einmal im Monat (außer Dezember), jeweils am letzten Donnerstag, lockt der Duft von frischem Brot aus dem Museumsbackofen Käufer an. Und wer einfach nur die romantische Atmosphäre genießen will, kann sich in den Sommermonaten nach Museumsschluss in der Schenke *Zum Espan* im Innenhof verwöhnen lassen. Neben Kaffee und Kuchen gibt es Vesperbrettchen, leichte mediterrane Küche und frische Brotkuchen.

4. Ensemble Mauerweg
Vom Scharfrichter und anderen Totengräbern

Das Ensemble Mauerweg könnte wohl so manch düstere Geschichte über das alte Hersbruck berichten. Bescheiden schlängelt sich die verkehrsberuhigte Gasse entlang der Stadtmauer vom Gänseturm bis zum Spitaltor. Gleich am Eingang zum Mauerweg grüßt der »Fraischturm«. Sein Name leitet sich vom mittelalterlichen Wort »Frais« ab, das sowohl »Untat« als auch »Gericht« bedeuten kann. In dem Gebäude mit der heutigen Hausnummer 7 waren bis zum Beginn des 18. Jahrhunderts das Gefängnis mit unterirdischem Verlies sowie die Amtsknechtswohnung untergebracht. Im obersten Geschoss befand sich die sogenannte Henkerstube. Der Scharfrichter musste zur Vollstreckung von Leib- und Todesstrafen eigens aus Nürnberg anreisen. Die Hinrichtungen durch das Schwert oder Hängen wurden am Galling vollstreckt, einer Anhöhe nördlich der Bahnlinie am heutigen rechten Hersbrucker Bahnhof. Dort standen zu diesem Zweck Galgen und Rabenstein. Nur zwei Häuser weiter war der Totengräber zu Hause. Der dreigeschossige Satteldachbau schließt unmittelbar an die Stadtmauer an und trägt im Kern spätmittelalterliche Züge. Der heutige Zustand des unsanierten Gebäudes lässt davon leider nur wenig erahnen. Einen erfreulicheren Anblick bietet da das aufwendig renovierte Tagelöhnerhaus am Übergang zum Wildzirkelturm. Das Häuschen aus dem Jahr 1817 bedient sich an seinen Außenwänden ebenfalls der alten Stadtmauer und ist teils massiv, teils in Fachwerktechnik erbaut. Das alte Satteldach wurde zwischenzeitlich wieder mit historischen Biberschwanzziegeln im Sechskantmuster eingedeckt. Woher der danebengelegene Wildzirkelturm seinen Namen hat, ist leider nicht überliefert.

Heute sind dort die Büroräume des Vereins *Dokumentationsstätte Konzentrationslager Hersbruck* (s. S. 36ff.) untergebracht. Interessierte können sich hier mithilfe einer kleinen Ausstellung über eines der finstersten Kapitel der Hersbrucker Schweiz informieren. Zugleich dient das Türmchen als Zugang zum letzten erhaltenen Stück des ehemaligen Wehrgangs. Die massive Stadtbefestigung aus heimischem Kalkstein wurde zu Beginn des 15. Jahrhunderts angelegt und ist etwa sechs Meter hoch und eineinhalb Meter stark. Nutzt man den im Jahr 2000 aufwendig sanierten Wehrgang (geöffnet von Mai bis Oktober zwischen 10 und 18 Uhr) kann man vom Wildzirkelturm aus bis zum Steilabstieg am Spitaltor gelangen. Etwa mittig ist seit dem Jahr 1980 im Erdgeschoss die *Original Hersbrucker Bücherwerkstätte* beheimatet, die sich dem traditionellen Handwerk des Buchdrucks widmet. Oben im Wehrgang bieten mehrere Schießscharten einen Panoramablick über die Dächer der Hersbrucker Altstadt. Weitere Überreste der einstmals durchgängigen Stadtmauer finden sich darüber hinaus nur noch am Gänseturm im Eisenhüttlein und hinter dem Schloss.

5. Original Hersbrucker Bücherwerkstätte

Handwerk mit Herz, Hand und Verstand

»Mehr als das Blei in den Kugeln hat das Blei in den Setzkästen die Welt verändert« –, angetrieben von dieser Weisheit aus der Feder des Experimentalphysikers Georg Christoph Lichtenberg, hält man in der *Original Hersbrucker Bücherwerkstätte* bereits seit über 40 Jahren die hohe Kunst des Buchdrucks von Hand am Leben. Die Gründer Michael Gölling und Günther Tobisch begannen ihre Karriere zunächst als Schriftsetzer in der zur *Hersbrucker Zeitung* gehörigen *Druckerei Pfeiffer*. Ihr Engagement und ihre Liebe zum Beruf wurden rasch zur Berufung: Nach Feierabend setzten die kreativen Köpfe Werbeplakate für ihren eigenen Jazzclub, für groß- und kleinformatige Spaßdrucke sowie Einblattdrucke um. Ab Mitte der Sechzigerjahre sammelten die beiden altes Handwerkszeug aus dem Buchdruck, darunter Blei- und Holzlettern sowie Vignetten. Als schließlich bei der *Hersbrucker Zeitung* die Technik modernisiert wurde, erhielten sie die ausrangierten Druckmaschinen vom Chef obendrauf. So konnten die Macher der *Original Hersbrucker Bücherwerkstätte* im Jahr 1977 ihre erste eigene Werkstatt am Unteren Markt beziehen. Bis dahin waren bereits zwei Bücher, Gebrauchsgrafiken sowie der erste Handpressenkalender mit einer stattlichen Auflage von 50 Exemplaren erschienen.

Mit zunehmenden künstlerischem Anspruch wurde bald ein größeres Refugium gesucht. Bereits im Jahr 1980 bezog die *Original Hersbrucker Bücherwerkstätte* ihre heutige Heimat im Mauerweg 17a, einem Teil der alten Stadtmauer, der zuvor von Brauereien zur Bierkühlung genutzt wurde. Auf inzwischen 110 Quadratmetern wird die traditionelle Handarbeit dort bis heute fortgesetzt. Im Lauf der Jahre ist die kleine, aber feine Hersbrucker Institution zu einer festen Größe der bibliophilen Szene mit Freunden und Sammlern in ganz Deutschland und dem benachbarten Ausland gewachsen. Durch zahlreiche Bücher sind fruchtbare Kontakte zu Dichtern und Literaten entstanden. Zu den renommierten Unterstützern der *Original Hersbrucker Bücherwerkstätte* zählen Autoren und Künstler wie Toni Burghart, Dan Reeder, Gerhard Loos, Arno Waldschmidt, F. W. Bernstein,

Original Hersbrucker Bücherwerkstätte, Mauerweg 17a, 91217 Hersbruck
Tel. 01 57/53 41 28 99, www.hersbrucker-buecherwerkstaette.de
Sa sowie nach Vereinbarung

Fitzgerald Kusz, Woldemar Fuhrmann, Armin Krohe, Elmar Tannert und Timo Reger. Ihrer persönlichen Handschrift – Sinnsprüche oder derbe Texte mit viel hintergründigem Humor, gepaart mit groben Holzschnitten – ist die *Original Hersbrucker Bücherwerkstätte* bis heute treu geblieben. Alljährliches Highlight ist der handgedruckte, limitierte Kalender, der nur mit Glück und zeitiger Vorbestellung zu ergattern ist. Regelmäßig im Dezember findet in dem im Hinterhof gelegenen »Hopfenzupferhäusle« eine Kalenderpräsentation statt und zum Sommerfest wird mitunter auch der darüber liegende, mittelalterliche Wehrgang zur Freiluftgalerie umfunktioniert. Regulär ist die Bücherwerkstätte an Samstagen geöffnet und mit etwas Glück kann man sich dann von Michael Gölling in die Schwarze Kunst einführen lassen oder dem Meister sogar bei der Arbeit über den Winkelhaken schauen.

6. KZ-Dokumentationsstätte im Wildzirkelturm

Sklavenarbeit in Süddeutschlands drittgrößtem Konzentrationslager

Ab dem Jahr 1943 fokussierten sich alliierte Luftangriffe zunehmend auf Orte mit deutscher Rüstungsproduktion. Die NS-Führung suchte deshalb gezielt unterirdische Räume, um ihre kriegswichtigen Fabriken zu schützen. Fündig wurde das Regime dabei 35 Kilometer östlich von Nürnberg: Im oberhalb von Happurg gelegenen Berg Houbirg sollte ein Stollensystem zur Produktion von Flugzeugmotoren der Firma BMW entstehen. Unter dem Decknamen »Dogger« begann so im Mai 1944 eines der düstersten Kapitel der Hersbrucker Schweiz. Am Ortsrand von Hersbruck in der Amberger Straße – etwa dort, wo das heutige Finanzamt steht – requirierte die SS ein ungenutztes Lager des Reichsarbeitsdienstes (RAD). Die ersten Häftlinge trafen im April 1944 aus dem KZ Flossenbürg ein. In nur zehn Monaten kamen fast 10 000 Menschen aus 23 Nationen in das Hersbrucker KZ. 3 500 von ihnen überlebten die Strapazen nicht. Weitere 500 Häftlinge kamen bei den Todesmärschen nach Dachau

Dokumentationsstätte KZ Hersbruck e. V., Mauerweg 17 (Wildzirkelturm)
91217 Hersbruck, Tel. 0 91 51/82 29 20, www.kz-hersbruck-info.de
Fr 10.00–12.00, Führungen und Vorträge nach Vereinbarung

im April 1945 ums Leben. Damit war das Konzentrationslager Hersbruck, als Außenlager des KZs Flossenbürg, das drittgrößte seiner Art in Süddeutschland – und gemessen an der Zahl der Toten in so kurzer Zeit wohl eines der schlimmsten überhaupt.

Nach Plan der Nationalsozialisten sollten für die unterirdische Fabrikanlage von rund 120 000 Quadratmetern acht Fahrstollen von sechs Metern Höhe und bis zu zehn Metern Breite in den Berg getrieben werden. Bis zum Einmarsch der Amerikaner hatte die Stollenanlage bereits 20 Prozent dieser geplanten Ausdehnung erreicht. Die Arbeiter, die im Schichtbetrieb rund um die Uhr schaffen mussten, starben an Unterernährung, Erschöpfung und nicht zuletzt aufgrund der katastrophalen hygienischen Verhältnisse im Lager. Die ersten Toten wurden noch ins Krematorium nach Nürnberg verbracht. Später wurde bei Happurg eine eigene Feuerbestattungsanlage gebaut, die sich heute auf dem Grund des Stausees befindet. Es wurden aber auch Tote unter freiem Himmel verbrannt, nahe Schupf und Hubmersberg.

An allen drei Stellen erinnern heute Gedenksteine an das schlimme Schicksal der Kriegsgefangenen. Der eingetragene Verein *Dokumentationsstätte KZ Hersbruck* informiert in der im Wildzirkelturm gelegenen Geschäftsstelle über seine wichtige Arbeit. Dort ist auch eine 16 Schautafeln umfassende Ausstellung zur Geschichte des Lagers untergebracht. Die Wanderausstellung kann zum Beispiel von Schulen ausgeliehen werden. Die Aufarbeitung ist noch lange nicht beendet: Erst im Januar 2016 wurden zwei weitere moderne Gedenkstätten (siehe folgendes Kapitel) in Hersbruck und Happurg eingeweiht. Ehrenamtliche Mitglieder des Vereins bieten regelmäßig Führungen zum Thema an.

7. Zwillingsgedenkstätte für die KZ-Opfer

Gedenken an zwei Orten

Seit Januar 2016 erinnern gleich zwei Dokumentationsorte in Hersbruck und Happurg an die ungeheuerlichen Geschehnisse rund um das KZ Hersbruck. Ein begehbarer Kubus unweit des

Dokumentationsstätte KZ Hersbruck e. V., Mauerweg 17 (Wildzirkelturm)
91217 Hersbruck, Tel. 0 91 51/82 29 20, www.kz-hersbruck-info.de

Kubus in Hersbruck, Amberger Str. 76, tägl. 10.00–18.00
Happurger Dokuort, am Südring, frei zugänglich

von Künstlern und Kunstfreunden sowie aus diversen regionalen Nachlässen zusammen.

Das Archiv zur Bewahrung der mehr als 2 500 Werke des Fördervereins ist in einem Gebäude getrennt vom Museum untergebracht. Das Dach des Einlasshauses wurde im Mai 2003 mit 60 farbigen Biberschwanzziegeln geschmückt, die jeweils mit den Initialen der in der Museumssammlung vertretenen Künstler beschriftet wurden. Zum Kunstmuseum gehört auch ein Teil des Skulpturenwegs im nordöstlichen Teil des Stadtgrabens. Finanziert wird das Museum überwiegend aus den Mitgliedsbeiträgen des *Fördervereins Kunstmuseum Hersbruck*, aus Spenden sowie öffentlichen Zuschüssen. Alle Mitarbeiter arbeiten ehrenamtlich und bringen Spezialkenntnisse mit, die für den Museumsbetrieb unerlässlich sind, entweder aus ihrem eigenen Kunstschaffen oder aus ihrem beruflichen Umfeld. Für die alljährliche Mitgliederausstellung wird – aufgrund des begrenzten Raumes – mit dem Hirtenmuseum kooperiert oder man weicht ins Foyer der Stadtsparkasse aus. Weiteres Highlight ist der stets im November stattfindende Kunstmarkt im Hersbrucker Stadthaus.

10. Regionales Kunstforum K5
Ein Leben für die Kunst: Anna M. Scholz

»Kunst selber schaffen, aber auch sichtbar machen, entdecken und bewahren!« Im Leben der engagierten Künstlerin und Galeristin Dr. Anna Margarete Scholz (1936–2009) hatten diese Aspekte stets einen sehr hohen Stellenwert. Als Initiatorin des Kunstfensters der *Sparkasse* (1983) am Oberen Markt, der *Scholz-Galerie* (1995) in der Schulgasse sowie des *Kunstmuseums KMH* (1997) und des Skulpturenwegs (1999) setzte sie sich stets nicht nur für ihr eigenes Schaffen, sondern auch für die Kunst anderer ein. Noch vor ihrem Tod im Mai 2009 stellte die Wahlhersbruckerin (geboren in Erlangen) die Weichen, um ihr Lebenswerk fortzusetzen.

Die *Anna M. Scholz-Stiftung*, gegründet im Jahr 2007, sollte sichern, was der Künstlerin am Herzen lag: den eigenen Nachlass und die fränkische Kunstszene in und rund um Hersbruck. So

Regionales Kunstforum K5, Kirchgasse 5, 91217 Hersbruck
Tel. 0 15 23/3 51 15 17
zu Ausstellungszeiten immer So 14.00–16.00 oder nach telef. Vereinbarung

wurde der Grundstein für das *K5* – das *Regionale Kunstforum* – gelegt: Im Herzen der Stadt, unterhalb der evangelischen Kirche St. Marien, sind hier auf rund 70 Quadratmetern Ausstellungsfläche in wechselnden Ausstellungen die Arbeiten fränkischer Künstler zu sehen. Ein fast 500 Jahre altes Fachwerkhaus – eine ehemalige Bäckerei – ist die Heimat der *Anna M. Scholz-Stiftung.* Erklärtes Ziel ist es, regionale Kunst zu bewahren, ihre Künstler zu fordern und zugleich zu fördern. Nach aufwendiger Sanierung fand die feierliche Eröffnung am 25. September 2011 statt. Die Stiftung verwaltet einen Teil des persönlichen Gesamtwerks (etwa 300 Werke) von Anna M. Scholz selbst sowie ihre private Sammlung anderer regionaler Künstler, darunter Angela Eber (aus Eschenbach, bereits verstorben), Marian Focker (verstorben), Omar Gomez Rey, Nora Matocza, Rainer Pöhlitz, Cornelia Effner, Peter Kuschel und Rainer Zitta. Das *K5* wurde nach seiner Lage in der Kirchgasse 5 benannt und ist Teil des Stiftungsvermögens. Judith Schönhöfer und Astrid Scholz, Töchter der verstorbenen Künstlerin, bilden gemeinsam mit Jürgen Schönhöfer den Vorstand der Stiftung. Hinzu kommt ein vierköpfiger Stiftungsrat, der dem Vorstand beratend zur Seite steht: Mitglied ist auch der jeweils amtierende Hersbrucker Bürgermeister. Die *Anna M. Scholz-Stiftung* unterliegt der Aufsicht der Regierung von Mittelfranken und ist als gemeinnützig anerkannt. Die Stiftung finanziert sich aus Erträgen des Stiftungsvermögens und aus sogenannten Zustiftungen, also materiellen Zuwendungen von Privatpersonen oder Unternehmen, mit Spenden vergleichbar.

11. Stadtkirche St. Maria

Ein Gotteshaus mit vielen Schätzen

Zu den außergewöhnlichen Schmuckstücken der Region zählt der »Kirchenväteraltar« in der Hersbrucker Stadtkirche. Der spätgotische Schreinaltar ist einmalig in Franken und zählt somit zu den bedeutendsten Kunstschätzen der Hersbrucker Schweiz. Der aus Tannenholz gefertigte Schrein ist 2,83 Meter hoch und 3,55 Meter breit. Im Zentrum steht Maria mit dem Jesuskind, umgeben von den Kirchenvätern Augustinus, Papst Gregor dem

Stadtkirche St. Maria, Nikolaus-Selnecker-Platz 4, 91217 Hersbruck
tägl. 9.00–16.00, Gottesdienst So 10.00

Großen, Hieronymus und Ambrosius. Der Meister des Hersbrucker Altars ist leider nicht überliefert, er stammte wohl aus dem Bamberger Raum. Die auf den Altarflügeln hervorragenden Gemälde indes stammen aus der Werkstatt von Michael Wolgemut, dem Lehrer Albrecht Dürers.

Und der Altar ist bei Weitem nicht das einzige Kleinod dieses außergewöhnlichen Gotteshauses. Das mittlere Chorfenster, eine Stiftung des böhmischen Königs Wenzel, stammt aus dem ausgehenden 14. Jahrhundert. Die Darstellung aus buntem Bleiglas zeigt Gottes Heilsplan für die Welt: Wiederum sitzt Maria mit dem Kinde im Mittelpunkt der Anordnung, darunter reihen sich Szenen aus dem Leben Jesu aneinander – von der Geburt über die Kreuzigung bis hin zur Grablegung. Über allem thront Gottvater auf dem Regenbogen, die Weltkugel mit dem Kreuz in der linken Hand. Die Abfolge der einzelnen Bilder ist wohl nicht mehr originalgetreu. Während des Zweiten Weltkrieges wurde das Fenster zu seinem Schutz ausgebaut. Eine eigens zu Rekonstruktionszwecken angefertigte Fotografie fiel jedoch den Flammen beim Rathausbrand von 1945 zum Opfer. Den fast lebensgroßen »Hersbrucker Palmesel« aus dem frühen 16. Jahrhundert hat die Gemeinde erst im Jahr 2001 als Dauerleihgabe aus dem *Germanischen Nationalmuseum* zurückgeholt. Die herausragende spätgotische Schnitzarbeit war bis zum Jahr 1525 fester Bestandteil der Palmsonntagsprozessionen gewesen. Nach der Reformation war die hölzerne Skulptur ins Spital ausgelagert worden, ehe sie Mitte des 19. Jahrhunderts ins *Germanische Nationalmuseum* gelangte. Nach dem Zweiten Weltkrieg lag sie fast zwei Jahre lang unter Schutt begraben und wurde fachmännisch restauriert, ehe sie nach 135 Jahren Wanderschaft den Rückweg an ihren Ursprungsort antreten durfte. Christus hat bei dieser Odyssee ein kleines Stück seines Körpers, Füße und die Finger der linken Hand eingebüßt, doch die zum Segen erhobene rechte Hand ist nach wie vor gut erhalten.

Das Gotteshaus selbst stammt vermutlich aus dem 14./15. Jahrhundert, dies ist einem Ablassbrief des Erzbischofs Petrus von Smyrna aus dem Jahr 1362 zu entnehmen. Kirchturm und Langhaus wurden wohl Mitte des 18. Jahrhunderts erweitert, damals erhielt der Turm seine unverwechselbare Haube und die Kirche selbst ihre barocke Innenausstattung mit Taufstein, Kanzel und der von Elias Hößler gebauten Orgel, von der nach einer weiteren Sanierung im Jahr 1975 aber mittlerweile lediglich der Orgelprospekt und einige der alten Orgelpfeifen erhalten sind. In der ganzen Region beliebt sind die Konzerte des Gospelchores der Selnecker Kantorei. Zu den Sommerkonzerten mit Spirituals und Oldies im Kirchhof strömen Leute von nah und fern in den Kirchhof, um die tolle Atmosphäre zu genießen.

12. Pflegschloss und Amtsgericht
Auf der Reiseroute von Kaisern und Königen

Den Platz, an dem heute das Pflegschloss steht, wählte bereits Haderich, Namensgeber der Stadt, zu seinem strategischen Wohnsitz. Es handelt sich um einen kleinen Hügel unweit des Wassertors, von dem aus man damals wohl eine weite Sicht auf die Pegnitzauen hatte. Aus seinem befestigten Wirtschaftshof wurde später eine gesicherte Veste und schließlich das heutige Schloss. Erst am Vorabend des Dreißigjährigen Krieges ließ der Rat der Reichsstadt Nürnberg das Schloss zum repräsentativen Sitz ihres Pflegers ausbauen. So teilt sich das Hersbrucker Pflegschloss seinen Baumeister mit dem alten Nürnberger Rathaus, dem berühmten »Wolff'schen Bau«.

Der Spätrenaissancebau mit gotischen Elementen und dem Ehrenhof ist ein typisches Zeugnis für ein Schloss dieser Epoche. Meister Jakob Wolff der Jüngere konnte das Projekt in Hersbruck allerdings nicht mehr vollenden. Er verstarb im Frühjahr 1620. An seine Stelle trat Stadtbaumeister Niklas Teufel. Auf ihn geht beispielsweise die künstlerische Ausgestaltung des Hauptportals und der äußeren Steintreppe zurück. Die prunkvollen Stuckdecken im Inneren des Gebäudes hingegen stammen von den Gebrüdern Hans und Heinrich Kuhn aus Weikersheim. Dass im 18. Jahrhundert zwei deutsche Kaiser auf dem Weg von oder zu ihrer Krönung im Hersbrucker Schloss genächtigt haben, unterstreicht den hohen Stellenwert. Vom Besuch des Römischen Königs Joseph I. existiert sogar noch ein Stich, der die Begrüßung des hohen Herren im Schloss durch Tanzpaare, Geschenke und Feuerwerk festhält. Dieses Werk ist im *Germanischen Nationalmuseum* archiviert.

Rund 500 Jahre lang war das Schloss »Regierungssitz«: zuerst als Nürnberger Pflegamt, später als Bayerisches Landgericht, Bezirksamt und Landratsamt. Aus dieser Zeit existiert am oberen Dachboden noch eine Winde mit hölzernen Zahnrädern, die wohl dazu diente, die Naturalabgaben der Nürnberger Untertanen in den unter dem Dach gelegenen Lagerraum zu hieven. Der inzwischen über 380 Jahre alte Aufzug kam aber auch später noch zum Einsatz: Bis ins Jahr 1867 wurde der Hersbrucker Schlossboden nämlich zum Trocknen von Hopfen vermietet. Aufgrund der Gebietsreform von 1975 wurde das Landratsamt schließlich nach Lauf versetzt. Seither beherbergt das Schloss das Amtsgericht für den Landkreis Nürnberger Land mit einer Zuständigkeit für bis zu 140 000 Einwohner. Um diese Zeit erhielt das Anwesen auch seinen zweiten Turm zurück. Der Westturm war bereits zu Beginn des 20. Jahrhunderts stark beschädigt worden, jedoch scheiterte ein Wiederaufbau am durch den Ersten und Zweiten Weltkrieg hervorgerufenen Geldmangel. Fast sieben Jahrzehnte gab es deshalb nur den Uhrturm, ehe das Bayerische Justizministerium 1971 auch den zweiten Turm in seiner ursprünglichen Form wiederherstellen ließ. Gemeinsam mit der markanten Kuppelhaube der Stadtkirche bilden die beiden Schlosstürme einen weithin sichtbaren, romantischen Dreiklang und ein beliebtes Fotomotiv.

13. Stadthaus und Stadtschreiberhaus

Ein »Alter Kasten« mit viel Leben

Gegenüber dem Pflegschloss liegt das Stadthaus. In seiner heutigen Form besteht es wohl erst seit einem Wiederaufbau Mitte des 18. Jahrhunderts und hat seitdem einige Funktionen durchlaufen: als Kastenamt, Rentamt und Schulhaus. Was anderswo »Zehntstadel« oder »Getreidespeicher« getauft wurde, hieß in Hersbruck schlicht »Kastenamt«. Der vom Nürnberger Rat entsendete Kastner hatte dort seine Wohnung sowie Amtsräume. Hier zog er die Steuer für den Hersbrucker Raum ein, zunächst noch in Form von Naturalien, später verwaltete er dann aber auch pekuniäre Einkünfte. Ab 1840 wurde die zwischenzeitlich in »Königlich-Bayerisches Rentamt« umbenannte Behörde im Westflügel des Schlosses untergebracht. Seit 1926 steht das Finanzamtsgebäude aber in der Amberger Straße. Den »Alten Kasten« hingegen erwarb die Stadt Hersbruck und baute ihn ab 1841 zum Schulhaus mit Erweiterungsbau und Hausmeisterwohnung um. Aufgrund immer neuer Anforderungen zogen sich die Baumaßnahmen über fast 50 Jahre hin. Bei Bauvollendung entstand auch das sehenswerte Eingangsportal, dessen Sturz ein hübsches Relief ziert: Zwei Putten rahmen das Stadtwappen, wobei sie Stift, Papier und Zirkel halten. Darüber wacht der »Ernst des Lebens«. Den unteren Rand zieren Hopfenblüten. Die liebevolle Komposition stammt aus der Hand des Hersbrucker Bildhauers Ludwig Strobel.

Bis 1980 blieb das Gebäude überwiegend Bildungszwecken vorbehalten. Darüber hinaus war im Erdgeschoss die Feuerwehrgerätehalle untergebracht. Anschließend wurden sämtliche Anbauten abgebrochen und das Gebäude auf den Grundmauern von 1747 wieder hergestellt. Im Herbst 1988 zogen im »Stadthaus am Schlossplatz« dauerhaft kulturelles und politisches Leben ein: Im Erdgeschoss sind Stadtbücherei und Volkshochschule untergebracht. Im Sitzungssaal im Obergeschoss finden Bürgerversammlungen statt, außerdem fasst der Stadtrat hier regelmäßig Beschlüsse. Übers Jahr verteilt sind im Treppenhaus verschiedene Kunstausstellungen zu sehen und im November veranstaltet der *Hersbrucker Künstlerstammtisch* stets seinen überregional geschätzten Kunstmarkt. Gleich nebenan findet sich das Stadtschreiberhaus, in dem heute das Familiengericht (Amtsgericht III) beheimatet ist. Zuvor diente es 300 Jahre lang dem Nürnberger Stadtschreiber, der dem Pfleger mit Rat und Tat zur Seite stand. In den letzten Kriegstagen vom April 1945 wurde das stattliche dreigeschossige Giebelhaus von einer deutschen Fliegerbombe getroffen, dabei kam auch die Mutter des späteren ersten Hersbrucker Bürgermeisters, Dr. Georg Kapp, ums Leben. Lange Zeit hieß das Gebäude bei den Bürgern deshalb noch »Kapp'sches Haus«, bis es der Freistaat Bayern Mitte der 1990er-Jahre zur Erweiterung des Gerichtes erwarb und nach Denkmalschutzvorgaben sanieren ließ. Im barocken Treppenhaus blieb dabei ein Balken mit Inschrift erhalten, die gut zur neuen Aufgabe des Gebäudes passt: »So lang ich lebe auf der welt, mir ein treues Hertz gefält«.

14. Wer wohnt denn da?
Häuser mit »Gsicht« und »Gschicht«

Auch wer einfach nur ein wenig ziellos durch die Hersbrucker Altstadt schlendern will, kann auf so einem Spaziergang quer durch die über tausendjährige Geschichte allerlei Sehenswertes entdecken. Viele der mittelalterlichen Häuser hatten einen prominenten Bewohner oder erzählen ihre eigene Geschichte.

Im »Schlossbräuhaus« etwa, einem stattlichen Fachwerkbau am Schlossplatz Nr. 4, war bis 1765 das zum Schloss gehörige Brauhaus untergebracht. Anschließend diente es bis 1809 als Salzstadel und später den Hersbrucker Bürgern als Lichtspielhaus (Kino).

Die steinerne Inschrift über dem Fenstersturz verrät Funktion und Erbauer des Anwesens von Schlossplatz Nr. 9. Dort war zunächst das »Pfründhaus der Frühmesse« untergebracht und ab 1625 die »Teutsche Mägdleinschule«. Bis dahin nämlich durften Mädchen in der Region keinen Unterricht besuchen, es sei denn, sie wurden privat beschult.

In der Kirchgasse Nr. 8 hingegen befindet sich das älteste bis heute erhaltene Wohnhaus der Stadt, wohl erbaut um das Jahr 1539 herum. Das windschiefe Fachwerkhäuschen mit dem romantischen Flair – westlich des Schlosses gelegen – wurde liebevoll saniert und ist ein echtes Schmuckstück.

Das Haus am Nikolaus-Selnecker Platz Nr. 10 ist frisch renoviert und ein echtes Schmuckstück. Hier residiert heute die Predigerfamilie der Landeskirchlichen Gemeinschaft. Das Gebäude selbst birgt aber auch ein Stück Stadtgeschichte: Ursprünglich stand an dem Platz die »Barbarakapelle« – auf einem alten »Merianstich« ist sie noch linker Hand zwischen dem »Geistlichen Turm« (heute Kindergarten) und der Stadtkirche zu erkennen. Im *Hersbrucker Häuserbuch* ist vermerkt, dass dort später nacheinander sowohl die Mädchenschule als auch eine Suppenküche sowie eine Stiftung für elternlose Kinder untergebracht waren.

Die Vordere Schulgasse Nr. 12 präsentiert dem Betrachter einen besonders schönen Fachwerkgiebel. Das Haus mit dem Erbauungsdatum 1682 verfügt außerdem über eine herausragende Haustüre mit klassizistischer Schnitzerei.

Die Martin-Luther-Straße, früher auch »Wassergasse« genannt, führt vom Wassertor bis hin zum Unteren Markt. Hier

N°8

stehen zahlreiche stolze Bürgerhäuser mit ihren für eine Hopfenstadt typischen Trockenböden. Dort wurde 1530 im Haus mit der Nr. 13 der bekannte Theologe Nikolaus Selnecker geboren, Verfasser zahlreicher Kirchenlieder und Mitarbeiter von Philipp Melanchthon.

15. Spitalkirche St. Elisabeth

Trost und Schutz für die Kranken und Obdachlosen

Das Spital St. Elisabeth für heimatlose und kranke Menschen geht auf eine Bürgerstiftung der Familie Polster aus dem 15. Jahrhundert zurück. Solche Spenden waren damals üblich und verpflichteten den Empfänger, für das Seelenheil der großzügigen Geber zu beten. Einige Jahre später wurde nebenan eine ebenfalls der heiligen Elisabeth geweihte Kapelle errichtet. Der heutige Chor geht wohl auf die ursprüngliche Kapelle zurück. Das dazugehörige Gotteshaus indes wurde erst um 1440, als das Bürgerkrankenhaus mit Erweiterung der Stadtbefestigung einen Platz im Stadtinneren bekam, in das Spitalgebäude eingebaut und mit der Kapelle verbunden. Die Zimmer über dem Kirchenraum dienten dazu, dass auch bettlägerige und ansteckende Kranke durch die eingelassenen Schiebefenster am Gottesdienst teilnehmen konnten.

Ähnlich wie die Stadtkirche wurde auch die Spitalkirche im ausgehenden 17. Jahrhundert barockisiert. So wurde das von außen eher schlicht anmutende Kirchlein im Inneren zu einem reich geschmückten Kleinod. Die mit aufwendigen Schnitzereien versehene Kanzel stammt aus der Hersbrucker Schreinerei Winter. Eine eben dort angebrachte Sanduhr mit vier Viertelstundengläsern, die von handgeschmiedeten Rosen gehalten werden, war nicht nur Zierde, sondern hatte vor allem einen praktischen Nutzen: So konnte der Pfarrer mithilfe des rinnenden Sandes ablesen, wie lang seine Predigt schon dauerte. Der Hauptaltar mit prunkvollen Barockschnitzereien stammt vom Neumarkter Bildhauer Erhard Wirsching und ist eine Spende der Familie Holzschuher. Das Altarbild zeigt eine Thomasszene, wobei sich der Lanzenstich ungewöhnlicherweise links befindet. Dabei wurde kurzerhand aus dem eigentlichen Prunkstück der Kirche ein Nebenaltar: Dieser um 1500 gefertigte, spätgotische Kreuzigungsaltar stammt aus der Schule des Veit Stoß. Der Mittelschrein zeigt Jesus am Kreuz, umgeben von der Mutter Maria und Johannes dem Täufer. Zur rechten und linken Seite sind die Flügel mit jeweils einem Halbrelief des heiligen Martin und der heiligen Elisabeth bestückt. Den Brunnen vor der Hersbrucker Spitalkirche schuf ursprünglich Karl Alexander von Heideloff im Jahr 1821. Auf ihn geht auch die neugotische Fassade des Reichenschwander Schlosses sowie der Dürer-Pirckheimer-Brunnen am Nürnberger Maxplatz zurück. Von seiner Arbeit sind aber lediglich Brunnentrog und die Löwenfratze am Rohransatz erhalten. Die Brunnensäule mit oben aufsitzender Steinkugel und dem Stadtwappen wurde nach dem Zweiten Weltkrieg von Stadtbaumeister Heinrich Fürst und Steinmetz Ernst Kraut erneuert.

Spitalkirche, Spitalgasse 4, 91217 Hersbruck
Tel. 0 91 51/81 30, Schlüssel der Kirche wochentags im Pfarramt erhältlich
Gottesdienst So 9.00

Dou kaaaf i me Woh'

Einkaufen und Einkehren in der Cittaslow

Wie in den meisten anderen Kleinstädten und Dörfern ist auch an Hersbruck der anhaltende Erfolg des »Onlineshoppings« nicht spurlos vorübergegangen. Weil immer mehr potenzielle Kunden ins Internet abwandern, statt selbst noch aktiv bummeln zu gehen, mussten sich viele alteingesessene Läden mit der Zeit verkleinern oder ganz aufgeben. Seit ein paar Jahren allerdings macht sich ein erfreulicher Trend bemerkbar: An die Stelle von Läden mit Dingen des alltäglichen Bedarfs, die früher das Stadtbild maßgeblich geprägt hatten, sind nun zunehmend individuelle Angebote getreten. Passend zum »Cittaslow«-Gedanken dreht sich dabei alles um Unikate, Nachhaltigkeit oder das gewisse Etwas. Die zumeist inhabergeführten Shops punkten mit pfiffigen Ideen, Vintage-Charme, solidem Know-how sowie guter Beratung. Die angebotene Ware ist meist eine Herzensangelegenheit.

Das Augenmerk liegt dabei auf kreativem Design, gesunder Lebensweise, nachhaltiger Bekleidung, Entspannung und Feinkost sowie auf der Region oder fairem Handel. Vom originellen Mitbringsel oder Geschenk bis hin zum ausgefallenen Möbelstück ist einiges geboten. Aber auch Freizeitsportler – Biker, Wanderer, Langläufer, Kletterer und Kanuten – finden in Hersbruck ihr Equipment, freundliche Beratung sowie im Notfall eine geeignete Werkstatt, um eine unfreiwillig unterbrochene Tour wieder fortsetzen zu können. Das *Wirtschaftsforum*, ein Zusammenschluss von aktiven Hersbrucker Händlerinnen und Händlern, setzt sich mit vielfältigen Aktionen wie etwa den »Rosenwochen«, der »Kürbismeile« oder auch Präsentationen regionaler Künstler dafür ein, dass sich die positive Entwicklung weiter fortsetzt. Ihr »Hersbruck-GUT-Schein«, erhältlich im Wert von zehn und 50 Euro, soll zusätzlich dazu motivieren, das Geld in der Stadt zu lassen und eben nicht im Internet. Und natürlich macht kaum etwas so großen Appetit wie ein bunter Einkaufsbummel oder das Ende einer ausgedehnten Tour auf zwei Beinen oder Rädern. Auch das Schlemmen kommt im Zentrum der Hersbrucker Schweiz nicht zu kurz: Von ausgefallenen Kuchenkreationen, über Bio-Eiscreme bis hin zum fränkischen Schäufele ist wirklich für jeden Geschmacksnerv das Passende dabei.

Weitere Informationen: www.wirtschaftsforumhersbruck.de

16. Oberer und Unterer Markt
Mitten im Herzen der Stadt

Oberer und Unterer Markt bilden das Herzstück der mittelfränkischen Kleinstadt Hersbruck. Hier kommt zusammen, was zusammengehört: ein Bürgertreff für geselliges Beisammensein, um zu entspannen, zu feiern und zu shoppen. Rundum sind allerlei Fachgeschäfte, Restaurants und Cafés angesiedelt und die Direktvermarkter aus der Region bieten ihre Waren aus biologischem Anbau immer Mittwoch- und Freitagvormittag feil.

Mittig thront das Rathaus mit seinem imposanten, fast 35 Meter hohen Glockenturm. Zweimal brannte das Gemäuer völlig nieder: 1504 waren es Nürnberger Söldner, die brandschatzend durch die Stadt zogen. Und auch 1945, nur wenige Tage nach der Übergabe an die amerikanischen Truppen, loderten die Flammen im Rathaus. Im Eingangsbereich lagerten damals von den Besatzern beschlagnahmte Waffen und Munition, die wohl auslösend für das Unglück waren. Bei dem Brand wurden viele wertvolle Unterlagen des Stadtarchivs vernichtet. Auch der Turm fiel in Schutt und Asche und mit ihm ein Fresko von Erich Kohaut und Eitel Friedrich Klein auf der Nordwand. Es zeigte Szenen der tausendjährigen Hersbrucker Geschichte, wie ländliche Arbeit oder Erntedank.

Die große Turmglocke, die auch heute wieder zu jeder vollen Stunde schlägt, stürzte damals ab und wurde stark beschädigt. In der Glockenschweißerei *Lachenmeyer* in Nördlingen wurde sie geschweißt und ist seit Silvester 1951/52 wieder unermüdlich im Einsatz. Sie hat einen Durchmesser von 88 Zentimetern, ist 72 Zentimeter hoch und wiegt stolze 521 Kilogramm.

Die Turmuhr aus der Nürnberger Werkstatt *Riedl* hat seit den Siebzigerjahren vergoldete Zeiger. Zum Rathausturm gehört auch heute noch eine schöne Tradition: Vom Kranz erklingen jeweils samstags um 18.00 und sonntags um 9.45 Uhr die Musikstücke der Turmbläser weit über die Dächer der Stadt.

Der vor dem Turm gelegene Hirschbrunnen geht wohl auf eine Sage zurück, die sich um den Ortsnamen rankt: Angeblich war Hersbruck noch namenlos und die Stadtväter konnten sich nicht auf einen Namen einigen. Also beschlossen sie, am frühen Morgen gemeinsam zum Wassertor zu gehen. Das erste Wesen, das die Brücke zur Stadt passierte, sollte Namensgeber werden. Der Legende nach war dies ein Hirsch, der aber sogleich von Hunden wieder aus der Stadt gejagt wurde. Eben diese Szene stellt der Barockbrunnen aus dem Jahr 1693 nach. Das ursprüngliche Metallgeweih wurde 1953 erstmalig durch ein Naturgeweih ersetzt. Seit 2009 krönt ein Geweih aus den Wäldern um Vorra den steinernen Hirsch und macht aus dem Tier einen stattlichen Vierzehnender.

Aber auch am Unteren Markt sind zwei historisch interessante Häuser zu finden. Eine steinerne Tafel erinnert an den wohl berühmtesten Sohn der Stadt, der im Mai 1785 im Haus Nummer 18 geboren wurde: Johannes Scharrer, Schulreformer und Visionär, später Direktor der Ludwigseisenbahn A.G., der mit dem »Adler« die erste deutsche Eisenbahn nach Franken holte.

Rechter Hand davon liegt Hersbrucks älteste Apotheke. Sie ist mit einem wunderschönen Treppengiebel ausgestattet. Bei dieser architektonischen Eigenart reicht das Giebelfeld über die Dachhaut hinaus und verdeckt sie.

Marinas Schokolade und Kaffee

Zeit für Genuss und Hersbrucker Pralinés

Der Duft von frisch gemahlenen Kaffeebohnen liegt in der Luft. Unter einer Glashaube auf der Theke locken verführerisch frisch gebackene Florentiner und Siciliana. Versiert das Milchkännchen schwenkend zaubert Chefin Marina Leikauf Herzen auf den Schaum eines perfekten Cappuccinos. Im historischen Gewölbe direkt neben dem Nürnberger Tor ist *Marinas Schokolade und Kaffee* zu Hause. Alles in dem Feinkostgeschäft im Miniaturformat atmet den »Cittaslow-Gedanken«: Wer hierher kommt, um feinste Pralinen, aromatische Kaffeebohnen aus aller Welt und Schokolade in flüssiger und fester Form zu erwerben, darf gern ein wenig Zeit mitbringen. Dafür wird er den Laden mit einem zufriedenen Lächeln verlassen. Genuss und Qualität werden großgeschrieben. Wer eine Shoppingpause braucht oder noch unschlüssig ist, welche Bohne zur heimischen Kaffeemaschine passt, lässt sich erst einmal in der behaglichen Sitzecke auf Kissen und Kaffeesäcken nieder. Einkaufen im *Marinas* ist nämlich nicht gleichbedeutend mit Stress, sondern mit Auszeit.

Die Produktpalette dominiert auch die optische Ausgestaltung des Ladens: Cremeweiß, Schokoladenbraun und ein warmes Rot sind die vorherrschenden Farben. Mit der mehrfach ausgezeichneten Nürnberger Kaffeerösterei *RÖSTTROMMEL* hat Marina Leikauf den regional bestmöglichen Partner für ihr Kaffeeangebot gefunden. In kleinen Chargen und nach schonendem Traditionsverfahren werden die Bohnen dort täglich frisch geröstet. Die hochwertigen Rohkaffees entstammen dem biologischen Anbau von Kleinbauern aus Brasilien, Ruanda, Äthiopien, Peru oder Kolumbien. Die Lieferanten wechseln regelmäßig nach Verfügbarkeit. Spannend ist auch der »3-ERDTEILE«-Kaffee, eine besonders fruchtige Mischung. Derselbe Qualitätsanspruch gilt natürlich auch für allerlei Variationen köstlicher Trinkschokolade. Raffinierte Gaumenkitzler – salzig und süß, handgemachte Pralinés aus der Region und vom amtierenden österreichischen Weltmeister, veganes Gebäck (von den Schaffensschwestern in Nürnberg) sowie in der Vorweihnachtszeit fein-würzige, fränkische Lebkuchenspezialitäten, mit und ohne Mehl gebacken, runden das Sortiment ab. Obendrein ist ein ganz

Marinas Schokolade + Kaffee, Oberer Markt 26, 91217 Hersbruck
Tel. 0 91 51/9 07 09 00, www.marinasschokoladeundkaffee.de
Mi–Fr 10.00–18.00, Ausschank bis 17.00, Sa 10.00–13.00

Preiskategorien, Tassen aus feinstem Porzellan oder mit originellem Design sind geboten. Zudem finden sich orientalisch angehauchte Lifestyle- und Gebrauchsgegenstände: Lampen, Körbe, Schmuck, Kerzen, Tücher und Taschen sowie Werkzeuge für eine spirituelle Lebensweise wie Pendel, Tarot- und Engelkarten, Klangkugeln, Statuen mit religiösem Hintergrund und Räucherschalen. Eine Teebestellung ist übrigens auch über das Internet möglich.

Tea Time, Martin-Luther-Str. 1, 91217 Hersbruck
Tel. 0 91 51/18 38, www.teepopp.de

Raumfrau

Alles, was das Leben schöner macht

Die *Raumfrau* am Unteren Markt ist ein Laden mit ganz persönlicher Note. Wer das Besondere liebt und Einzelstücke sucht, Wert legt auf ausgefallene Kleidungsstücke und etwas »andere« Textilien oder vielleicht Möbel mit Patina schätzt, wird hier garantiert fündig. Der kleine, aber feine Laden von Petra Siebenhaar erfindet sich quasi wöchentlich neu. In den vier großen und kleinen Schaufenstern gibt es ständig Neues zu entdecken. Wann immer man vorbeibummelt, findet man genau das Passende – selbst dann, wenn man es bis dahin gar nicht gesucht hat. Die *Raumfrau* bietet Wohnaccessoires für jede Jahreszeit und Lebenslage: von besonderem Schmuck über Kuscheldecken und Kissen bis hin zu Geschirr sowie außergewöhnlichen Lichtquellen, Blumen und Möbelstücken mit Geschichte. In den beiden mit viel Liebe zum Detail ausgestalteten Räumen kann man sich entweder gezielt beraten oder einfach treiben lassen. Nicht zuletzt bereichern auch regionale Handwerker und Designer mit ihren Kleinmöbeln, Leuchten und Keramiken das Sortiment. Die Ladenbetreiberin selbst bietet darüber hinaus professionelle Beratung für die Innenraumgestaltung sowie die Einrichtung von Hotels, Musterwohnungen (Home Staging) etc. im gewerblichen Bereich an.

Raumfrau, Unterer Markt 13, 91217 Hersbruck,
Tel. 0 91 51/8 65 90 88, www.raumfrau.de
Di–Fr 10.00–18.00, Sa 10.00–13.00

17. Prager Straße
Hersbrucks Anteil an der »Goldenen Straße«

Die »Goldene Straße« führt einmal quer durch das Nürnberger Land und zählt somit auch zu den geschichtsträchtigen Routen der Hersbrucker Schweiz. Der mittelalterliche Handelsweg stellte einst die Verbindung zwischen Nürnberg und Prag her und wurde besonders zu Zeiten des Kaisers Karl IV. rege genutzt, um Handel zu treiben oder politische Interessen zu verfolgen.

Die heutige Bundesstraße 14 (B 14) entspricht auf ihrem Weg von Nürnberg bis an die tschechische Grenze noch immer der einstigen »Goldenen Straße«. Und auch zahlreiche Wander- und Radwege folgen der historischen Route auf ihren rund 150 Kilometern. Durch die Hersbrucker Schweiz führt der Weg vorbei an Reichenschwand und Hersbruck, über Hohenstadt und Pommelsbrunn bis hin nach Weigendorf und von da aus weiter Richtung Sulzbach-Rosenberg in der Oberpfalz.

Die heutige Prager Straße zwischen Oberem Markt und Spitalkirche bildete im 14. Jahrhundert die nördliche Hersbrucker Stadtgrenze und war Teil der alten Handelsroute. Um daran zu erinnern, wurden bei der letzten Straßensanierung im Jahr 2001 zwei Reliefs zu Beginn und am Ende der kopfsteingepflasterten

Straße eingelassen. Zu sehen sind drei Nürnberger Wahrzeichen – Burg, Sebaldus- und Lorenzkirche – sowie die Karlsbrücke und der Hradschin in Prag am anderen Ende der Straße. Die Steintafeln wurden vom Algersdorfer Bildhauer und Architekten Uli Olpp entworfen, der auch im Vorstand des *Hersbrucker Kunstmuseums* wirkt. Weitere 22 Granitsteine in der ganzen Stadt nennen die Waren, die hier vorwiegend transportiert wurden, wie Gewürz, Schilde oder Kupfer. Dabei zeigt die jeweilige Leserichtung der Steine die Handelsrichtung an. Mehr als 50 Mal soll Kaiser Karl IV. mit seinem Hofstaat die Stadt hier passiert haben. Quartier bezog der hohe Herr allerdings immer erst 15 Kilometer weiter im eigens dafür erbauten und nach seinem Sohn benannten Wenzelschloss auf der Laufer Pegnitzinsel.

Kunst bietet die altehrwürdige Straße übrigens nicht nur zu Füßen ihrer Betrachter, sondern auch weiter oben: An einigen der Häusern findet man Hauszeichen, die über frühere Bewohner Aufschluss geben. Drei gotische Kreuze an Haus Nummer 15 etwa verweisen auf den Spitalprediger als Bewohner, und die Trommel, die Haus Nummer 20 ziert, verrät den »Trommelwirt«.

Noch weiter droben liegt »Kunst in der Luft«. Unter diesem Motto veranstalten nämlich die Künstler des *Kunstmuseums* hier alljährlich in den Sommermonaten eine Freiluftausstellung. Die auf Holzplatten gefertigten Bilder werden mithilfe von Stahlseilen zwischen die Häuserfronten gespannt.

Im Gesamtbild der Prager Straße tritt darüber hinaus eine aus der Gotik stammende Eigenart deutlich hervor: es sind die in geschlossenen Reihen aneinanderstoßenden, zweistöckigen Giebelhäuser mit ihren vorspringenden Dachnasen und Aufzugsgauben, über die man einst die Ernte auf die Dachböden hievte. Da die Häuser zum Teil versetzt stehen, hatte man von fast überall einen guten Blick auf das bunte Treiben der Straße.

Ein wildes Gewusel wie zu Kaisers Zeit stellt sich in der Prager Straße wohl nur noch zum Altstadtfest ein, doch nach wie vor sind hier viele Einzelhändler, Cafés und Restaurants beheimatet. Wer einen Bummel durch den historischen Straßenzug wagt, wird sicher fündig.

Rundherum schöne Dinge

Farben für den grauen Alltag

Ausgefallen, qualitativ hochwertig und vor allem bunt: Erst wenn diese drei Kriterien erfüllt sind, darf ein Artikel im Laden von Claudia Setschödi den Besitzer wechseln. Seit über fünf Jahren führt sie das *Rundherum schöne Dinge* in der Hersbrucker Altstadt mit viel Herzblut und einem guten Gespür für Gegenstänte mit dem gewissen Etwas. Im Angebot sind pfiffige Geschenkideen, nachhaltige Bekleidung, Schmuck, Dekoartikel für alle Jahreszeiten, schräge Haushalts- und Küchenhilfen, originelles Geschirr, feine Gewürze, natürliche Kosmetika und Licht. Über die Theke geht nicht zuletzt das, was Setschödi selbst gefällt. Auf große Firmennamen legt die quirlige Geschäftsfrau dabei weit weniger Wert als auf individuelle Entwürfe. Das Angebot darf gern in kleinen Chargen produziert sein und sollte, falls nicht aus der Region, so doch zumindest zu fairen Konditionen in Deutschland gefertigt sein. »Nützlich, praktisch, trotzdem schön«, so das Credo der Ladenbetreiberin. Klar, um lästige Hausarbeit kommt niemand herum. Trotzdem darf, was erledigt werden muss, ja auch Spaß machen. Und das tut es meist, wenn eine gute Idee auf viel Farbe trifft, findet Setschödi. Zur Beratung bietet sie den Kunden gern einen

Rundherum schöne Dinge, Prager Str. 18, 91217 Hersbruck
Tel. 0 91 51/8 16 80 20, www.rund-herum.de
Mo–Fr 10.00–18.00, Sa 10.00–13.00

Platz auf ihrem Ledersofa an und reicht dazu einen vollmundigen Cappuccino. Dann kann man auch in aller Ruhe die zahlreichen Sinnsprüche auf sich wirken lassen, die auf Holz, Blechschildern, Magneten und Postkarten den Laden zieren. So wird der Einkauf schnell zur Zen-Übung. Erholsamer geht es nicht.

Cocoyoc

Hand in Hand für eine Welt

Der Hersbrucker *Weltladen Cocoyoc* verfolgt nicht nur besondere Ziele, sondern hat auch ein eigenes Konzept: Alle Mitarbeiter/innen sind in einem Verein organisiert und engagieren sich – egal, ob vor oder hinter der Ladentheke – ehrenamtlich. Was vor über 30 Jahren als politische Initiative von Hersbrucker Gymnasiasten in einem Bauwagen begann, ist in der Hersbrucker Schweiz längst zur eigenen Marke geworden. Der Name »Cocoyoc« ist übrigens dem beliebten Urlaubsort unweit von Mexiko-Stadt entlehnt. Genau dort, wo im Jahr 1974 eine UN-Organisation ein Grundsatzpapier erarbeitete, das besagt, dass »alle Menschen dieser Erde gleichermaßen Zugang zu Nahrung, Wohnung, Bildung sowie medizinischer Versorgung haben sollen«. In eben diesem Sinne wollten die Schüler/innen im Jahr 1984 selbst aktiv werden und eröffneten deshalb ihren eigenen »Eine-Welt-Laden« mit sozialen Produkten aus fairem Handel. Inzwischen ist vieles auch mit dem Bio-Siegel zertifiziert. Auch nach der Schulzeit blieben die Vereinsgründer ihren hohen Ansprüchen treu: Bis heute erwartet das *Cocoyoc*-Team von seinen Lieferanten konsequenten Verzicht auf Kinderarbeit, Ausbeutung und Diskriminierung sowie demokratische Strukturen und transparente Verwaltung. Langfristiges Ziel ist es, die Arbeits- und Lebensbedingungen in den Herkunftsländern zu verbessern und gleichzeitig die Produktionsstätten zu einem umweltverträglicheren Handeln zu bewegen. Das Angebot ist vielseitig und reicht von Lebensmitteln über Papeteriewaren und Kunsthandwerk bis hin zu Spielen oder Musikinstrumenten. Von Hängematte und Trommel über umweltfreundliches Geschenkpapier bis hin zur Handtasche und originellen Geschenkideen sind dem Sortiment keine Grenzen gesetzt. Vor allem die Liste der ökologischen Lebensmittel ist lang: Es gibt nicht nur Kaffee, Tee, Kakao und Gewürze aus nachhaltigem Anbau, sondern darüber hinaus auch feine Chutneys, leckere Bio-Säfte sowie Sirup und Wein, außerdem Vollrohrzucker, Schokolade, Nüsse oder Fruchtschnitten. Neben interessierten Kunden sind übrigens auch neue Vereinsmitglieder jederzeit gern gesehen: Schließlich ist das Engagement für eine bessere Welt heute nicht weniger wichtig als vor 30 Jahren.

Weltladen Cocoyoc, Prager Str. 22, 91217 Hersbruck
Tel. 0 91 51/82 23 20, www.cocoyoc.de
Mo, Di, Do u. Fr 10.00–18.00, Mi u. Sa 10.00–13.00

Der Eisladen

Einfach, natürlich, lecker

Rosmarin, Birne-Parmesan oder Erdnuss-Chili – auch so schmeckt der Sommer in Hersbruck. Im kleinen, aber feinen *Eisladen* von Oskar Maxa wird gern variiert und experimentiert. Und die Ergebnisse zergehen im wahrsten Sinne des Wortes auf der Zunge. Sobald das kleine Straßencafé mit dem südländischen Touch im Frühjahr (März/April nach Wetterlage) seine Tore öffnet, bildet sich unter dem liebevoll von Hand gearbeiteten, hölzernen Schriftzug schnell wieder eine lange Warteschlange. Schließlich verspricht *Der Eisladen* stets eine kleine Auszeit vom Alltag: Ganz egal, ob man nun bei einem herrlich schaumigen Latte macchiato das Treiben in der Prager Straße beobachten, einen Kuchen aus dem Glas löffeln oder sich eben die neuesten Eiskreationen einverleiben möchte. Für Geschmacksabenteurer bietet die Kühltheke des Hauses auch Spezielles und Saisonales wie etwa Spargel, Gurke, schwarzen Sesam oder Limette-Basilikum. Gerne werden auch Südfrüchte verarbeitet, etwa zu einem unvergleichlichen Guaven- oder Mangoeis. Und auch Liebhaber von Klassikern kommen auf ihre Kosten mit fruchtiger Erdbeere, Bourbonvanille, Schokolade

Der Eisladen, Prager Str. 13, 91217 Hersbruck
bei gutem Wetter Apr–Okt 10.00–21.00

von Weiß bis Zartbitterdunkel oder einer Haselnusseiscreme, die ehrlich so schmeckt, als seien die Schalenfrüchte eben erst in Großmutters Garten geerntet worden. Natürlich handelt es sich bei all diesen selbstgemachten Sorten um Bio-Eis, das frei von Farb- und Aromastoffen dafür mit reifen Früchten, frischen Kräutern und vollmundigen Gewürzen täglich zubereitet wird. Sogar Vegetarier und Veganer kommen dabei auf ihre Kosten. Die Sorten allerdings wechseln je nach Verfügbarkeit der Zutaten sowie nach Kreativität und Laune des Hausherrn. Einfach überraschen lassen!

Stadtcafé

Im Käsekuchenhimmel

Das *Stadtcafé*, Hersbrucks ältestes Kaffeehaus, ist seit mehr als zehn Jahren bei Monika Zöller-Lehmann in den besten Händen. Im Familienbetrieb wird tatsächlich noch mit Herz und Hand gebacken, ohne Zusatzstoffe oder Konservierungsmittel, stattdessen überwiegend mit Rohstoffen und frischen Früchten aus der Region. Das Zepter in der Backstube schwingt übrigens der Sohn des Hauses. Zum Kaffeeklatsch kann man täglich aus einem großen Angebot an ofenfrischen Kuchen, Torten und Gebäckteilchen wählen. Darunter sind auch laktose- und glutenfreie Spezialitäten. Verschiedene Joghurt- und Sahnetorten werden saisonal mit frischem Obst verfeinert. Klassiker wie Apfel-, Marmor- oder Streuselkuchen sind eigentlich immer verfügbar. Hinzu kommen leckere Teeblätter oder Schillerlocken mit und ohne Schokolade. Im Advent lockt ein umfassendes Sortiment an Weihnachtsgebäck sowie handgemachte Lebkuchen. Ein absoluter Geheimtipp sind übrigens die hauseigenen Käsekuchenkreationen, die der Backstubenchef aus einem Geheimrezept variiert: etwa mit Mohn oder ganzen Kirschen – einfach delikat! Für richtigen Hunger bietet die Küche darüber hinaus Frühstück, Snacks sowie kleinere Gerichte wie Kartoffelsuppe, Salat, Schinkennudeln oder Schnitzel an. Im Gastraum mit hübschen alten Bleiglasfenstern – wo alles ein wenig so wirkt, als wäre die Zeit stehen geblieben – finden bis zu 60 Personen Platz. Die Sitzgelegenheiten vor der Tür hingegen bieten etwas mehr südliches Straßencaféflair. Und wer keine Zeit zum Verweilen hat, kann sich den Kuchen ja auch einfach zum Mitnehmen einpacken lassen.

Stadtcafé Hersbruck, Prager Str. 16, 91217 Hersbruck
Tel. 0 91 51/83 97 33, www.monis-stadtcafe-hersbruck.de
Mo, Do u. Fr 9.00–18.00, Mi 9.00–22.00, Sa u. So 10.00–18.00

18. Und sunsd?

Gaby's Zauberland am Spitaltor

Fachgeschäft für »Gwürfelte«

Wenn man in Franken von einem »Gwürfelten« spricht, dann ist das einer, der all die positiven Charakterzüge der fränkischen Seele in sich vereint: das Widersprüchliche, das Wendige und

Gaby's Zauberland, Am Spitaltor, Amberger Str. 8, 91217 Hersbruck
Tel. 0 91 51/47 16, www.hund-hersbruck.de, Mo–Fr 15.00–18.00, Sa 10.00–13.00

das Witzige. Wobei »Witz« nicht zuletzt für Erfindergeist und Einfallsreichtum steht. Ein solcher ist ganz sicher Wolfgang Hund, in Fachkreisen besser bekannt als »Zauberer Hundini«, der gemeinsam mit seiner Frau *Gaby's Zauberland* unweit des Hersbrucker Spitaltores betreibt. Hier gibt es aber nicht nur das passende Equipment – vom Einsteiger bis zum Profi – für »Zauberer«, sondern auch ungewöhnliche Denk- und Strategiespiele (darunter Firmen wie *ThinkFun*, *Smart* oder *Rush Hour*), Rätselspaß, physikalisches Spielzeug und weitere Finessen aus den Bereichen Mathematik, Elektrizität, Magnetismus oder Optik. Tüftler sind da sofort in ihrem Element. Wenn am Eingang eine Miniatur-Zauberer-Marionette vom Vordach baumelt, dann ist »Hundini« persönlich vor Ort, um kleine Kostproben seines Könnens zu geben und zu beraten. Sein reicher Wissensschatz sorgt bei den Kunden zuverlässig für Verblüffung, fragende Blicke und offene Münder. Und wenn seine technischen Spielzeuge erst mal die Gesetze der Natur außer Kraft zu setzen scheinen oder physikalische Phänomene nachvollziehbar machen, kommt selbst bei bekennenden Wissenschaftsmuffeln Begeisterung auf. Die »Gehirnzerbrösler« und »Nervtöter« sucht der Hausherr übrigens selbst auf der ganzen Welt zusammen. Einige der effektvollen Zaubertricks hat er sogar persönlich entwickelt und das Zubehör in Indien fertigen lassen. Zu Hunds Kunden zählen deshalb nicht nur alte und junge Zauberer sowie privat Technikbegeisterte, sondern auch Schulen und Universitäten. Bestellungen sind auch über das Internet möglich. Darüber hinaus bietet *Gaby's Zauberland* ungewöhnliche Geschenkartikel und »Geheimverstecke«, etwa um Geldgeschenken eine ungewöhnliche Verpackung zu geben. Außerdem werden Sammler von Quietscheenten, Comic- und Actionfiguren fündig. Ein schräger Laden mit viel Unterhaltungswert.

... na und!

Die Kulturkneipe am rechten Bahnhof

Der Name ist Programm. Das Bistro-Café ... *na und!* lädt seine Besucher mit Vintage-Flair und künstlerischem Anspruch dazu ein, einfach mal alle Fünfe gerade sein zu lassen. Was Optik und Botschaft angeht, könnte das ... *na und!* auch prima in Berlin-Kreuzberg oder Friedrichshain stehen. Das Lokal ist in der ehemaligen Wartehalle des Hersbrucker Bahnhofs unweit der Nürnberger Straße untergebracht. Ein kleiner, aber feiner Biergarten grenzt direkt an das Gleis mit der Nummer eins und weckt Reiselust bei den Verweilenden. Er ist von Mai bis Oktober geöffnet.

Die beiden Räume im Inneren sind aufwendig und mit viel Liebe zum Detail gestaltet: mit einer gemauerten Bar, individuellem Mobiliar, allerlei Nippes und Kunst an den Wänden. Die Dauerausstellung ist eine Hommage an den 1920 in Paris verstorbenen italienischen Künstler Amedeo Modigliani. Die sechs Repliken im Hauptraum mit Porträt- und Aktdarstellungen stammen allerdings nicht von Modigliani selbst, sondern aus dem Pinsel des Kirchensittenbacher Künstlers Jörg Gießelmann. Neben dem ehemaligen Kiosk wurde eine Bücherbar eingerichtet. Hier kann man ausgelesene Bücher einstellen und dafür neuen Lesestoff kostenlos mitnehmen. Lesebrillen sowie Schach-, Backgammon-, Kartenspiele und einige Gesellschaftsspiele liegen an der Theke bereit. Kinder finden reichlich Malutensilien in den Schubladen der grünen Tische im vorderen Gastraum.

... na und!, Am Bahngelände 2 (rechts der Pegnitz), 91217 Hersbruck
Tel. 0 91 51/8 16 81 48, www.na-und-hersbruck.de
Mo–Do 17.00– 23.00, Fr u. Sa 17.00–1.00
warme Küche bis 22.00, Fr u. Sa bis mind. 23.00 (ab 22.00 »Nachtkarte«)

Die kleine, aber gut ausgewählte Karte bietet Burger, Salate und Snacks, während täglich wechselnde Empfehlungen mit internationaler Küche punkten: von mediterran bis arabisch, durchmischt mit dem ein oder anderen fränkischen Schmankerl. Dabei kommen auch Vegetarier und Veganer nicht zu kurz. Die Zutaten hierfür stammen allesamt aus der Region, ebenso wie die ausgesuchten fränkischen Biere und Weine, die regelmäßig wechseln. Ein reichhaltiges Frühstücksbuffet wird von Oktober bis März jeweils am ersten Sonntag im Monat zwischen 9 und 13 Uhr angeboten (Reservierung notwendig). Von Ende September bis Mitte Mai finden monatlich mehrere Konzerte (Programm im Internet) statt, es gibt Kleidertauschbörsen und Filmabende. Prädikat: »Bassd scho!«, wie der Herschbrugger voll des Lobes sagen würde.

Schwarzer Adler

Fränkische Gastfreundschaft

Das familiengeführte Hotel und Restaurant *Schwarzer Adler* ist direkt am romantischen Hersbrucker Wassertor gelegen. Als Mitglied im »Bett + Bike«-Programm ist das Haus nicht zuletzt für Radler und Biker die richtige Anlaufstelle. Für E-Bike-Fahrer gibt es sogar eine Ladestation. Aber auch alle anderen finden hier das passende Quartier. So gibt es wahlweise die Möglichkeit, ein zertifiziertes »Allergikerzimmer« zu buchen, in einem Mehrbettzimmer unterzukommen oder nach Absprache einen vierbeinigen Freund mitzubringen. 28 Betten stehen zur Verfügung. Das reichhaltige Frühstücksbuffet legt Wert auf Vollwertprodukte von regionalen Bauern (Mitglied bei *Heimat aufm Teller e. V.*). Im hauseigenen Restaurant steht gehobene Küche zu moderaten Preisen auf dem Programm.

Familie Klos hält immer gern die ein oder andere kulinarische Überraschung bereit: von klassisch-fränkisch bis pfiffig-international. Besonders die Wildgerichte wie »Hirschgulasch mit Kloß« oder »Wildhasenkeule an Wacholder-Rotwein-Soße mit Spätzle« sind ein Gedicht. Aber auch »Forelle im Mandelteig« oder der Klassiker »Schäufele« machen mehr als nur Appetit.

Gasthof Schwarzer Adler, Martin-Luther-Str. 26, 91217 Hersbruck
Tel. 0 91 51/22 31, www.schwarzer-adler-hersbruck.de
Mo–Mi u. Fr–So 10.00–24.00

Wer Diät halten muss oder an einer bestimmten Unverträglichkeit leidet, kann bei seiner Bestellung mit der Küche Rücksprache halten. Für Sportler und Ausflügler gibt es auch leichten Mittagstisch. Die Gasträume bieten Platz für etwa 80 Personen. Das Ambiente ist eher rustikal bis charmant fränkisch gehalten. Die Wände zieren übrigens zahlreiche Bilder des Hersbrucker Grafikers und (Heimat-)Malers Frieder Sand (1924–2010), der als Stammgast wohl so manch offene Rechnung mit dem Pinsel beglichen hat. Für Familienfeiern und geschlossene Gesellschaften steht die *Adlerstube* mit 35 Plätzen zur Verfügung. Draußen gibt es rund um den liebevoll gestalteten Eingangsbereich darüber hinaus noch einige Freilufttische.

Restaurant Café Bauer

Ein Haus mit Stadtgeschichte

Das heutige *Restaurant Café Bauer* in der Martin-Luther-Straße gehört zu den Hersbrucker Traditionshäusern. Als das Wirtshaus unter dem stolzen Namen »Zum Schwarzen Bären« im

Atelier Dieter Serfas und Gerlinde Berger, Turngasse 1, 91217 Hersbruck
Tel. 0 91 51/46 87, www.eartransport.de

Die Krämerei, Turngasse 5, 91217 Hersbruck
Tel. 0 91 51/6 09 58 43, www.diekraemerei.de
Mo, Di u. Fr 10.30–18.00, Sa 10.00–14.00

Nur ein paar Schritte weiter kommen Secondhandjäger auf ihre Kosten. *Die Krämerei* ist ein Trödelladen, wie er sonst nur im Buche steht. Wunschring oder Zauberbuch, ein solch geheimnisvoller Dachbodenfund würde in dem liebevoll gestalteten Lädchen kaum überraschen. Neben toller Atmosphäre findet man in der *Krämerei* qualitativ hochwertige Secondhandware zu kleinen Preisen. Gebrauchtes und Rares wieder in den Verbraucherkreislauf zurückzuführen und derart die Umwelt zu schonen, ist den Ladenbetreibern eine Herzensangelegenheit. Ihre Philosophie: »Secondhandverkauf ist längst nicht mehr nur etwas für ›Arme‹, sondern eine Frage der Intelligenz und des zeitgemäßen Denkens. Secondhand ist ein klares ›Nein‹ zu unserer Wegwerfgesellschaft und ein deutliches ›Ja‹ zum sinnvollen Umgang mit den Rohstoffen unserer Erde«. Im Angebot sind Kleidung, Schuhe und Schmuck, aber auch Wohnaccessoires und Möbel sowie Selbstgemachtes. Stöbern macht hier richtig Laune!

Villa Lapis am Wassertor

Die Kraft edler Steine

»Strahler« nennt man Menschen, die hauptberuflich Jagd auf Halbedelsteine machen. Unter Tonnen von harten, grauen und stumpfen Gesteinsschichten fördern sie kleine und große Schätze zutage wie glasklaren Bergkristall, Quarz, Opal, Achat oder Amethyst. Der ungewöhnliche Beruf ist beinahe so alt wie die Menschheit selbst. Schon in der Antike waren die Menschen von den funkelnden Naturwundern fasziniert, denen sie heilende und sogar Zauberkräfte nachsagten.

Manch einer vermutete, es handle sich um steinhart gefrorenes Eis. Tatsächlich aber entstanden diese Mineralien bei der Auffaltung der Alpen vor 14 bis 18 Millionen Jahren, als das Gestein immensem Druck und hohen Temperaturen bis zu 450 Grad Celsius ausgesetzt war.

Alles, was Strahler so zutage fördern, findet man in der Hersbrucker *Villa Lapis* unweit des Wassertores. Liebhaber und Kenner von Steinen, Mineralien und Fossilien finden hier auf 75 Quadratmetern eine gut sortierte und repräsentative Auswahl

Villa Lapis, Martin-Luther-Str. 25, 91217 Hersbruck
Tel. 0 91 51/82 24 43, www.villa-lapis.de
Mo–Fr 10.00–18.00, Sa 10.00–13.00, im Sommer Pause von 13.00–14.00

gängiger Schmucksteine, aber auch das ein oder andere außergewöhnliche Stück.

Halbedelsteine gibt es in allen Größen, in ihrer ursprünglichen Form, aber auch geschliffen, zum feinen Schmuckstück gefasst, als Zimmerbrunnen oder in Form gebracht: etwa als Symboltier, Handschmeichler, Massagegriffel und Auflegestein sowie Pendel oder Spiegel.

Werner und Ute Höhlein bringen ihre langjährige Erfahrung im Umgang mit Mineralien und Fossilien sowie ihre Ausbildung zum Therapiesteinberater gerne ein, wenn sie Kunden bei der Suche nach dem passenden Stein zu jedwedem Anlass beraten. Wunschsteine können direkt im Laden zum Anhänger umgearbeitet (Bohren von Steinen) sowie Ketten und Armbänder individuell gestaltet werden. Auch Reparaturen sowie grundlegende Steinbestimmung sind möglich.

Dou is fei wos los

Hersbrucker Feiertage

Die »Herschbrugger« sind ein feierfreudiges Völkchen: Man liebt gute Musik, legt Wert auf Tradition, schätzt Klassiker, ist aber auch dem ein oder anderen skurrilen Experiment sowie derben Späßen nicht abgeneigt.

Dass die Feierei erst »a runde Gschicht« wird, wenn sich die Heimat obendrein auch vom gut gefüllten Teller erschmecken lässt, versteht sich dabei von selbst. Und wenn sich zum passenden Anlass dann noch ein kühles, fränkisches Bier gesellt – egal, ob nun aus Hersbruck selbst oder vielleicht aus der Neuhauser Gegend, dann ist bis in die frühen Morgenstunden ganz sicher kein Ende in Sicht.

Einige der wiederkehrenden Feste, Zusammenkünfte und Märkte, die auch für »Stoderer« und »Kahlfresser« – wie die Hersbrucker ihre Besucher aus der nahe gelegenen Großstadt Nürnberg sowie Touristen von weiter weg teils boshaft, teils liebevoll betiteln – eine Reise wert sind, werden im Folgenden vorgestellt.

19. Hirtentag am »Obersten«

Wenn lauter Peitschenknall das neue Jahr begrüßt

Der »Hirtentag« hat in Hersbruck eine lange Tradition. Ein erstes Treffen der regionalen Viehhüter fand bereits im Dezember 1931 statt; in Vorbereitung auf das in Planung befindliche Heimatmuseum. Damals kamen Hirten aus dem ganzen Umland zusammen, um ihre Erfahrungen auszutauschen, miteinander zu musizieren und zu feiern. Bei dieser Gelegenheit brachte mancher dem ersten Museumsleiter, Rudolf Wetzer, bereits Geschenke mit, die später Teil der Sammlung wurden. Auch wurde diskutiert, welche weiteren Gegenstände erworben werden sollten, um die Hirtenkultur authentisch zu repräsentieren. Später wurde das Treffen dann regelmäßig auf den Dreikönigstag (6. Januar) gelegt, der von den Hirten auch der »Oberste« genannt wird und zu ihren höchsten Feiertagen zählt. Erzwungen durch den Zweiten Weltkrieg mussten die Hirten einige Jahre pausieren. Erst mit der Wiedereröffnung des Museums im Jahr 1950 liefen auch die Vorbereitungen für den 17. Hirtentag an, der schließlich am 6. Januar 1951 stattfand. Bis heute hat sich diese schöne Tradition erhalten: Der Hersbrucker Hirtenruf und lautes »Patschen« der fränkischen Ringelpeitsche gehören zu den Eröffnungsritualen des Festes, das auch der jeweils amtierende Hersbrucker Bürgermeister begleitet. Im Anschluss erwartet die Besucher ein abwechslungsreiches Programm mit allerlei Geschichten zum Hirtenwesen, musikalischen Klassikern, buntem Markttreiben sowie deftigen und süßen Leckereien aus der Museumsküche. Auf dem Markt gibt es neben Kunst, Bekleidung, Schmuck und meisterlichem Handwerk auch kulinarische Spezialitäten aus der Region, wie geräucherten Fisch, Käse direkt vom Bauern, feine Direktsäfte und Liköre. Die Handwerker und Aussteller sind im Garten, in der Scheune (EG und 1.OG), im Haupthaus (1. OG und 2. OG) sowie auf der Straße zu finden. Neben dem Verkauf bieten sie mitunter auch Vorführungen und Kostproben ihrer traditionellen Handwerkskunst sowie kleinere Mitmachaktionen an. Im Innenhof sorgt die Museumsküche mit heißem Hirtenpunsch und für den Anlass typischen Gerichten dafür, dass die Gäste den häufig frostigen Januartemperaturen

6. Januar 10.00–17.00
Hirtenruf und Patschen: jeweils 11.00, 13.00 u. 15.00
Deutsches Hirtenmuseum (s. S. 29ff.), Eisenhüttlein 7, 91217 Hersbruck
Tel. 0 91 51/21 61, www.deutsches-hirtenmuseum.de
Familie 8 €, Erwachsene 4 €, ermäßigt 1,50 €

auch länger trotzen können. Der Hirtenruf gepaart mit dem traditionellen »Patschen« erklingt übrigens dreimal am Tag. Da die Peitschenschwinger ordentlich Raum benötigen, um ihren langen Ruten den gewünschten Knalleffekt zu entlocken, findet dieses Spektakel stets auf der Straße im Eisenhüttlein vor den Toren des Museums statt.

20. Mittelalterliches Schaffest

Programm für die ganze Familie

Neben dem traditionellen Hirtentag ist seit 1993 das mittelalterliche »Schaffest« das zweite große Fest im Veranstaltungskalender des *Deutschen Hirtenmuseums*. Es fällt stets auf den ersten Sonntag im Mai und lockt neugierige Besucher von nah und fern. Obwohl die Hersbrucker Hirten wohl überwiegend Rinder und Kühe auf ihre Hutanger trieben, sucht man des Frankens liebstes Nutztier bei diesem Fest vergeblich. Dafür kann der Besucher im Museumsgarten einige seltene Schafrassen, Ziegen und sogar fränkische Alpakas entdecken. Ganz in mittelalterlicher Manier will das Museum an diesem Tag Marktplatz sein,

1. So im Mai 10.00–18.00
Deutsches Hirtenmuseum (s. S. 29ff.)
Familie 8 €, Erwachsene 4 €, Kinder/ermäßigt/gewandet 1,50 €

ein Umschlagsplatz für Waren aller Art und natürlich rund ums Schaf. Die Handwerker und Bauern bieten handgefärbte und gesponnene Wolle, aus Weiden Geflochtenes, gute Stücke aus Leder, Fell und Tuch, handgeschöpftes Papier, irdene Waren sowie handgeschmiedeten Schmuck oder Werkzeug feil. Die kulinarischen Spezialitäten stammen überwiegend aus regionaler, ökologischer Erzeugung. Große und kleine Gäste können aber auch selbst aktiv werden, zum Beispiel historische Holzinstrumente nachbauen, Holzspielzeug basteln, seifeln oder ihr handwerkliches Geschick beim Klöppeln oder am historischen Webstuhl ausprobieren. Hinzu kommen etliche anschauliche Vorführungen: So kann man beobachten, wie ein Weidenkorb geflochten, Bücher gebunden oder Messer geschliffen werden. Im Wanderschäferwagen, der zum Fest im Eisenhüttlein steht, kann man alten Geschichten lauschen oder selbst Geschichten zum Besten geben. Und im Museumshof verführen der Duft von gebratenem Lamm und andere herzhafte Schmankerln vom Schaf den Gaumen ebenso wie süße Leckereien aus dem Museumsbackofen. Zu Klängen von Schalmei, Dudelsack, Drehleier, Schlagwerk und Tröte lässt sich so ein wirklich kurzweiliger Tag verbringen.

21. Rosenzauber

Wo die Königin der Blumen den Ton angibt

Einmal im Jahr dreht sich in der Cittaslow alles um die Königin der Blumen: Beim »Rosenzauber« stellen die Hersbrucker Händler, Gastronomen, Zuckerbäcker und Kulturschaffenden ihr Angebot ganz in den Dienst der stachligen Schönheit mit all ihren Formen und Farben. Wenn sich sämtliche Schaufenster und Auslageflächen rosig verziert präsentieren, erstrahlt die ganze Altstadt in blumigem Ambiente. Im Mittelpunkt der Rosenwochen, die alljährlich Ende Juni oder Anfang Juli stattfinden, steht der große »Rosenmarkt« auf dem Oberen Markt. Hier, wo Blumenhändler und Baumschulen nur die schönsten Sträucher mit den auffälligen, fünfzähligen Blüten präsentieren, kommen vor allem Gartenfreunde auf ihre Kosten, die eine reiche Auswahl an Wild- und Kulturrosen vorfinden. Aber natürlich geht

Weitere Informationen unter www.wirtschaftsforumhersbruck.de

das Angebot noch weit darüber hinaus: Vom duftenden Massageöl über Wein oder Likör mit feinem Rosenbukett bis hin zu aromatischen Duftkissen, rosenverfeinerten Pralinés, Brotaufstrichen und Sirup sowie blumengeschmückten Papeteriearbeiten sind dem Einsatz der stolzen Blüte schließlich keine Grenzen gesetzt. Rund um den Markt gruppiert sich an zwölf weiteren Tagen ein vielseitiges Kulturprogramm: Märchenerzähler und Musiker widmen ihre Darbietungen der Blume der Liebenden. Es gibt spezielle Stadtführungen, Kutschfahrten sowie Kräuterwanderungen auf den Spuren der Rosenfamilie. Vorträge und Workshops befassen sich mit der Aufzucht und den Einsatzmöglichkeiten, und selbst das örtliche Kino hat passende Filme in petto. Bei einem lauschig-romantischen Picknick im Rosengarten, gelegen zwischen Mühlenviertel und Strudelbad, findet das blütenreiche Event am letzten Sonntag seinen würdigen Abschluss. Neben Rosenduft liegt dann auch Livemusik in der Luft, während sich Groß und Klein die mitgebrachten Leckereien schmecken lassen.

22. Internationales Gitarrenfestival

Sechs Saiten für jede Tonart

Einmal im Jahr blickt die Gitarrenszene weltweit auf Mittelfranken: Im August zum »Internationalen Gitarrenfestival« in Hersbruck geben sich dort Meister und Virtuosen aller Stil- und Technikrichtungen die Klinke in die Hand. Klassik, Flamenco, Jazz, Fingerstyle und Gipsy Swing finden dort bei außergewöhnlichen Konzerten ihren Platz: mitunter auch an unerwarteten Spielorten, etwa in der *Weinkellerei Raum*, der Stadt- und Johanneskirche, der *Fackelmann Therme* sowie dem *Dauphin Speed Event*, einer modernen Veranstaltungshalle mit angrenzender Automobilausstellung. Erst seit Januar 2016 verfügt die Stadt Hersbruck mit der GERU-Halle (im Kinderkompetenzzentrum am Plärrer) über einen vielseitigen, modernen und konzerttauglichen Veranstaltungsort. Zudem finden engagierte Schüler eine Woche lang Anregungen in Meisterklassen und Workshops sowie die Möglichkeit, das eigene Können im Einzelunterricht weiterzuentwickeln. In den vergangenen 15 Jahren haben bereits Szenegrößen wie Arnoldo Moreno, Martin Kelner, Pepe Romero, Eliot Fisk, Carlos Barbosa-Lima oder Joscho Stephan Tricks verraten und Tipps zum Ensemblespiel gegeben. Erst seit dem Jahr 2007 gibt es auch Anfängerkurse sowie Bandworkshops. Das bedeutet, selbst Hobbyspieler können Unterricht nehmen und davon genauso profitieren wie ausgebildete Profis oder Studenten, die vor dem Konzertexamen stehen. Leistungsdruck bleibt dabei außen vor, die Spielfreude überwiegt. Ausstellungen zu historischen Musikinstrumenten sowie Händlerpräsentationen runden das Angebot ab. Es ist ein Festival der kurzen Wege, was den besonderen Reiz des Events ausmacht. Vorträge, Sessions und Workshops finden meist im *AOK Bildungszentrum Hersbruck* statt. Dort sind sowohl die Künstler als auch ihre Studenten untergebracht. So entstehen fließende Übergänge, die ein sehr persönliches, fast schon familiäres Miteinander ermöglichen. Und auch die meisten Konzertorte liegen in Laufnähe. Sieben Tage lang sind die Bühnen der Stadt nur den besten Saitenkünstlern vorbehalten, die hierfür aus allen Ecken der Welt anreisen. Erst am letzten Tag dürfen dann auch lernwillige Festivalteilnehmer bei einem Abschlusskonzert zeigen, was in ihnen steckt. Tonio Kreusch, von Anfang an Veranstalter und künstlerischer Leiter des »Internationalen Gitarrenfestivals«, kennt kein Schubladen-

Wechselnde Termine im August
Festivalzentrum, *AOK-Bildungszentrum Bayern*, Eichenhainstr. 27
91217 Hersbruck, Tel. 0 91 51/81 20, www.gitarre-hersbruck.de

denken. Stilistische Vielfalt ist für ihn oberstes Gebot. Seit er das Festival im Jahr 1999 mit einem ersten Fokus auf lateinamerikanischer Musik ins Leben gerufen hat, sucht er Jahr für Jahr frische Ideen, aktuelle Strömungen und außergewöhnliche Künstler, die der Veranstaltung immer neue Akzente verleihen können. Für Fans von Zupfinstrumenten ist die Woche in Hersbruck in jedem Fall ein echtes Muss im Veranstaltungskalender: ganz egal, ob nun als aktiver Kursteilnehmer oder passiver Konzertzuhörer.

23. Altstadtfest und Eselrennen

Rockcity und rasante Langohren

Während des Altstadtfests herrscht im sonst eher beschaulichen Hersbruck drei Tage lang Ausnahmezustand. Alljährlich am ersten Augustwochenende wandelt sich die »Cittaslow« zur »Rockcity«. Auf bis zu neun Bühnen beschallen Musiker aller Sparten die Gassen der historischen Altstadt: Vom Oberen Markt über das Eisenhüttlein bis hin zur Spitalkirche und vom Unteren Markt bis zum Wassertor erklingen Gassenhauer und Schlager ebenso wie Rock, Metal, Blues oder Jazz.

An der längsten Theke der Hersbrucker Schweiz finden sich nicht nur Hersbrucker und Veldensteiner Biere, sondern natürlich auch feine Weine und süffige Cocktails. Und wen der Hunger plagt, der kann sich locker einmal durch die kulinarische Weltkarte futtern. Da konkurrieren fränkische Klassiker mit ungarischem Lángos und Pizza, dort locken asiatische Köstlichkeiten, während türkische Spezialitäten mit indischem Fingerfood wetteifern.

Seit mehr als 40 Jahren ist dieser Spaß für Jung und Alt eine feste Institution im städtischen Veranstaltungskalender und weit über die Grenzen der Stadt hinaus bekannt. Das Fest wurde erstmalig im Sommer 1976 anlässlich des tausendjährigen Hersbrucker Ortsjubiläums ausgerichtet. Seit 2009 wird sogar an drei Tagen, von Freitag bis Sonntag, durchgefeiert.

Ein absoluter Höhepunkt des Altstadtfestes ist das sonntägliche »Hersbrucker Eselrennen«, das sich einer großen Fangemeinde erfreut und besonders für Kinder ein großartiges

1. Wochenende im August
Hersbrucker Altstadtfest, www.altstadtfest-hersbruck.de
Eselrennen So 14.00

Vergnügen darstellt. Aus einer Schnapsidee am Stammtisch bildete sich im Jahr 1980 der »1. Eselclub Hersbruck«. Mitglieder der örtlichen Schäfervereinigung hatten aus dem Urlaub einen Esel mitgebracht und in feuchtfröhlicher Runde wurde hernach überlegt, was man mit dem Tier so alles anstellen könne. Das erste »Rennen« der störrischen und gemeinhin einer rasanten Fortbewegung doch eher abgeneigten Packtiere fand dann ein Jahr später auf der Sartoriusinsel statt. Es starteten 16 Esel, deren Treiber sich bei ihrer schweißtreibenden Arbeit aber abwechseln durften. Mitunter soll es auch Bestechungsversuche mit Möhren gegeben haben.

Schon damals ließen sich rund 3000 neugierige Zuschauer diese Gaudi nicht entgehen und der Erfolg hielt an. Im elften Jahr des stetig wachsenden Events übernahm der *1. FC Hersbruck*, auf dessen Sportanlage die Veranstaltung seit 1987 ausgerichtet wurde, dann auch als Veranstalter das Ruder. Bis heute ist das »Hersbrucker Eselrennen« das erste und einzige seiner Art in Deutschland. Das *Bayerische Fernsehen* überträgt die fränkische Spaßveranstaltung deshalb regelmäßig im Regionalprogramm.

II
Der Schdadd ausbixn:
naus zum Dor!

Der Schdadd ausbixn: naus zum Dor!

Auf Achse zwischen Hansgörgl, Michelsberg und Arzberg

Auch außerhalb der Mauern hat das Städtchen Hersbruck seinen Reiz: Im Lauf der Jahrhunderte wurden mehrere Weiler und Dörfer eingemeindet, die schöne Wanderrouten und attraktive Ausflugsziele zu bieten haben.

Zuerst ist natürlich der Michelsberg zu nennen. Der Hausberg der Hersbrucker erhebt sich nördlich der rechten Bahnlinie majestätisch über die Stadt. Auf seinem Gipfel bietet er feine Küche und eine prächtige Aussicht. Auch das Mühlen- und Scheunenviertel von der Innenstadt in östlicher Richtung über das Spitaltor zu erreichen, hat seinen eigenen Reiz. Von hier aus lässt sich leicht ein Abstecher auf die Pegnitzwiesen in Richtung Plärrer machen, wo man die Segelflieger bei ihrem Treiben beobachten kann oder einfach weiterspaziert bis zum Happurger Baggersee.

Südlich der Amberger Straße hingegen laden Strudelbad, Therme und die Parkanlage Rosengarten zur Naherholung ein. Im Industriegebiet in der Südstadt, die von allen Hersbruckern nur als »Ostbahn« betitelt wird, steht das *Dauphin Speed Event*: ein außergewöhnliches Oldtimermuseum.

Und noch weiter südlich findet sich dann der Stadtteil Ellenbach mit seinen Weilern Leutenbach und Weiher. Ellenbach wird überragt vom 612 Meter hohen »Arzbergturm«. Auf dem dort gelegenen Aussichtsturm hat man einen hervorragenden Blick bis weit über die Grenzen der Region hinaus.

Oberhalb des Buchgebietes wiederum liegt Hersbrucks höchstgelegener Stadtteil Großviehberg mit einem Wasserturm aus dem Jahr 1910. In westlicher Richtung geht es über Altensittenbach, das erst im Jahr 1976 eingemeindet wurde, hinein ins Sittenbachtal. Das Kirchdorf wurde erstmalig 1070 erwähnt und entstand da, wo die alte Handelsstraße zwischen Prag und Nürnberg den Sittenbach kreuzte. In einem alten Hopfenhof in Altensittenbach ist ein sehr sehenswertes Privatmuseum für Alltagskultur des vergangenen Jahrhunderts untergebracht. Am

Eingang zum Sittenbachtal prägen nicht zuletzt zwei weitere Berge, der Große und der Kleine Hansgörgl, das Bild. An ihrem Fuße gelegen versteckt sich wohl Hersbrucks schönster Biergarten – die *Fuchsau*. Aber auch hier ist das Hersbrucker Einzugsgebiet noch nicht zu Ende, sondern reicht noch ein gutes Stück weiter, bis hin zum alten Weiler Kühnhofen mit seinen malerischen Bauernhäusern.

Wer für seinen Abstecher nach Hersbruck und in die Hersbrucker Schweiz nur ein überschaubares Zeitfenster für kurze Touren von zwei bis drei Stunden mitbringt, findet hier auf jeden Fall ein passendes Ziel. Die Ausflüge in die direkten Außenbezirke der Stadt kann man natürlich auch prima mit einem größeren oder kleinen Rundgang sowie einer Shoppingtour durch die Hersbrucker Altstadt verbinden.

24. Historischer Hopfenhof

Museum für Alltagskultur im Eigenheim

Ein Faible für Dinge aus Großmutters Zeit war wohl schon die gemeinsame Triebfeder, als Armin und Gudrun Wildensinn sich entschieden, den ehemaligen Schweine- und Hopfenhof der Familie Zagel (1887) am Ortsrand von Altensittenbach zu erstehen. Ein wahres Mammutprojekt.

Das stattliche Anwesen mit rund 1 180 Quadratmetern überdachter Wohn- und Nutzfläche stammt aus dem ausgehenden 19. Jahrhundert und hatte im Dornröschenschlaf eben auf zwei solche Entdecker gewartet. Während der Renovierungsarbeiten förderten die Wildensinns allerlei historische Gegenstände aus Haushalt und Landwirtschaft zutage. Und sie nahmen die Herausforderung an. Was sich nicht mithilfe von Internetrecherche benennen ließ, wurde bei Historikern und Antiquitätenhändlern erfragt: »Kaffeeröster« und »Milchzentrifuge« bekamen so nicht nur einen Namen, sondern auch wieder eine Funktion.

Schon bei der Sanierung des Wohnraums waren die Wildensinns um Authentizität bemüht. Die Haustechnik wurde zwar nach heutigem Standard, aber Aufputz realisiert, alte Wandfarben wurden belebt und einzelne Zimmer, wie etwa die Mägdekammer, in ihrer ursprünglichen Funktion wiederhergestellt. All das können Besucher bei einer Hausführung entdecken.

Doch damit nicht genug. Auf dem ehemaligen Hopfenboden im zweiten Stockwerk installierte die Familie mit den Fundstücken auf fast 300 Quadratmetern eine Ausstellung für Dinge, die bis heute aus unserem Alltag gänzlich verschwunden sind. Überwiegend zu verorten sind die Sachen zwischen 1830 und den Sechzigerjahren des 20. Jahrhunderts. Im historischen Wohnzimmer sind Plattenspieler und Projektor zu finden und im Arbeitszimmer kann man sich hinter eine alte Reiseschreibmaschine klemmen. Highlight dort ist übrigens eine Matrizendruckmaschine, wie sie wohl auch die Geschwister Scholl für ihre gefährliche Aufklärungsarbeit nutzten.

Dass die Familie Wildensinn Altes, Rares und Kurioses wertschätzt, entschlüsselt und bewahrt, sprach sich im Nürnberger Land rasch herum. So gab es immer wieder Spenden aus privaten Dachboden- und Kellerfunden: darunter Teile einer alten Schusterwerkstatt oder ein antiker Feuerwehrverbandskasten. Alle Exponate und Installationen sind mit kleinen Informationstafeln versehen, die ein wenig Hintergrundwissen zu Herstellungsjahr und Funktion vermitteln. Da gibt es so viel Unterschiedliches zu entdecken, dass man sich für einen Rundgang schon ein wenig Zeit nehmen muss.

Laden LandLeben

Im Erdgeschoss des Zagelhofs ist der kleine Laden *LandLeben* untergebracht. Zu finden ist ein laufend wechselndes Sortiment an außergewöhnlichen Geschenk- und Dekorationsideen von Shabby Chic bis Landhausstil sowie englische Lebensmittel. Die Angebote stammen überwiegend aus Großbritannien und Holland. Der Schwerpunkt liegt allerdings auf dem Whiskyverkauf. Kenner und Laien können sich hier in aller Ruhe zu ausgesuchten schottischen Single Malt Whiskys beraten lassen und auch den einen oder anderen edlen Tropfen testen. Das Lädchen im Zagelhof zählt übrigens zu den ausgesuchten Geschäften in Deutschland, die »SLYRS«, den preisgekrönten Whisky vom Schliersee, anbieten dürfen. Weitere 1 700 Whiskysorten aus aller Welt können vom Hausherren kurzfristig besorgt werden.

Historischer Hopfenhof, Nürnberger Str. 133, 91217 Hersbruck
Tel. 0 91 51/82 20 35, www.scotch-and-more.de
Führungen durch Haus und Hopfenboden sind wetterabhängig an den meisten Sonntagen möglich, genaue Termine auf der Webseite sowie in der *Hersbrucker Zeitung*
Gruppen ab 10 Pers. jederzeit nach Absprache auch an Werktagen
Erwachsene 2,50 €, Kinder/Jugendliche frei.

LandLeben Mo–Fr 14.00–20.00, Sa 10.00–18.00

OPEN
Glenfiddich
GUINNESS
Feine
Whiskys
Präsente
Landhausstil
Shabby-Chic

25. Der zweiköpfige Hansgörgl

Hansgörglkirwa an Pfingstmontag

Was dem Hersbrucker der Michelsberg, ist dem Altensittenbacher der Hansgörgl. So wirklich trennen lässt sich das heutzutage aber nicht mehr, denn seit 1975 ist die schon zuvor mit Hersbruck baulich verwachsene Ortschaft Altensittenbach auch offiziell eingemeindet. Der Hansgörgl teilt sich in den Großen (601 m) und den Kleinen Hansgörgl (533 m). Wegen ihrer Lage und Höhe sind die beiden weithin zu sehen. Als Aussichtspunkt taugt der zweigipflige, reich bewaldete Berg trotzdem nicht.

In der Region genießt er allerdings Kultstatus. Einmal im Jahr, am Pfingstmontag, erwacht die Anhöhe, auf deren Hutangern sonst nur gemütlich Kühe weiden, zum Leben: Mit Picknickdecke und Brotzeit bewaffnet, pilgern die Leute schon am frühen Morgen in Scharen hinauf zur »Hansgörglkirwa«, wo sie nach einem Gottesdienst eine frische Maß Hersbrucker Bier und andere Erfrischungen sowie Livemusik erwartet. Ein Fest für die ganze Familie: Groß und Klein tummeln sich ausgelassen unter den jahrhundertealten Eichen und genießen die einzigartige Atmosphäre.

Wie der Hansgörgl zu seinem Namen kam, darüber gibt es zahlreiche abenteuerliche Theorien: Eine besagt, dass vor nahezu 1 300 Jahren der heilige Hans von Hilpoltstein auf einer seiner missionarischen Reisen in das schöne Sittenbachtal kam und beim Anblick des Bergrückens ausgerufen haben soll: »Heyt han wir all scheyn zith vür görgelen!« Wohl eine Art Bekenntnis zum Müßiggang, eine wörtliche Übersetzung des Zitats liegt allerdings nicht vor. Auch dass es einen Ritter mit Namen »Hansgörg« gegeben hat, ist eher unwahrscheinlich. Obwohl auf dem Kleinen Hansgörgl wohl dereinst eine Burg stand. Das doppelte Grabensystem ist jedenfalls noch erhalten und deutlich sichtbar.

Historisch belegt hingegen ist der Rangenbach, der an der Fuchsau vorbeiplätschert und unweit der Hagenmühle in den Sittenbach mündet. Es ist deshalb möglich, dass der Berg ursprünglich wohl »Rangengugl« gerufen wurde, was später durch den volksnäheren Namen Hansgörgl ersetzt wurde.

Unterstrichen wird diese Version durch einen weiteren

Namensgeber, der sich gut ins Bild fügt: Im 16. Jahrhundert war Hansgörg von Furtenberg Schlossherr in Reichenschwand. Er soll wegen seiner Volksnähe sehr beliebt gewesen sein und ein Großteil des heutigen Hansgörglwaldes gehörte obendrein zu seinem Besitz.

Von dem im Jahr 1877 durch den *Verschönerungsverein Hersbruck* aufgestellten Aussichtspavillon aus Gusseisen ist heute kaum mehr etwas zu entdecken. Allerdings erinnert eine nostalgische Schwarz-Weiß-Fotografie, die unter dem Gipfelkreuz angebracht ist, an das eigenwillige Bauwerk.

Am Südhang des Berges kann man außerdem das sogenannte »Räuberloch« entdecken, im Volksmund auch »Hansgörglschacht« oder »Teufelsloch« genannt. Dabei handelt es sich um eine Schachthöhle, die an die sieben Meter senkrecht in die Tiefe führt. Der Eingang befindet sich direkt am Fuß eines alten Baumes.

26. Durch die Fuchsau und nach Kühnhofen

Dem Genuss auf den Fersen

Tour: Wanderung vom Oberen Markt via rechten Bahnhof durch Altensittenbach. Nach Querung des Sittenbaches durch Felder und Wiesen bis zur Fuchsau. Richtung Norden geht es vorbei am Hennabrünnerl durch den Wald bis nach Kühnhofen. Durch den Kiefernwald nach oben, dann abwärts vorbei am Wasserhaus und über den Südhang des Michelsberges zurück in die Altstadt.

Länge: 9 km.

Dauer: Ca. 3 ½ Std. reine Gehzeit.

Markierungen: Oberer Markt–Fuchsau: »weiße 5 auf grünem Grund«, Hennabrünnerl–Kühnhofen: »weiße 5 auf grünem Grund« und »Rotpunkt«, Kühnhofen–Wasserhaus–Michelsberg–Altstadt: »weiße 5« und »weiße 2 auf grünem Grund« sowie MD- und Gebirgsweg.

Saison: Ganzjährig. Besonders schön in den Sommermonaten. Die Wanderung kann allerdings auch gut im Winter gemacht werden.

Variante: Statt der »weißen 5 auf grünem Grund« nach Kühnhofen zu folgen, einfach die Route »roter Kreis auf weißem Grund« in Richtung Kleedorf einschlagen. Einkehr ist im *Hotel zum Alten Schloss* möglich. Der Weg führt vorbei an Unterkrumbach mit einigen romantisch gelegenen und schön sanierten Fachwerkhäusern sowie an der Ortschaft Aspertshofen. Ab Kleedorf mit dem Main-Donau-Wanderweg (blau-weiße Markierung) zurück nach Hersbruck.

Anfahrt: siehe S. 21.

Unser Ausgangspunkt ist der Obere Markt in Hersbruck. Mit dem Rathausturm im Rücken passieren wir das Nürnberger Tor in Richtung rechter Bahnhof. Wir nutzen die Unterführung, um auf die Seite jenseits der Gleise mit dem Park & Ride-Parkplatz zu gelangen. Dann halten wir uns mit mehreren Markierungen links: Der Frankenweg, die »weiße 5 auf grünem Grund« (unser Hauptweg) sowie der stehende, weiße Löwe auf rotem Grund (Goldene Straße) führen uns hinein in den Ortsteil Altensittenbach. Dort überqueren wir die Kühnhofer Straße sowie den

Sittenbach. Dabei lassen wir die letzten Häuser hinter uns und wandern über den Wiesenhang zu einem Eichenhain hinauf. Die »Goldene Straße« und den Frankenweg lassen wir an dieser Stelle hinter uns und wandern mit dem Weg Nummer 5 auf einem Asphaltsträßchen bis zur Fuchsau und dem gleichnamigen Gasthof mit einem der schönsten Biergärten der Region. Wenn wir die Wanderroute in dieser Richtung gehen, ist es jetzt für eine Einkehr freilich noch zu früh. Also halten wir uns in nördlicher Richtung und folgen der »5 auf grünem Grund« weiter auf gerader Strecke in den Buchenwald hinein. Dabei passieren wir einen Tiefbrunnen, auch »Hennabrünnerl« genannt. Von dort setzen wir unseren Marsch halbrechts auf breiterem Wege fort.

An der nächsten Kreuzung sind gleich mehrere Wirtshäuser ausgeschildert: Nur wenige Minuten sind es nach Kühnhofen, wo der *Grüne Baum* mit hervorragender fränkischer Küche zum Verweilen einlädt. Wir folgen eben diesem Wegweiser, der uns mit der Nummer 5 und dem »Rotpunkt« durch das Schwarzholz aus dem Wald hinausführt. Am Waldrand werden wir mit einer wunderbaren Aussicht über das Sittenbachtal und auf den alten Weiler Kühnhofen belohnt. Kühnhofen gehört übrigens erst seit 1806 zur Gemeinde Altensittenbach und damit noch heute zu Hersbruck. Im Ortskern gibt es eine besonders schöne Fachwerkscheune mit Schopfwalmdach. Wir queren erneut den Bach

und halten uns rechts, um zum Landgasthof *Grünen Baum* zu gelangen. Frisch gestärkt können wir von hier aus den Rückweg nach Hersbruck antreten. Halblinks geht es den Fahrweg hinauf. 50 Meter nach Ende des Zaunes verlassen wir dem »Rotpunkt« und wandern mit der Nummer 5 links herum, entlang der Äcker zum Wald. Im Kiefernwald steigt der Weg wieder an. Wir halten uns rechts und treffen auf die »weiße 2 auf grünem Grund« sowie den Gebirgs- und MD-Weg. Mit allen Zeichen geht es dann wieder abwärts. Wir passieren eine Lichtung, auf der am Ausgang des Viehbergstollens ein Wasserhaus steht. Das Wasser einer 1911 gebauten »Rannaleitung« (Wasserleitung) nach Nürnberg kommt hier von Alfalter her durch den Viehberg.

Schließlich gelangen wir zum Waldrand am Westende des »Höhenweges«. Nun sind wir am Südhang des Michelsberges wieder im Stadtgebiet angekommen. Unser Weg macht hier zunächst einen kleinen Schwenk nach rechts, führt dann aber linker Hand und in westlicher Richtung weiter über den Sattel zwischen Michelsberg und Steinberg, der auch »Zolltafel« genannt wird. Von dort aus folgen wir dem »Hubertussteig« ziemlich steil nach unten. An der Gartenstraße angekommen, biegen wir schließlich nach rechts ab und treffen nach etwa 200 Metern auf die Bahnunterführung zur Steingasse, die uns über die Grabenstraße zurück in die Hersbrucker Altstadt lotst.

Gaststätte Fuchsau

Wo Fuchs und Hase sich gute Nacht sagen

Am Fuße des Großen Hansgörgl, wo der Rangenbach entspringt, liegt die Waldgaststätte *Fuchsau*. Bereits kurz nach dem Zweiten Weltkrieg entstand hier eine Hüttenwirtschaft mit kleiner Wohnung und Bierkeller. Und schon damals war der Ort eine bei Wanderern beliebte Einkehrstätte. Das heutige Gasthaus steht noch immer am selben Platz, wurde aber erst im Jahr 1997 gebaut. So idyllisch gelegen, bietet die Fuchsau wohl den mit Abstand schönsten Biergarten in und um Hersbruck. Hier, fernab von städtischem Trubel oder Verkehr, kann man im wahrsten Sinne des Wortes die Seele baumeln lassen. Sogar bei schlechtem Wetter finden noch bis zu 20 Mann in der windgeschützten Holzlaube Unterschlupf. Kinder können sich auf der angrenzenden Spielwiese an einem Bachlauf mit Rutsche, Seilbahn und Schaukel austoben. Das Motto des Hauses »Fränkisch, g'müdlich und g'radaus« gilt aber nicht nur für den Biergarten. Der Gastraum mit Kachelofen bietet Platz für knapp 60 Personen. Eine liebevoll gestalterische Hand spiegelt sich in der geschmackvollen, im Landhausstil gehaltenen Innenausstattung mit dezenter saisonaler Dekoration. Zum Feiern von Festen in geschlossener Gesellschaft eignet sich die urige Jagdhütte, die an das Haupthaus angrenzt. Sie bietet ihrerseits noch mal Platz für rund 30 Gäste. Die Speisekarte punktet mit gutbürgerlicher Küche und saisonalen Gerichten. Neben der regional-fränkischen Küche sind immer wieder auch originelle und leckere Abstecher etwa in die fernöstliche Küche geboten.

Eine besondere Attraktion ist das original fränkische Steinbackofenhaus. Darin wird nicht nur mehrmals im Jahr herrlich duftendes Holzofenbrot gebacken, sondern auch fränkischer Zwiebelkuchen, Spanferkel, Gans oder Rippchen und vieles andere mehr. Auf der Webseite und über Facebook wird informiert, wenn wieder einmal eine solche Aktion ins Haus steht. Egal, ob nun eine zünftige Maß Bier, deftige Brotzeit, Bärlauchsüppchen oder Braten – die *Fuchsau* ist ein hervorragender Ausgangs- und

Fuchsau – das Gasthaus, Fuchsau 1, 91217 Hersbruck
Tel. 0 91 51/61 30, www.gasthaus-fuchsau.de
Mi u. Do 17.00–22.00, Fr 17.00–23.00
Sa 11.00–14.00 u. 17.00–23.00, So 11.00–14.00 u. 17.00–22.00

Endpunkt für Wanderungen und Spaziergänge in die nähere Umgebung. Besonders naheliegend ist da natürlich eine Tour hinauf zum Hansgörgl mit seinem fabelhaften Rundblick.

Landhotel Grüner Baum

Herz und Heimat auf dem Teller

Das *Landhotel Grüner Baum* hat sich bis weit über die Grenzen der Hersbrucker Schweiz hinaus einen Namen gemacht. Egal, ob Urlauber, Ausflügler oder Durchreisender – der familiengeführte Betrieb lässt für kaum jemanden Wünsche offen. Das Haus der Familie Eberhard besticht trotz hohem Standard mit sehr persönlicher Note und Herzlichkeit. Zuletzt umfassend saniert wurde im Jahr 2009. Die 29 modernen Zimmer sind nach biologischen Aspekten eingerichtet, aber trotzdem mit Satelliten-TV und WLAN ausgestattet. Auch einer Firmentagung in klimatisierten Räumen steht nichts im Wege. Wer einen längeren Erholungsaufenthalt in der Region plant, hat mit dem *Grünen Baum* ein perfektes Basislager und kommt genauso auf seine Kosten wie Einkehrer, die einfach nur eine fantastische Küche zu schätzen wissen.

Gelegen am Eingang zum alten Weiler Kühnhofen (Gemeinde Hersbruck) mit seinen schönen alten Bauernhäusern und einer Fachwerkscheune mit Schopfwalmdach, eröffnet sich gleich von der Sonnenterrasse aus ein traumhafter Panoramablick hinein ins Sittenbachtal. Hier finden bis zu 70 Gäste Platz. Darüber hinaus bieten vier verschiedene Gasträume (Panorama-Restaurant, Kräuterstube, Michelsbergstuben sowie Saal) den jeweils passenden Ort, um zu verweilen, zu schlemmen, zu arbeiten oder im großen Stil zu feiern. Auf dem hauseigenen Parkplatz finden gut und gern 95 Fahrzeuge einen Stellplatz. Für Rollstuhlfahrer stehen ein Aufzug und ein spezielles WC zur Verfügung, das auch von außen barrierefrei zu erreichen ist.

Auf dem Waldwanderweg mit der grünen 5 kann man über den Michelsbergsattel gemütlich bis in die Hersbrucker Altstadt wandern. Zuvor sollte man es sich aber erst einmal so richtig gut gehen lassen: Was im *Grünen Baum* auf den Tisch kommt, ist

Landhotel Grüner Baum, Kühnhofen 3, 91217 Hersbruck, Tel. 0 91 51/60 95 60
www.gruener-baum-kuehnhofen.de, www.heimat-aufm-teller.de
warme Küche tägl. 17.00–21.00, Di–So zusätzlich 11.00–14.00

nämlich hundertprozentig regional und auf jeden Fall ein Hochgenuss für Augen und Gaumen. Fränkische Spezialitäten wie Schäufele, herzhafte Braten oder Wildgerichte werden authentisch mit besten Zutaten, frischen Kräutern und edlen Gewürzen serviert. Regelmäßige Mottoabende und Aktionswochen mit internationalen oder saisonalen Schlemmereien sorgen für Abwechslung auf der Speisekarte. Gekocht wird mitunter auch mit Wildkräutern. Schließlich ist Chefin Anita Eberhard Kräuterpädagogin.

Darüber hinaus ist »Karpfen statt Sushi« die Devise des Hauses. Dem Hausherren Hans-Peter Eberhard liegen regionale Produkte so sehr am Herzen, dass er mit viel Leidenschaft die Gemeinschaft *Heimat aufm Teller* ins Leben gerufen hat. Mitglieder der im Jahr 2002 gegründeten Initiative sind neben weiteren Gasthäusern auch bäuerliche Landwirtschaftsbetriebe, regionale Erzeuger, feine Metzgereien, Direktvermarkter, Imker sowie Fischereien, die sich mit Herzblut für die Erhaltung ihrer Natur- und Kulturlandschaft einsetzen. Und genau das schmeckt man, wenn man im *Grünen Baum* einkehrt. Einziger Minuspunkt: Mit dem Handyempfang kann es hier mitunter ein wenig hapern. Aber mal ehrlich, das gehört doch auch zu einer gelungenen Auszeit.

27. Der Michelsberg

Von wilden Rittern, Basteiern und Ostersängern

Der Michelsberg ist von jeher der Haus- und Hofberg der Hersbrucker. Bis heute hat man von hier die beste Aussicht über die Stadt und ihr Umland. Nach Süden liegt dem Betrachter die Hersbrucker Altstadt zu Füßen und jenseits des Pegnitztals die Südstadt mit Ellenbach. Lässt man den Blick über Kühnhofen und das Sittenbachtal nach Norden schweifen, kann man am Horizont sogar die Burg Hohenstein entdecken.

Wegen der exponierten Lage wurde im 18. Jahrhundert auf dem Gipfel eine Feuerwache eingerichtet. Vor dem Haus standen zwei Kanonen Tag und Nacht schussbereit. Sobald der Wächter, der sogenannte »Basteier«, einen neuen Brandherd ausgemacht hatte, feuerte er die Kanonen ab, um die Bürger zu warnen: Dabei bedeutete ein Signalschuss Feuer in der Umgebung, bei zwei Schüssen war die Stadt selbst von den Flammen bedroht. Für den Ernstfall standen in jedem Haushalt Eimer bereit, die die Bürger mitbrachten, um rasch eine Löschkette bis zur nächsten Wasserstelle zu bilden. Auch später war die Aussicht so beliebt, dass bereits vor Ausbruch des Ersten Weltkriegs vermögende Nürnberger den Südhang des Berges zum Bauplatz für ihre Villen und Häuser auswählten. So hat etwa die Familie Schickedanz (*Quelle*) hier einen Wohnsitz, und einer der bekanntesten Hersbrucker Ehrenbürger – Bayerns langjähriger Innenminister und kurzzeitiger Ministerpräsident – Günther Beckstein hat dort seine Kindheit verlebt.

Weiter oben am Hang liegt, eingebettet in einen Hain aus Laub- und Nadelbäumen, das 1924 erbaute Kriegerdenkmal. Steintafeln listen die Namen der im Ersten und Zweiten Weltkrieg Verschollenen und Gefallenen auf, an die alljährlich zum Volkstrauertag mit einer Gedenkfeier erinnert wird. Die Nordseite des Michelsbergs hingegen ist kaum bebaut, der steile Abhang ist allerdings ein bei den Kindern beliebter Schlittenhang. Der wilde Ritter Michael, der schon um 800 auf dem Berg sein Unwesen getrieben haben soll, ist wohl nur eine Legende. Wahrscheinlicher ist, dass die Anhöhe nach einer Kapelle benannt ist,

die dem Heiligen Michael geweiht war und wohl bereits seit dem 11. Jahrhundert dort stand. In den Wirren des Dreißigjährigen Krieges wurde sie abgebrochen.

Seit Ende des 19. Jahrhunderts steht auf dem Plateau des Berges eine Gaststätte. Besitzerin ist die Stadt Hersbruck. Das Gebäude hat einige Pächterwechsel und so manche Umbaumaßnahme erlebt, das historische Wandgemälde in der gemütlichen Gaststube blieb aber bis heute erhalten. Eine schöne Tradition ist das alljährliche »Ostersingen auf dem Michelsberg«. Erstmalig dazu aufgerufen hatte im Jahr 1840 der damalige Feuerwächter Johann Christoph Wörner. Seitdem ziehen Jahr für Jahr die sangesfreudigen Hersbrucker, mitunter begleitet von Stadtkapelle oder Posaunenchor, am frühen Ostersonntag den Berg hinauf, um sich und ihre Mitbürger auf das Osterfest einzustimmen. Zum Sonnenaufgang erklingen dann stets die drei selben Choräle: »Wachet auf, ruft uns die Stimme«, »Jesus lebt, mit ihm auch ich« sowie »Jehova«.

Gaststätte auf dem Michelsberg

Hochgenuss bei traumhafter Aussicht

Dort, wo früher einmal die alte Feuerwache stand, direkt auf der Spitze des Michelsbergs, befindet sich heute eine urige Gastwirtschaft. Ein gemütliches Restaurant, das seine Gäste mit deutscher und französischer Küche zu verwöhnen weiß. Christine de Vries, ehemalige Betreiberin der *Edelweißhütte* am Arzberg, legt viel Wert auf Anbieter aus der Region.

Dass sich auf der Kuppe des Hausbergs das Gute ihrer Stadt zu einer einmaligen Wohlfühlkomposition fügt, wissen nicht zuletzt die Hersbrucker Bürger selbst zu schätzen. So wird etwa die regelmäßig wechselnde Speisekarte auf Holztafeln der örtlichen Schreinerei *Albatros* serviert. Die Weinkarte mit ausgesuchten Tropfen aus Franken und Frankreich wurde mithilfe von *Feine Weine* in der Hersbrucker Wolfsschlucht (unweit des Wassertores) zusammengestellt und der Kaffee stammt vom örtlichen *Weltladen Cocoyoc* (s. S. 71f.). Die Wände im Erdgeschoss und entlang des Treppenaufganges wiederum zieren gerahmte Drucke aus der *Original Hersbrucker Bücherwerkstätte* (s. S. 34ff.). Der historisch gewachsene Gastraum ist mit Bedacht erneuert worden. Den Schankraum im Erdgeschoss ziert nach wie vor ein altes Wandgemälde und einige der robusten Holzstühle tragen noch immer das stolze Stadtwappen. Darüber hinaus wird auf liebevolle, mitunter auch humorvolle (Toiletten-) Dekoration viel Wert gelegt.

Derart gut aufgehoben, kann sich der Gast ganz den beiden Highlights dieses Ortes hingeben: den feinen Speisen und der überwältigenden Aussicht. Letztere lässt sich besonders im Obergeschoss und bei gutem Wetter natürlich auf der Sonnenterrasse genießen. Dann hat man nicht nur einen atemberaubenden Blick über die historische Altstadt, sondern gleich über das gesamte Pegnitztal. Die Speisekarte wechselt wöchentlich und ist von daher abwechslungsreich, ohne überfrachtet zu wirken. Dennoch fällt die Entscheidung zwischen feinem Coq au Vin mit Rosmarinkartoffeln, urfränkischem Schäufele mit Kloß, einem deftigen Pfannenschnitzel mit hausgemachtem Kartoffelsalat oder den vegetarischen Gnocchi in Walnuss-Salbei-Butter noch schwer. Aber vielleicht hilft da ja ein kurzer Plausch mit der stets gut gelaunten Köchin auf die Sprünge. Wer Hersbruck besucht, sollte sich eine Stippvisite auf dem Michelsberg keinesfalls entgehen lassen.

Gaststätte Michelsberg Hersbruck, Hans-Sachs-Ring 21, 91217 Hersbruck
Tel. 0 91 51/8 17 88 66, www.michelsberg-hersbruck.de
Mi–Sa 11.00–24.00, So 10.00–21.00

28. Hersbrucker Kalorienweg

Dem Schäufele auf den Fersen

Tour: Wanderung vom Hersbrucker Pflegschloss via Wassertor, Mühlenviertel und Rosengarten durch den Wald hinauf zu Buchquelle und Steinbruch. Von dort über den Michelsberg (Einkehr mit fantastischem Ausblick) wieder zurück zur Hersbrucker Stadtkirche.
Länge: 7 km.
Dauer: Ca. 2 ½ Std. reine Gehzeit.
Markierung: »Weiße 8 auf grünem Grund«.
Saison: Ganzjährig, teilweise entlang der Straße sowie auf naturnahen Pfaden.
Anfahrt: s. S. 21.

Schlemmen ohne Reue, dieses Vergnügen verspricht der »Hersbrucker Kalorienweg«. Die originelle Rundwanderung motiviert auf sieben Kilometern mit schlagfertig gereimten Schildern zum Durchhalten. Während des etwa zweieinhalbstündigen und durchaus anspruchsvollen Spaziergangs kämpfen sich die Wanderer mit jedem Schritt dem Hochgenuss der Franken entgegen: dem Schäufele. Der pfiffige Bewegungsanstoß stammt bereits aus dem Jahr 1994 und wird noch immer gern genutzt.

Ausgangspunkt für den Kalorienweg ist das Hersbrucker Pflegschloss in der Altstadt. Von dort geht es zum Wassertor und über die »Köihpengertz« (rechter Pegnitzarm) in Richtung Plärrer und entlang der Pegnitzwiesen zum Mühlenviertel. Neben den neun Tafeln mit ihren lustigen Sprüchen und Bildern, die über die bereits abgelaufene Kalorienmenge informieren, weist auch die »weiße 8 auf grünem Grund« den Wanderern den richtigen Weg. Am Eingang zum Rosengarten ist bereits das Frühstück abgewandert. Nach der *Fackelmann Therme* folgt der Weg der Amberger Straße in östlicher Richtung bis hin zum Wald. Hier lässt die Route das städtische Gebiet hinter sich und folgt ab sofort eher naturnahen Pfaden. Der Spruch: »Stehst Du an dieser Quelle, kannst Du wieder essen eine Forelle« verheißt den rechten Weg. Zugleich wird nun aber auch deutlich, warum der »Kalorienweg« seinen Titel tatsächlich verdient hat. Über Treppen und verschlungene Pfade geht es immer steiler den Berg hinauf. Die Verheißung auf eine Maß Bier lässt Wanderer dennoch beherzt weitergehen, um bei der Ankunft auf dem Gipfel obendrein die Kalorien für ein stattliches Stück Torte hinter sich gelassen zu haben.

Durch lichteren Wald geht es ein Stück weit eben voran, ehe der Weg den alten Steinbruch passiert und erneut ansteigt. Nicht nur die Aussicht auf ein leckeres Schinkenbrot, sondern auch der wunderbare Panoramablick entschädigt für die bisherigen Mühen. Bei gutem Wetter lassen sich in der Ferne sogar die Nürnberger Kirchturmspitzen erahnen.

Der Abstieg führt über den Hohlweg und durch das Schwarze Holz steil hinunter und hin zum Michelsberg. Wer jetzt aufgibt, kann sich an Ort und Stelle in der Gaststätte *Michelsberg* eine Portion Bratwürste genehmigen. Wer hingegen tapfer dem Schäufele entgegenläuft, muss noch ein wenig durchhalten: Der Weg führt weiter abwärts ins Tal durch die Anlage mit dem ältesten Wasserhaus bis hin zur Altstadt: Über die Grabenstraße, vorbei am Gebäude der *Hersbrucker Zeitung*, und auf dem Lohweg geht es zurück zum Schloss. Und wer es bis hierhin geschafft hat, der hat sich sein Schäufele wirklich redlich verdient!

29. Michelmühlviertel

Drei Räder für die Pegnitz – ein verlorenes Kulturdenkmal

Der Stadtteil rund um den Jakobsplatz trägt den Namen »Michelmühlviertel«. Zum einen weil sich hier, am inneren Pegnitzarm, noch bis zur Jahrtausendwende gleich drei Mühlräder auf einmal drehten, zum anderen wegen des gemütlichen Gasthauses *Michelmühle*, das noch immer am Obermühlweg zu finden ist.

Die östlich der Altstadt gelegene Mühle, auch »Obermühl« genannt, findet sich erstmals in Aufzeichnungen aus dem Jahr 1376 und war nach der Schlossmühle wohl die zweitälteste Mühle der Stadt. Im Dreißigjährigen Krieg ging die Michelmühle erstmals in Flammen auf, als Nürnberger und schwedische Soldaten die dort verschanzten Kaiserlichen beherzt in die Flucht schlugen. Erst um 1860 wurde das Gemäuer als Brotfabrik wieder aufgebaut. Nur 20 Jahre später zog eine Bronzefabrik in das Gebäude ein, das im Januar 1893 abermals bis auf die Grundmauern niederbrannte. Der besonders eisige Winter erschwerte den örtlichen Feuerwehren damals die Löscharbeiten.

Das Fabrikgebäude als Klinkerbau besteht in seiner heutigen Form erst seit dem frühen 20. Jahrhundert, als die *Firma Neuschäfer und Thraenhardt AG* dort eine Gewürzmühle errichtete, die später in den Besitz des *Bayerischen Salz-Kontors Vogel* überging. Dass die außergewöhnliche Konstellation mehrerer Mühlräder, die selbst den verheerenden Brand von 1893 überstanden hatten, heute nicht mehr erhalten ist, kann nicht gerade als ein Glanzstück bayerischer Denkmalpflege gewertet werden. Denn in ihrer Zusammensetzung waren die drei Michelmühlräder auf engstem Raum einmalig in Deutschland. Doch alle Bemühungen, das einmalige Räderensemble zu retten, scheiterten. Weder die Stadt noch der Eigentümer verfügten über ausreichende Mittel, um die historische Wasserkraftanlage adäquat zu sanieren. Und das Bayerische Amt für Denkmalpflege befand die Wirkung der Räder zwar als durchaus »eindrucksvoll und den Erhalt begrüßenswert«, lehnte aber in letzter Konsequenz eine Denkmaleigenschaft ab. Im Mai 2002 mussten die halb verfallenen Mühlräder deshalb abgerissen werden. Heute erinnert nur

noch ein hölzerner Steg, der über die alte Staustufe führt, daran, wo die Räder einst fleißig klapperten. Die Stelle ist gut einsehbar, wenn man vom Oberen Mühlweg den Chotieschauer Weg über die Pegnitz in Richtung Plärrer einschlägt.

Direkt angrenzend an das Michelmühlviertel liegt das sogenannte Scheunenviertel. Folgt man dem Oberen Mühlweg weiter in Richtung Altstadt, kann man rechter Hand vier klassische, fränkische Scheunen in Fachwerkbauweise – teils saniert, teils noch im Urzustand – entdecken. Im Mittelalter wurden solche Scheunen aus Gründen des Brandschutzes und zur Schaffung von Wohnraum aus dem Stadtkern verbannt. Später siedelten sich rund um die Scheunen und die Michelmühle dann vorwiegend Handwerker und Kolonialwarenhändler an, weshalb das Viertel von den Hersbrucker Bürgern auch weniger rühmliche Spitznamen wie »Kleintürkei« oder »Glasscherbenviertel« erhielt.

Wirtshaus zur Michelmühle

Kirwagaudi und feine Steaks im Flussbiergarten

Herzstück des östlich vom Spitaltor gelegenen Michelmühlviertels ist das gleichnamige Wirtshaus. Familie Wolf führt die Metzgerei nebst Gastronomie mit viel Herz, Hand und Traditionsbewusstsein. Ein urfränkisches Gasthaus eben vom alten Schlag, wo der Gast noch allwöchentlich ein deftiges »Schwartel« (Schlachtschüssel) bekommt: Metzelsuppe, Kesselfleisch sowie Leber- und Blutwürste kommen dann frisch mit Kraut und Kartoffeln auf den Tisch. In der kühlen Jahreszeit bis Ostern gibt es wahlweise auch leckere Krautwürste. Hier treffen sich die Alt-Hersbrucker am Stammtisch, zum Karteln und Singen oder holen sich mitunter auch die täglich wechselnden Gerichte vom Mittagstisch.

Einmal im Jahr – stets am dritten Sonntag im Oktober – findet dort die wohl ungewöhnlichste Kirchweih der Region statt: die Michelmühlkirwa. Aus Gaudi wählen die Michelmühler dann ihren eigenen Bürgermeister, stellen einen Kirchweihbaum auf und feiern, was das Zeug hält. Traditionell gibt es die

»Baumholer Brotzeit«, das »Kirwasingen«, »Knöchlaessen«, Umzug, »Baumaustanzen« sowie den Frühschoppen.

Aber auch an allen anderen Tagen im Jahr verspricht die Michelmühle zufriedene Einkehr. Besonders in den Sommermonaten, wenn man im Hinterhofbiergarten seine Halbe direkt mit Blick auf die Pegnitz genießen kann. Neben fränkischen Klassikern und deftigen Brotzeitbrettln gibt es obenauf noch ein ganz besonderes Highlight: Die Rinderfilets von der *Michelmühle* sind einfach köstlich, besonders mit hausgemachter Kräuterbutter, feinen Speckbohnen, Salat oder Quark. Wer diesen Traum genießen will, muss allerdings ein bisschen planen: eine Vorbestellung ein bis zwei Tage vorher ist erforderlich. Wer nach dem Essen noch nicht genug hat, kann sich übrigens in der Metzgerei für zu Hause eindecken oder auch den Lieferservice für die nächste Familienfeier buchen: von Weißwurstfrühstück über kalte Platten bis hin zum vollen Menü ist alles drin.

Gasthaus und Metzgerei Michelmühle, Obermühlweg 30, 91217 Hersbruck
Tel. 0 91 51/15 00, www.michelmuehle.de
Mo–Fr 9.00–23.00, Sa 10.00–15.00
So 10.00–12.30 (Frühschoppen) u. 17.00–22.30

30. Therme und Strudelbad

Entspannen mit Meerwasser aus der Steinzeit

Als im Jahr 2000 auf dem Gelände der heutigen Hersbrucker Therme Bohrungen durchgeführt wurden, hatte die Stadt eigentlich die Versorgung des angrenzenden Wohngebietes mit Erdwärme im Visier. Auf das hierfür notwendige 60 Grad Celsius heiße Wasser stieß man zwar nicht, jedoch wurde in rund 650 Metern Tiefe Thermalwasser von bester Qualität gefunden. Mineralische Bestandteile wie Bicarbonat, Sulfat und Chlorid lassen Rückschlüsse darauf zu, dass es sich dabei um sehr altes »Paläowasser« handelt, das wohl zum Teil sogar mariner Herkunft ist. Der Mineralgehalt pro Liter beträgt 14,2 Gramm und am Brunnenkopf kann eine Temperatur von etwa 29 Grad Celsius gemessen werden.

Das anerkannte Heilwasser entspannt Muskeln, fördert die Durchblutung und Beweglichkeit und wird auch zur Anwendung bei Osteoporose und rheumatischen Erkrankungen empfohlen. Deshalb bildet die Therme seit ihrer Eröffnung im Jahr 2004 das Herzstück der *Gesundheitsregion Hersbrucker Land*.

Der lichtdurchflutete Thermenkomplex liegt direkt an den Pegnitzauen und bietet einen weiten Blick auf die grüne Landschaft der Frankenalb. Neben der vitalisierenden Wirkung des bis zu 35 Grad Celsius warmen Wassers sind natürlich auch Entspannung und Badespaß garantiert. Außerdem bietet die Therme eine großzügige Saunalandschaft mit Panoramasauna, ein Dampfbad sowie einen umfangreichen Wellnessbereich. Kinder und Jugendliche locken vor allem das Aktionsbecken mit Strudelsitzen, Strömungskanal und Massagedüsen. Und auch für die Kleinsten gibt es im Wasserkindergarten mit Kinderrutsche und Schiffchenkanal viel zu entdecken. Besonderes Highlight sind die langen Thermenabende mit Programm wie Kino oder Disco.

Im Sommer ist über die Therme auch der Zugang zum benachbarten Freibad, dem Strudelbad, möglich. Der Name stammt noch aus früherer Zeit: Dort, wo die Pegnitz zur leichteren Handhabung der Mühlen in zwei Arme geteilt wurde, entstand ein Strudel, der Groß und Klein lockte, in der Pegnitz baden zu gehen. Ab 1935 wuchs daraus eines der schönsten Freibäder Nordbayerns. Auf 1000 Quadratmetern spenden alte Bäume Schatten, wo das Gelände idyllisch von der Pegnitz durchzogen wird. Drei Becken, eines davon für Kinder, und der »Frankenturbo«, eine 81,40 Meter lange und acht Meter hohe Großwasserrutsche laden zum Planschen und Toben im kühlen Nass ein. Echten Sportlern bietet das 50-Meter-Becken Platz für viele Bahnen. Darüber hinaus können sich die Kleinen auf dem Kinderspielplatz, die Großen beim Beachvolleyball, Tischtennis oder Freilandschach verausgaben.

Fackelmann Therme und Strudelbad, Badstr. 16, 91217 Hersbruck
Tel. 0 91 51/8 39 30, www.fackelmanntherme.de
Therme
Mai–Sep Mo–Fr 9.00–22.00, Sa 10.00–22.00, So u. Fei 9.00–20.00
Okt–Apr Mo–Fr 9.00–22.00, Sa 10.00–23.00, So u. Fei 9.00–22.00
Strudelbad (Mitte Mai–Mitte Sep)
Mai u. Sep tägl. 10.00–19.00, Juni–Aug tägl. 9.00–20.00

31. Aus der Vogelperspektive

Fliegen mit den Profis der Hersbrucker Luftsportgemeinschaft

Hinter dem Schul- und Sportzentrum an der Happurger Straße liegt der Hersbrucker Segelflugplatz. Die *Luftsportgemeinschaft Hersbruck e. V.* nutzt die Wiesen, die sich auf halbem Weg zwischen dem östlichen Stadtrand von Hersbruck und dem Happurger Baggersee befinden, als Start- und Landebahn. Zu Fuß erreicht man den Segelflugplatz entweder über den Plärrer oder vom Michelmühlviertel her kommend. In beiden Fällen passiert man dabei Allwetter-Sportplatz, Eislauf- und Rollschuhplatz sowie die Winter- und Sommereisstockbahn. Das Segelfliegen hat in Hersbruck eine lange Tradition. Ab den 1930er-Jahren pflegte man hier den Modellflugsport. Den Mitgliedern ging es schon damals vorrangig darum, selbst fliegen zu dürfen. Bis Kriegsbeginn gab es fünf selbstgebaute Segelflugzeuge. Abgehoben wurde seinerzeit noch vom Michelsberg in Richtung Sittenbachtal mithilfe des sogenannten Gummiseilstartes. Im Jahr 1950, unmittelbar nachdem das von den Siegermächten verhängte Verbot des Luftsports wieder aufgehoben wurde, startete der Verein erneut durch. Bereits 1953 erhob sich das erste Flugzeug wieder vom Michelsberg. Bis heute hat sich in der Flugpraxis natürlich einiges geändert: vom Gummiseilstart wechselte der Verein hin zum Windenstart mit selbstgebauter Schleppwinde. Und seit den 1960er-Jahren verfügt man sogar über eine eigene Fliegerhalle mit beheizbarer Werkstatt, inzwischen unweit der Fußballplätze gelegen. Heute umfasst die Hersbrucker Flotte einen Motorsegler sowie 17 Segelflugzeuge, allesamt auf dem neuesten Stand der Technik. Die *Luftsportgemeinschaft Hersbruck* hat über 100 Mitglieder, gut ein Viertel davon sind Jugendliche unter 18 Jahren. Wer sich ernsthaft für die Kunst und den Sport des Segelfliegens interessiert, kann mithilfe der ehrenamtlich arbeitenden Segelfluglehrer vor Ort seine Privatpilotenlizenz erwerben. Die Schulung im Verein ist zwar etwas zeitaufwendiger als in einer kommerziellen Flugschule, dafür aber wesentlich kostengünstiger. Die Ausbildung, die ab 14 Jahren begonnen werden kann, startet mit Flügen auf modernen Kunststoffdoppelsitzern. Geschult wird an jedem Wochenende mit gutem Wetter. Darüber hinaus beteiligen sich die Hersbrucker Segelflieger aktiv am Breitensport. Und ihre Ergebnisse in regionalen und überregionalen Meisterschaften können sich sehen lassen: Gewinn des Deutschlandpokales der Rennklasse, Sieg in der Mannschaftswertung der Bayerischen Meisterschaften, ein Deutscher Vizemeister der Junioren und der Titel »Deutscher Meister in der zweiten Segelflugbundesliga«, um nur einige zu nennen. So viel Fleiß und Ehrgeiz wird belohnt. Seit einigen Jahren kann sich der vergleichsweise kleine Club auch in der ersten Segelflugbundesliga behaupten. Wer also Lust hat, die Hersbrucker Schweiz einmal von oben zu begutachten, begibt sich mit der *Luftsportgemeinschaft Hersbruck e. V.* in die besten Hände. Rundflüge mit dem Motor- oder Segelflieger liegen je nach Wunschziel zwischen 33 und 100 Euro und können bis zu einer Stunde dauern.

Segelfluggelände Hersbruck (hinter dem Schul- u.Sportgelände)
Am Plärrer (östlicher Ortsrand), Tel. 0 91 51/46 13
Information u. Tickets über Stefan Harries, Tel. 01 72/1 93 85 48 sowie Vereinsgebäude der Segelflieger, Fr ab 20.00 u. So während des Flugbetriebes, Tel. 0 91 51/46 13
Gutscheine für einen Flug mit dem Segelflugzeug oder Motorsegler können auch in den Filialen der Firma *Reifen Lorenz* und bei *Spielwaren Rauenbusch* in Hersbruck erworben werden.
Für Flieger:
Flugplatzbezugspunkt: 11.27.04 Ost/49.30.30 Nord ELEV: 1109 ft/338 m
Frequenz: 122,05 MHz (Hersbruck-Info), Tel. 00 49/91 51/46 13

32. Dauphin Speed Event

Rasante Schlitten, heiße Öfen und rauschende Feste

Hier kommen die Herzen von Oldtimerfans auf Hochtouren. Schließlich hat nicht jeder die Möglichkeiten oder das notwendige Kleingeld, um seiner Leidenschaft auf vier oder zwei Rädern nach Herzenslust zu frönen. Umso schöner, wenn einer, der es kann, die Objekte seiner Begierde mit anderen teilt. Der Unternehmer Friedrich-Wilhelm Dauphin, Inhaber der gleichnamigen Bürositzmöbelfabrik in Offenhausen, hat eben dies verwirklicht und seiner Passion ein eigenes Museum gebaut – das »Dauphin Speed Event«. Die Präsentations- und Veranstaltungshalle befindet sich im Gewerbegebiet im südlichen Teil von Hersbruck. Die private Oldtimersammlung ist in einer ehemaligen Fabrikhalle aus den 1960er-Jahren untergebracht. Sie wurde stilvoll und mit viel Glas dem Zweck angepasst und modernisiert. Auf den insgesamt 18000 Quadratmetern wollen Dauphin und seine Ehefrau Elke ihre Besucher für nostalgische Motorräder und Oldtimer aus über sechs Jahrzehnten begeistern. Ihre Exponate verstehen die Dauphins als zeitlose Kunstwerke mit eigener Handschrift. Seit mehr als 30 Jahren sammelt die Familie schon technisch und künstlerisch anspruchsvolle Kostbarkeiten der Ingenieurskunst: darunter Marken wie *Bugatti*, *Ferrari*, *Porsche*, *Triumph*, *BMW* oder *Mars*. Die Ausstellung selbst beansprucht mehr als ein Viertel (4000 m^2) des Gesamtgebäudes und umfasst insgesamt 160 Oldtimer sowie 240 Motorräder. Die liebevoll inszenierte Sammlung ist chronologisch und nach Marken sortiert. Tragender Gedanke ist es, den Besuchern sowohl die Entwicklungsgeschichte der Automobil- und Motorradtechnik anhand bestimmter Marken als auch deren Designentwicklung vor Augen zu führen. Die Entwicklung des Automobils wird überwiegend an Sport- und Rennwagen europäischer Hersteller nachgezeichnet. Der Schwerpunkt liegt dabei auf den Marken *Alfa Romeo*, *Ferrari* und *Porsche* sowie auf Fahrzeugen aus den 1930er- bis 1980er-Jahren. Darunter sind seltene Stücke wie ein »Bugatti Atlantic« oder die *Ferrari*-Modelle »DINO« und »Daytona Spider«. Ein Blickfang sind auch frühe Kleinwagen wie »Isetta«, »Goggomobil« oder ein »Kabinenroller« von *Messerschmitt*. Die Motorradsammlung ist in drei Hauptgruppen gegliedert: Straßen-, Sport-, und Rennmotorräder. Überwiegend stammen sie aus den 1920er- bis 1980er-Jahren. Darunter finden sich allgemein bekannte Klassiker wie »Harley Davidson«, aber auch eine »MV Augusta GP 750 S« oder eine »Brough Superior«, eine Maschine, die Lawrence von Arabien nicht nur auf seinen Touren favorisierte, sondern auf der er schließlich auch den Tod fand. Besonderes Augenmerk liegt zudem auf Modellen aus Nürnberger Produktionsstätten. Offene Führungen durch die Geschichte namhafter europäischer Automobil- und Motorradmarken sind einmal monatlich möglich. Darüber hinaus können private Gruppenführungen gebucht werden. Zudem ist das »Dauphin Speed Event« eine exklusive Location für Veranstaltungen aller Art. Im besonderen Ambiente kann die Familienfeier im kleinen Kreis genauso begangen werden wie das Hochzeitsfest oder die Unternehmensfeier im großen Stil. Bis zu 450 Personen finden dort Platz. Die Halle selbst befindet sich in einer großen Parkanlage mit Wasserspiel und Nachtbeleuchtung. Mitunter wird das »Dauphin Speed Event« auch zu offiziellen Anlässen der Stadt Hersbruck genutzt wie etwa bei der Verleihung der Ehrenbürgerwürde an Dr. Günther Beckstein oder regelmäßig zu den Highlightkonzerten des »Internationalen Gitarrenfestivals«. Egal zu welchem Anlass: Ein Besuch im »Dauphin Speed Event« ist garantiert ein unvergessliches Erlebnis.

33. Zum Wächter der Hersbrucker Schweiz

Rundweg via Arzbergturm und Edelweißhütte nach Ellenbach

Tour: Wanderung vom linken Hersbrucker Bahnhof via Leutenbach durch den Laubwald hinauf zum Arzbergturm; über eine Rast in der *Edelweißhütte* und die kleine Ortschaft Ellenbach wieder zurück zum Ausgangspunkt.
Länge: 11 km.
Dauer: Ca. 4 Std. reine Gehzeit.
Markierungen: Linker Bahnhof–Arzbergturm: »grüne 4 und Rotkreuz«, Arzbergturm–*Edelweißhütte*: »grüne 4 und Rotkreuz«, *Edelweißhütte*–Ellenbach: »blauer Punkt und Rotkreuz«.
Saison: Frühjahr bis Herbst. Zur Laubfärbung im Herbst besonders schön. Am ersten Juliwochenende findet die Ellenbacher Kirwa statt. Bei Regen an den steilen Wegstücken Rutschgefahr!
Variante: Ab der *Edelweißhütte* dem blauen Punkt auf der Decksersbergrunde zum Jungfernsprung folgen. Alternativ im Anschluss einen Rundgang durch die historische Hersbrucker Altstadt machen.
Anfahrt: Siehe S. 21.

Wir beginnen unsere Tour am linken Hersbrucker Bahnhof und folgen zunächst dem Wanderweg, der mit der grünen 4 markiert ist. Nachdem wir Bahnhof und Wohngebiet in Richtung Leutenbach hinter uns gelassen haben, folgen wir einem breiten, von Wiesen und Feldern gesäumten Schotterweg. Linker Hand können wir in einiger Entfernung die mächtige und bewaldete Houbirg erahnen. Fröhlich gurgelnd begleitet ein kleiner Bachlauf unseren Marsch. Mit dem geschotterten Weg queren wir schließlich die Verbindungsstraße zwischen Ellenbach und Leutenbach. Die Route führt uns da noch ein kleines Stück am Waldrand entlang, ehe es tief hinein geht in den Buchenmischwald. Imposante Bäume säumen den Weg und schlagen ihre Wurzeln breit gefächert und krakenartig in den zunehmend felsigen Boden. Der Pfad steigt rasch an, wird schmaler und auch steiniger. Kein

Wunder: Mit seinen 612 Metern gehört der Arzberg schließlich zu den höchsten Bergen der Region.

Auf dem Bergrücken angekommen, können wir auf einem ebeneren Wegstück wieder zu Atem kommen. Laub- und Nadelwald wechseln sich ab. Hier begegnet uns erstmals der Wanderweg mit dem Zeichen »Rotkreuz«, dem wir auch auf dem Rückweg nach Ellenbach (Hersbruck) wieder folgen werden. Nach wenigen Minuten treten wir aus dem Wald heraus und stoßen auf den beeindruckenden Wächter des Hersbrucker Landes, den 25 Meter hohen »Arzbergturm«.

Neben »Burg Hohenstein« und der »Festung Rothenberg« eines der bedeutendsten und weithin sichtbarsten Wahrzeichen im Nürnberger Land. An Samstagen, wenn der ehrenamtliche Turmwächter Dienst tut, weht von der Turmspitze eine weiß-rote Fahne. An allen anderen Tagen können sich Wanderer den Schlüssel zur Aussichtsplattform auf der *Edelweißhütte* oder bereits vorab (gegen Pfand) in der Hersbrucker Touristeninformation holen. Picknickbänke am Fuße des Turms laden zum gemütlichen Verweilen ein. Beim Turmwächter gibt es Getränke zum Selbstkostenpreis. Wer den strammen Aufstieg über 117 Stufen wagt, den erwartet ein atemberaubender Ausblick: Bei klarem Wetter hat man vom Plateau aus einen herrlichen Rundblick über die Frankenalb bis hin zur Burg Hohenstein und nach Westen manchmal sogar bis zur gut 100 Kilometer entfernten Frankenhöhe oder dem Steigerwald. Tief unten im Pegnitztal liegt malerisch Hersbruck mit dem Michelsberg und gleich gegenüber erheben sich die beiden Hans-Görgl-Gipfel. Den höheren der beiden zierte ehemals auch ein Aussichtsturm, der jedoch zwischenzeitlich abgetragen wurde.

Wer nach dem Erklimmen der Turmspitze erst einmal eine ausführliche Rast mit Stärkung braucht, folgt nun der »grünen 4 und Rotkreuz« weiter in Richtung Jugendzeltplatz und *Edelweißhütte*. Das idyllische Ausflugslokal wurde nach dem Krieg von einem Wirt aus Deckersberg erbaut und jahrzehntelang betrieben. 1982 erwarb der *Kreisjugendring* (»KJR«) *Nürnberger Land* das Gelände rund um die *Edelweißhütte*, um dort einen Zeltlagerplatz für Jugendgruppen im Landkreis Nürnberger Land zu schaffen. Die Gaststätte wurde zuletzt im Jahr 2006 umfassend saniert. Seit dem Frühsommer 2015 bewirtschaftet die *Panini GmbH* das Ausflugslokal, eine gemeinnützige

Integrationsfirma, die Arbeitsplätze für Menschen mit und ohne Behinderung organisiert. Der mit Kachelofen und altfränkischen Wirtshausmöbeln gestaltete Gastraum hat Platz für etwa 50 Personen. Die gutbürgerliche Küche bietet überwiegend fränkische sowie bayerische Schmankerln an. Bei der Zubereitung legt man Wert auf regionale Zutaten. Gemüse und Backwaren stammen allesamt aus der firmeneigenen Gärtnerei in Hilpoltstein sowie dem eigenen Bäcker in Rummelsberg. Bei schönem Wetter können auf der idyllischen Terrasse rund 100 Ausflügler – umgeben von Natur pur – die Seele baumeln lassen. Und besonders Kinder kommen dabei auf ihre Kosten: Neben einem Hüttendorf, einem großen und kleinen Zeltplatz, einer Grillhalle und einer Lagerfeuerstelle bietet das Gelände einen Niedrigseilgarten und einen Kletterturm inklusive Rutsche an.

Nach einer deftigen Brotzeit setzen wir unsere Marschroute fort. Zunächst folgen wir dem Weg mit der Markierung »Blaupunkt« in Richtung Ellenbach. Obacht: Die Markierungen an den Bäumen sehen zum Teil weniger aus wie blaue Kreise auf weißem Grund, sondern sind eher tränenförmig. Die Spitze zeigt dabei die Laufrichtung an. Nach einem etwa 20-minütigen Marsch durch den Mischwald kreuzt unser Weg wieder die Markierung »Rotkreuz«, mit der wir unseren Weg nun über Ellenbach bis zurück in die Hersbrucker Südstadt fortsetzen. »Blau« hingegen führt aus dem Wald hinaus und zweigt nach rechts, entlang der Wiesen, in Richtung Oberbecken des Happurger Stausees am Deckersberg ab. Unser Pfad führt – mitunter auch ziemlich steil – wieder ins Tal hinab. Moosbewachsene Findlinge, Farn und verzweigtes Wurzelwerk sind dabei unsere ständigen Begleiter. (Achtung: Der Abstieg via »Rotkreuz« empfiehlt sich tatsächlich nur bei gutem Wetter und auch nur, wenn es die Tage zuvor nicht stark geregnet hat. Es besteht sonst Rutschgefahr!) So folgen wir der Markierung »Rotkreuz« noch etwa eine halbe Stunde weiter durch den märchenhaften Buchenwald. An dessen Ende passieren wir alte, in den Sandstein gehauene Felsenkeller sowie einen stillgelegten Brunnen. Oberhalb von Ellenbach treten wir aus dem Wald heraus. Rechter Hand zeigen sich die ersten Obstgärten, linker Hand Felder und am Horizont erheben sich der Große und der Kleine Hansgörgl. Am Fuße des Arzbergs schließlich liegt, entlang dem gleichnamigen Bach, der Hersbrucker Stadtteil Ellenbach. Er wurde allerdings erst Anfang der 1970er-Jahre eingemeindet. Die Geschichte der Ortschaft, zu der auch die Stadtteile Leutenbach und Weiher gehören, reicht bis ins 13. Jahrhundert zurück. Gleich nach dem Ortsschild folgen wir der Himmelreichstraße, die auf ihrem Weg bis zur Ortsmitte zur Ellenbacherstraße wird. Eine Abzweigung rechter Hand leitet übrigens zur »Kapelle unter den Angerlinden«. Sie steht für Wanderer stets offen. Im alten Ortskern finden wir noch heute stattliche landwirtschaftliche Anwesen mit Steildach und teilweise schönen Fachwerkgiebeln aus dem 18. Jahrhundert. Den Dorfplatz am alten Milchhaus schmückt ein Brunnen mit stolzem Gänsepaar. Wir verlassen Ellenbach und gelangen nach der Unterquerung der Bahnlinie wieder zurück in die Hersbrucker Südstadt (Ostbahn). Das Industrie- und Wohngebiet hat sich zu beiden Seiten der Bahnlinie stetig erweitert. Nachdem die sogenannte Ostbahn (benannt nach der einstigen »Bayerischen Ostbahn«, die hier am Bahnhof links der Pegnitz Halt machte) rund 3000 Einwohner erreicht hatte, bekam der Stadtteil Mitte der 1960er-Jahre einen eigenen Friedhof sowie die Johanneskirche. Sehenswert im jüngsten Gotteshaus der Stadt ist der »Zwölf-Boten-Altar«, ein spätgotischer Flügelaltar (um 1470) mit einer Pieta-Gruppe. Der Schrein wird flankiert von Reliefs der Apostel Petrus und Paulus. Am Fuß des Triptychons (Predella) befinden sich die Namensgeber: Christus und seine zwölf Jünger (Boten).

Gaststätte Edelweißhütte, Deckersberg 34, 91230 Happurg
Tel. 0 91 51/8 39 88 04, www.gaststaette-edelweishuette.de
Mi–So, Fei ab 11.00, Mo, Di auf Anfrage

Bis 1738 stand der Altar in der Spitalkirche an der Prager Straße. Wer noch Kondition hat, kann gleich noch einen Abstecher dorthin machen und einen Rundgang durch die Hersbrucker Altstadt anschließen.

Arzbergturm

Alles im Blick

Der Arzberg überragt die Hersbrucker Gemeinde Ellenbach und zählt mit seinen 612 Metern schon immer zu den höchsten Punkten der Hersbrucker Schweiz. In den Jahren 1885/86 krönte ihn der *Verschönerungsverein Hersbruck* mit einem Aussichtsturm, der auch heute noch weit ins Land blicken lässt.

Schon in der im Grundstein des Arzbergturmes eingemauerten Urkunde heißt es dazu: »Möge der Thurm, welcher sich über diesem Grundstein erheben soll, den Stürmen künftiger Jahrhunderte trotzen, möge er auch in ferner Zeit dem Fuße des Wanderers als fester Stand und dieser herrlichen Gegend als Zierde dienen.« Ausgehend vom Fundament ist der aus Jurakalksteinen erbaute Koloss 24,60 Meter hoch. Das Gesamteigengewicht wird mit 563 Tonnen beziffert. Seit der Vereinsauflösung in den Dreißigerjahren des 20. Jahrhunderts ist die Stadt Hersbruck rechtmäßige Eigentümerin des Aussichtsturms.

Mitte der Siebzigerjahre des vorigen Jahrhunderts wurde der Arzbergturm mit Blick auf sein 100-jähriges Bestehen erstmals saniert. Weitere Verschönerungsarbeiten wurden dann in den Jahren 2001/02 mit finanzieller Hilfe des *Naherholungsvereins Lorenzer Reichswald* durchgeführt. Die zahlreichen Einschusslöcher, die den Arzbergturm als ein häufiges Angriffsziel von Tieffliegern im Zweiten Weltkrieg auswiesen, sind deshalb heute nicht mehr zu erkennen. Mitunter werden aber im Umfeld des Gemäuers noch immer Überreste einer im November 1941 dort abgestürzten »JU 52« (Flugzeug) gefunden. Der Pilot dieser Militärtransportmaschine aus München und seine beiden Besatzungsmitglieder überlebten den Absturz übrigens. Anlässlich seiner Erbauung sowie zum 100. Geburtstag wurde dem Arzbergturm jeweils eine Gedenkmedaille gewidmet.

Arzbergturm (auf dem Gipfel des Arzberges)
Tel. 01 74/6 91 21 15 (auch außerhalb der Öffnungszeiten)
1. Mai–31. Okt Sa 12.00–17.00, So u. Fei 10.00–18.00 (dann weht auf dem Turm die weiß-rote Fahne und bei Turmwächter Ernst Stephan gibt es Getränke)
Turmschlüssel an Werktagen: *Edelweißhütte* in Deckersberg oder Hersbrucker Tourist-Information, Stadthaus am Schloßplatz, Tel. 0 91 51/73 51 50

III
Iiwe' ansame Berch und siiem Däler

Iiwe' ansame Berch un siiem Däler

Kultur- und Naturlandschaft Hersbrucker Schweiz

Die wellige Hochfläche der Hersbrucker Alb erstreckt sich von der Ortschaft Reichenschwand bis hinein in den Veldensteiner Forst. Die forellenreiche Pegnitz und ihre zahlreichen Zuflüsse durchziehen den Landstrich wie eine Lebensader und haben im Lauf der Jahrhunderte sieben reizvolle Täler aus dem Kalk gewaschen. Fünf davon sind quasi sternförmig um die der Schweiz ihren Namen gebende Kleinstadt Hersbruck angesiedelt.

Die Alb erstreckt sich vom Mittleren Pegnitztal über das Hammerbachtal im Südwesten, das Albachtal im Südosten, das Högenbachtal im Osten, einen kleinen Teil des Hirschbachtals im Nordosten sowie nicht zuletzt das Sittenbachtal im Nordwesten bis schließlich tief hinein ins Obere Pegnitztal. Eines muss dieser abwechslungsreiche Landstrich ganz sicher nicht, nämlich einen Vergleich mit der größeren und weitaus populäreren Schwester, der Fränkischen Schweiz, scheuen. Mit ihrem Fluss als felsengesäumtes Rückgrat im Zentrum schlängelt sich die Hersbrucker Schweiz mindestens ebenso malerisch dahin und lässt dabei zahllose Bachgründe, imposante Höhen und geheimnisvolle Höhlen mit vielfältiger Flora und artenreicher Fauna hinter sich.

Neben dörflichem Idyll im Fachwerkkleid, lang gewachsenen Hutangern (s. S. 219f.) und manch urfränkischer Tradition lassen sich auch überall die Spuren von Urzeitmenschen, Kelten, Rittern, Königen und Kaisern entdecken. An dieser überbordenden Vielfalt können sich Wanderer, Freizeitsportler und Kultursuchende gleichermaßen erfreuen.

Besonders reizvoll ist die Landschaft übrigens in den Herbstmonaten. Einen »Indian Summer« – wie er im Buche steht –, gibt es nämlich nicht nur in Nordamerika, sondern auch bei uns in Franken. Regelmäßig Anfang September verfallen die Mischwälder rund um die Hersbrucker Schweiz in einen regelrechten Farbenrausch und bringen dabei die zerklüfteten Felsformationen entlang der Pegnitz vielfarbig zum Leuchten: ob im Hirschbachtal, am Hohenstein oder in Velden – das Farbenspiel ist eine wahre Lust!

Mittleres und Oberes Pegnitztal

34. Ein Stuhl für alle Fälle

Museum zur Kulturgeschichte des Sitzens

»Der Unzufriedene findet keinen bequemen Stuhl«, hat Benjamin Franklin, einer der Gründerväter der Vereinigten Staaten, einmal gesagt. Geht es danach, dann ist Werner Löffler wohl ein sehr zufriedener Mann. Rund 1 300 Stühle nennt er sein Eigen – darunter bequeme, skurrile, praktische und schrille Exemplare. In Reichenschwand, dem Sitz seiner Firma *LÖFFLER GmbH*, hat er seiner Leidenschaft rund um das Thema Sitzmöbel mit einer Halle bereits ein Denkmal gesetzt und möchte für seine außergewöhnliche Sammlung in naher Zukunft auch ein Museum bauen.

Unter den Exponaten, die der Besucher in einem Schauraum mit etwa 1 000 Quadratmetern entdecken kann, finden sich einzigartige Stücke, die sogar das Interesse großer Designschauen wecken. Seit mehr als 25 Jahren sammelt Löffler Sitzmöbel: vom Hocker über den Armlehnstuhl und Kanadier bis hin zur Sitzmaschine. Die Ausstellung legt sehr viel Wert auf Authentizität und zeigt deshalb überwiegend nicht restaurierte Exponate. »So kann man erkennen, in welchen Bereichen das Möbel stark beansprucht wurde, etwa abgenutzte Sitzflächen«, so die Philosophie des Sammlers. Obwohl die Exponate zum Teil mehrere Jahrzehnte überdauert haben, sind sie überwiegend gut erhalten.

Löfflers Stühle erzählen Geschichten oder haben selbst Geschichte geschrieben. Zu sehen sind etwa der Sessel »Nr. 2« der Gebrüder Thonet. Michael Thonet revolutionierte 1849 die Sitzkultur mit einem neuartigen Verfahren, das ermöglichte, massives Holz unter Dampf und in Eisenformen zu biegen. Die Geburtsstunde des Stuhls als Massenmöbel. Andere Exponate sind der Stuhl »Floris 1967« von Günter Beltzig, eine Liege des weltbekannten Stardesigners Tom Dixon oder ein Holzsessel des Münchners Richard Riemerschmid.

Werner Löffler bringt für seine Sammlung aber nicht nur die Leidenschaft des Sammlers und fachkundiges Wissen über die

Zeit- und Kulturgeschichte mit, sondern verbindet beides mit der Begeisterung des Machers: Angewandte Kunst ist für den Besitzer einer Sitzmöbelfirma, die sich auf die ergonomische Lösung für gesundes Sitzen spezialisiert hat, seit jungen Jahren Antrieb. Deshalb finden sich im Bestand auch funktionale und wegweisende Sitzmöbel etwa aus den Bereichen »Kinderstuhl« oder »Bürodrehstuhl«.

Für ein mittelständisches Unternehmen ist die Privatsammlung *LÖFFLER* europaweit einmalig, die Dichte und Qualität bemerkenswert. Die Ausstellung zeichnet die kulturgeschichtliche Entwicklung von Biedermeier, Jugendstil und Art déco über Bauhaus bis hin zur Postmoderne nach: darunter Arbeiten von großen Designern und Architekten wie Mies van der Rohe, Egon Eiermann, Ray und Charles Eames, Alvar Aalto, Frei Otto und Marc Newson. Die Sammlung ist aber noch lange nicht abgeschlossen. Auch hier gilt die Unternehmensphilosophie: »Wir wollen Menschen bewegen – in jeder Hinsicht«.

Und Löfflers Zukunftsvisionen reichen noch weiter. Zukünftig möchte er das Museum ausbauen und mit einer Art Campus verbinden, der Studierende aus den Bereichen Design und Kommunikation zusammenbringt.

SAMMLUNG WERNER LÖFFLER, Rosenstr. 8, 91244 Reichenschwand
Tel. 0 91 51/83 00 80, www.loeffler.de/sammlung/
aktuelle Öffnungszeiten/Führungen auf der Webseite (Rubrik: »Sammlung«)

35. Paddeln, Schlemmen, Staunen

Kanuwandern auf der Pegnitz

Tour: Die Tour folgt einem der schönsten Abschnitte der Pegnitz. Der naturnahe und deshalb besonders abwechslungsreiche Flusslauf zwischen Neuhaus und Hohenstadt ist für erfahrene Kanuten ebenso geeignet wie für Familien und Anfänger. Erst beim Wasserwandern zeigen sich die Flora und Fauna des Oberen Pegnitztales in ihrer vollen Schönheit.
Länge: Zwischen 7 und bis zu 25 km.
Dauer: Zwischen 2 und 8 Std.
Besonderheiten: Kanukurse und Boote inklusive fachkundiger Einführung, Schwimmwesten sowie anderem notwendigen Wassersportequipment, aber auch der Hin- und Rücktransport können bereits vorab oder vor Ort gebucht werden. Die örtlichen Verleiher bieten geführte und freie Tages- und Halbtagestouren für jeden Kenntnisstand.
Anfahrt: *Kfz:* Über die A 9, im Süden Ausfahrt »Lauf Nord und Hersbruck« nehmen. Dann über die B 14 durchfahren bis Hohenstadt und weiter mit der Staatsstraße Richtung Velden bis Lungsdorf/Güntersthal. Oder direkt über die A 9, die Ausfahrt »Hormersdorf« wählen und via Rupprechtstegen in Richtung Velden fahren, bis der »Wanderparkplatz Güntersthal« erreicht wird. Parken am »Wanderparkplatz Güntersthal« (20 Stellplätze).
ÖPNV: Bahnhöfe für eine Anreise mit der Regionalbahn R3 von Nürnberg Hauptbahnhof kommend in Richtung Neuhaus gibt es in Velden, Rupprechtstegen, unweit von Vorra, sowie in Hohenstadt. Unterkunft im *Heuhotel Fischbeck* in Vorra und *Pegnitz-Camping* in Hohenstadt.

Wasserwandern bietet die einzigartige Gelegenheit, das vielseitige Pegnitztal aus der Flussperspektive zu erkunden. Die gemütlichen Bootstouren durch wildromantische Natur sind in der Hersbrucker Alb sehr beliebt und auf einer Gesamtstrecke von 25 Kilometern möglich: Flussabwärts schlängelt sich die Route von Neuhaus im Oberen Pegnitztal durch bis nach Hohenstadt im Mittleren Pegnitztal. Egal, ob Anfänger, Familie mit Kindern oder erfahrene Kanuten – die abwechslungsreiche Pegnitz hat für jeden etwas zu bieten. Entsprechend paddeln die Ausflügler zwischen vier und acht Stunden durch herrliche Auen, entdecken dabei seltene Tiere wie Eisvogel und Biber, erfreuen sich am weißgelben

Pegnitz-Camping in Hohenstadt, Camping und Kanuvermietung
Fam. Müller, Eschenbacher Weg 4, 91224 Pommelsbrunn, Tel. 0 91 54/15 00

Tom's Kanuverleih, Thomas Schneider, Gaißach 7, 92281 Königstein
Tel. 01 72/8 41 78 20, www.kanutom.com

Heuhotel Fischbeck, Hauptstr. 27, 91247 Vorra-Artelshofen
Tel. 0 91 52/83 02, www.heuhotel-fischbeck.de

Blütenteppich des Wasserhahnenfußes und lassen unterdessen malerische Dörfer und beeindruckende Felsformationen hinter sich. Kanu fahren kann eigentlich jeder. Doch kleinere Wellen, Abschnitte mit durchaus flotter Strömung und manch enge Kurve können die Boote schon mal ins Trudeln oder gar zum Kentern bringen. Aber ganz ehrlich, was wäre schon so ein Abenteuer auf der »Bengerz« (Pegnitz) ohne erfrischende Flusstaufe?

Die Pegnitz ist übrigens nicht überall durchgängig befahrbar: immer wieder zwingen unpassierbare Wehre zu kleineren Pausen. Allerdings sind die jeweiligen Ein- und Ausstiegsstellen sowie die »Umtragstrecken« gut ausgebaut und können von jedermann leicht bewältigt werden. Der Haupteinstieg ins Flussvergnügen befindet sich am »Wanderparkplatz Güntersthal« oberhalb von Lungsdorf (Gemeinde Hartenstein). Das Gelände wurde im Rahmen einer Brückenerneuerung im Jahr 2015 umfassend saniert. Seitdem gibt es hier eine komfortable Zugangsrampe mit Vorbereitungsfläche. Am Parkplatz auf der Südseite finden bis zu 20 Fahrzeuge Platz. Der etwa sieben Kilometer lange Streckenabschnitt vom Startpunkt Neuhaus bis nach Lungsdorf ist ein sensibler Lebensraum für seltene Tiere und Wasserpflanzen. Das faszinierende Teilstück ist zwar besonders schön, aber mit fünf »Umtragepunkten« in kurzer Zeit auch ein wenig kniffliger als der Rest der Tour. Nicht zuletzt muss man am Wehr unweit der alten *Eckart*-Werke in steilem und felsigem Terrain anlegen. Für Anfänger also nicht unbedingt zu empfehlen. Sowieso ist es hier, aus Gründen des Naturschutzes, nur zwischen Anfang Juli und Ende Oktober gestattet, den Fluss zu befahren. Ab Güntersthal führt unsere Wasserwanderung über die Dörfer Rupprechtstegen, Enzendorf, Artelshofen, Vorra, Düsselbach und Alfalter bis nach Eschenbach und schließlich zum Ausbooten am Campingplatz der Familie Müller in Hohenstadt. Bis zum Ziel müssen wir insgesamt fünfmal anlanden und unsere Boote bis zur nächsten Einstiegsstelle umtragen (in Rupprechtstegen, Enzendorf, Artelshofen, Vorra sowie Alfalter). Die Tragstrecke variiert dabei zwischen 50 und bis zu 150 Metern. An drei weiteren Stellen – in Düsselbach, Eschenbach und Hohenstadt – finden wir ausgebaute Anlegestellen vor, die eine zusätzliche Rast im Wirtshaus oder am Picknickplatz ermöglichen.

Man kann besonders gut einkehren in Artelshofen beim *Pechwirt* sowie in Eschenbach im *Grünen Schwan* (s. S. 220ff.). Eine

Achtung Kanuverordnung!

Die Pegnitz gehört nicht nur den Freizeitsportlern! Ihre Flussläufe, Bäche, Tümpel und Seen sind einmalig und ökologisch sehr wertvoll. Um dieses außergewöhnliche Kleinod für uns alle zu erhalten, ist es notwendig, sich unterwegs an einige Regeln zu halten. Schließlich gibt es im Wasser auch tierische Bewohner, außerdem bevölkern seltene Pflanzen die Böschungen. Und nicht zuletzt haben sowohl Fischer als auch Anrainer ihre Bedürfnisse. Verantwortungsbewusste Verleiher weisen ihre Kunden deshalb stets auf die Kanuverordnung hin:

- Bitte die vorgegebenen Nutzungszeiten zw. 8.00 und 18.00 einhalten,
- Es dürfen nur kleine Fahrzeuge (bis zu sechs Metern) wie Kanu, Kajak oder Kanadier verwendet werden. Als Faustregel gilt: Die Boote dürfen höchstens drei Erwachsene oder zwei Erwachsene und zwei Kinder fassen,
- Ein- und Ausstieg nur an den dafür vorgesehenen Stellen,
- Befahren der Pegnitz nur mittig bzw. an der tiefsten Flussstelle,
- Seichte, sandige und bewachsene Gebiete sind zu meiden,
- Vogelbrutstätten achten,
- Rast nur an den ausgewiesenen Stellen. Lärm und Müll bitte vermeiden,
- Angler sind zu respektieren,
- Größere Bootsveranstaltungen müssen vorab angekündigt werden und sind mit einer Teilnahme von mehr als zehn Booten grundsätzlich verboten.

---

bequeme Brotzeit empfiehlt sich auf der direkt am Wehr gelegenen Pegnitzinsel in Vorra: ein Kleinod zwischen zwei Flussarmen mit Bierbänken und Tischen sowie einem kleinen Pavillon für Kulturveranstaltungen und weltliche Trauungen. Im hinteren, etwas ruhiger gelegenen Teil der Insel laden zwischen seltenen Rosen, Heilpflanzen und den Skulpturen heimischer Künstler (Bettina Graber und Karsten Reckziegel) Liegestühle zum Verweilen ein. Das angrenzende *Café Inselblick* (Dienstag Ruhetag) bietet »Selbstversorgern« zusätzlich kühle Getränke, warme Snacks sowie Kaffee und Kuchen. Wer über eine Kanutour hinaus gern noch länger an der Pegnitz und in Vorra verweilen möchte, findet im *Heuhotel Fischbeck* eine außergewöhnliche Übernachtungsmöglichkeit. Die Nachtruhe ist im »Heulager« oder »Heu-Doppelbett«, im Bauwagen sowie im eigenen Zelt möglich. Für Kinder ist der Aufenthalt mit Sicherheit ein tolles Erlebnis. Denn im *Heuhotel* sind auch viele Tiere zu Hause. Es werden geführte Kräuter- und Eselwanderungen angeboten. Zudem besteht die Möglichkeit, Feuer zu machen, selbst zu grillen oder Stockbrot zu backen.

36. Beim Pechwirt

Uriger Landgasthof an der Pegnitz

Der *Pechwirt* (fränkisch gesprochen: »Beechwird«) in Artelshofen ist ein uriger Landgasthof, wie er im Buche steht. Das typisch fränkische Wirtshaus ist seit mehr als 150 Jahren im Besitz der Familie Brunner. Nachweislich war der *Pechwirt* das erste und bis Anfang des 17. Jahrhunderts auch einzige Wirtshaus am Ort. Auf dem Haus selbst ruht ein altmodisches »Tafern- und Schankrecht«, das neben der Gaststättenkonzession im heutigen Sinne auch das »Privileg« für das Schlachter-, Weber- und Schustergewerbe, den Kleinhandel sowie das Brauen von Bier und das Brotbacken gewährt. Der Name stammt übrigens aus der Zeit, als sich die Brauerei noch im Schloss am gegenüberliegenden Pegnitzufer befand. Damals wurden die zum Transport notwendigen Fässer beim »Pechwirt« dicht gemacht, auch »Auspechten« genannt.

Der Familienbetrieb wird inzwischen von den Wirtsleuten Erhard und Petra Brunner mit Herz, Hand und Verstand geführt. Die kleine, aber feine Karte bietet deftige Hausmannskost und üppige Brotzeitplatten. Ein Geheimtipp neben den leckeren Braten sind die Schlachtschüssel am Donnerstag, wechselnde Fischspezialitäten sowie die würzigen Fleischküchle zum frischen Kartoffelsalat. Selbstgemachte Kuchen und Kellerbier runden das Angebot ab. Der zum Lokal gehörige kleine Metzgersladen bietet Ausflüglern zur Mitnahme stets frische und schmackhafte Fleisch- und Wurstwaren sowie geräucherte fränkische Spezialitäten aus der hauseigenen Schlachtung. Im gemütlichen Gastraum ist Platz für etwa 40 Personen. Im Obergeschoss gibt es zudem einen Saal für Festgesellschaften und größere Gruppen. Der zum Teil überdachte Biergarten bietet direkten Blick auf Pegnitz und Schloss. Radler, Wanderer, Biker und Kanuten kommen hier zu jeder Tageszeit gern für eine Einkehr zusammen, denn für Franken eher untypisch gibt es durchgehend warme Küche.

Pechwirt, Von-Tetzel-Str. 4, 91247 Vorra-Artelshofen
Tel. 0 91 52/85 55, Di u. Do–So ab 9.00

Hammerbachtal

37. Auf dem Mühlenweg und rund um den Klosterberg

Von Henfenfeld nach Engelthal und zurück

Tour: Abwechslungsreiche Tour mit leichtem Schwierigkeitsgrad. Auf dem »Mühlenweg« gelangen wir von Henfenfeld bis nach Engelthal. Danach ausgehend von der *Frankenalbklinik* über den sogenannten »Klosterberg« zurück bis nach Henfenfeld.

Länge: 9 km.

Dauer: 3 Std.

Familie: Für Familien gut zu meistern.

Markierungen: Erst »Mühlenweg« (Stilisiertes Mühlrad mit blauem Fluss auf weißem Untergrund), danach »Main-Donau-Weg« und »Rotkreuz«.

Saison: Ganzjährig begehbar, besonders reizvoll im Herbst.

Variante: Exkurs über Hallershof mit einem Besuch an der am Nordosthang des Buchenbergs (567 m) gelegenen »Steinernen Rinne». Die erweiterte Route (Markierungen »Frankenweg«, »Blaukreuz« und »8«) macht dabei eine Schleife und verlängert sich um etwa 5 km (etwa 2 Std.). Ausführliche Beschreibung s. S. 214ff.

Anfahrt: *Kfz:* Über die A 9, im Süden Ausfahrt »Lauf Nord und Hersbruck« nehmen. Dann über die B 14 durchfahren und direkt an der Ausfahrt »Henfenfeld« abfahren. Parken am »Spiel- und Radlerrastplatz« in der Bahnhofstr. gegenüber der Taverne »El Greco« oder direkt am S-Bahnhof (ebenfalls Bahnhofstr.), am nordwestlichen Ortsrand gelegen.
ÖPNV: Mit der S1 von Nürnberg Hauptbahnhof kommend in Richtung Hersbruck (Bahnhof links der Pegnitz oder Hartmannshof), direkter Haltepunkt ist Henfenfeld.

Ausgangspunkt für unsere Wanderung ist die neue S-Bahnstation am nordwestlichen Ortsrand von Henfenfeld. Der Mühlenweg führt durch das beschauliche Hammerbachtal. An 33 Stationen erinnern Tafeln mit Anschauungsmaterial an die prägende Bedeutung der Mühlen für diese typisch fränkische Kulturlandschaft. Der Themenweg mit einer beachtlichen Gesamtlänge von 16 Kilometern kann natürlich auch in einzelnen Etappen erwandert werden.

Für unsere Runde wählen wir das Teilstück zwischen Henfenfeld und Engelthal, kehren dann aber über den »Klosterberg« zum Ausgangspunkt zurück. Gleich nach der S-Bahn-Haltestelle, schräg gegenüber dem alten Bahnhofsgebäude, steht »Station 1« des »Mühlenweges« (»Herzlich willkommen im Hammerbachtal«), die uns mit einem kurzen geschichtlichen Abriss zur Mühlentradition im Hammerbachtal alle wissenswerten Grundlagen für unsere anstehende Tour liefert. Nun folgen wir der Bahnhofstraße und passieren nach etwa 100 Metern eine Infotafel, die zu einem Ortsrundgang einlädt: Henfenfeld gehört wohl zu den frühen Siedlungen in der Region. Dabei markiert der Ortsteil Freiling (*Zum Wirtshaus*) den ältesten Teil mit einigen heute sehr schön renovierten Fachwerkhäusern. Die Herren von Henfenfeld standen wohl schon um 1050 im Dienst des Bamberger Bischofs, der lange Zeit seine Hand über die örtliche Burg, das heutige Schloss Henfenfeld, hielt. Sehr sehenswert ist auch die Nikolauskirche. Auf der Rückseite des rechten Stützbalkens entdecken wir erstmalig unsere Wegmarkierung »Mühlenweg im Hammerbachtal«. Am »Spiel- und Radlerrastplatz« mit hölzernem Wikingerschiff und weiteren Infotafeln setzen wir unseren Weg geradeaus fort und stoßen dabei auf die Straße »In den Weihern«. Zu unserer Linken rauscht fröhlich gurgelnd der Hammerbach. Schon bald entdecken wir die erste »Mühlenwegstation«. Linker Hand können wir in der Ferne das Schloss und die Kirche ausmachen. Wir werden sie aber erst auf dem Rückweg genauer unter die Lupe nehmen.

Nach einem Rechtsbogen gelangen wir an eine Kreuzung und befinden uns nun im Ortsteil Freiling. Links geht es über eine breitere Brücke weiter ins Dorf hinein. Auf der rechten Seite begrüßt uns das von Efeu umrankte Gebäude des ehemaligen »Schmiedwirtes«. Die alte Schmiede ist bereits seit dem 19. Jahrhundert eine Gaststätte, die heute den Namen *Zum Wirtshaus* trägt. Eine Einkehr auf dem Rückweg ist unbedingt empfohlen. Für den Moment folgen wir dem Weg geradeaus und somit dem kurzzeitig in ein steinernes Bett gezwängten Hammerbach in die Straße »Am Bach«. Schon nach wenigen Schritten gelangen wir an die nächste Brücke. Die hier einst oberhalb der Brücke (Mühlstraße) gelegene »Henfenfelder Mühle« (Station 2) gibt es inzwischen leider nicht mehr. Sie wurde vor einigen Jahren abgerissen und durch einen Neubau ersetzt. Wir biegen daher gleich nach links über die Brücke ab. Am Geländer erkennen wir unsere Markierung »Mühlenweg« und schwenken nach rechts in die Straße »In der Point« ein. Sie führt uns weiterhin am Hammerbach entlang, der jetzt wieder in einem weitgehend natürlichen Bett fließen darf.

Wir gelangen zur »Station 3« des Mühlenweges, wo wir allerhand über die »Anfänge der Getreidemüllerei« erfahren. Nach einer Linkskurve geht unser Weg von der Straße (an einem »keilförmig« eingezäunten Grundstück) nach rechts in einen Wiesenpfad über. Er führt uns leicht beschattet am Bach entlang dem Ortsende von Henfenfeld zu. Am Ortsausgang überqueren wir vorsichtig die Straße in Richtung Altdorf, halten uns rechts und biegen noch vor der Brücke in den Talgrund ein. Bis nach Engelthal begleitet uns zusätzlich die Markierung des *Fränkischen Albvereins* (Gelbkreuz). Es geht zunächst ausschließlich am Bach entlang. Nach »Station 4« (»Mühlrecht und Mühlbann«) entfernt sich der breite Fuhrweg aber immer weiter vom Bachlauf und steigt dabei minimal an. Unterwegs passieren wir noch »Station 5« des Mühlenweges (»Der Müller«). Nach einem Wanderparkplatz zweigt ein Wiesenpfad rechts vom Hauptweg ab. Hier treffen wir zunächst auf »Station 6« des Mühlenweges mit dem Thema »Getreide«, dann folgen wir dem Pfad weiter, erreichen kurz vor dem Ortseingang »Station 7« (»Engelthaler Hammer«) und schließlich die ersten Häuser von Engelthal.

Rechter Hand grüßt der 578 Meter hohe Nonnenberg zu uns herüber. Wir beschreiten den Henfenfelder Weg und biegen sofort rechts in die Reschenbergstraße ein. Nachdem wir ein Bächlein überquert haben, schwenken wir in die Straße »An der Klostermauer« ein. Sie führt uns direkt durch den Bogen des aus dem 14. Jahrhundert stammenden »Nordtores«. Anschließend nehmen wir die Hauptstraße und folgen ihr links aufwärts. Rechter Hand (ca. 100 m) bietet sich zuvor noch die Gelegenheit zur Einkehr im renommierten Gasthof *Weißes Lamm*. Nach der Klosterkirche St. Johannes biegen wir rechts ab (»Am Schloss«) und lassen dabei zwei weitere Torbogen hinter uns, ehe wir erneut rechts gehen. Der Eindruck, in eine Sackgasse geraten zu

sein, trügt. Schon nach wenigen Metern zweigt zwischen den Grundstücken ein schmaler Pfad ab, an dessen Ende wir auf die querführende Mühlstraße stoßen. Sie führt uns zuerst auf einem Stichweg 50 Meter nach rechts, dann links abzweigend in weiteren 150 Metern zur »Erdfallmühle« (Station 9). Anschließend gehen wir den gleichen Weg zurück und folgen dann dem Verlauf der verbliebenen Klostermauer in südlicher Richtung. Der Weg führt uns, begleitet von mehreren Markierungen, aus Engelthal heraus, wo wir am Ende der Mauer zu »Station 10« mit dem Thema »Vom Korn zum Mehl« gelangen.

An dieser Stelle würde der »Mühlenweg« nun über die Schotterstraße nach rechts weiter in Richtung Hallershof führen. Wir aber machen uns auf den Rückweg nach Henfenfeld und biegen nach links ab, wo wir den östlichen Überresten der Klostermauer (mit Markierung »Frankenalb-Panoramaweg«) zurück in Richtung Ortschaft und der Kreisstraße (LAU 7) folgen.

Hier biegen wir aber zunächst nicht halblinks auf die bereits bekannte Hauptstraße ab, sondern gehen erst noch geradeaus auf die »Kruppacher Straße«. Vorsicht bei der Querung der Straßen. Am ehemaligen »Osttor« machen wir einen kurzen Halt. In seinem Durchgang finden wir nämlich eine Informationstafel mit einem kurzen Abriss zur Geschichte des Klosters. Etwas weiter oben an der »Kruppacher Straße« befindet sich zudem eine alte Ziegelei, ein stattliches Fachwerkgebäude mit Walmdach. Anschließend passieren wir das »Osttor« mit den Markierungen »3« und »7« und gelangen über die bekannte »Hauptstraße« zurück in den Ort. Wir kommen noch einmal an der Kirche sowie an »Station 8« (Pfister-/Klostermühle) des Mühlenweges vorbei. Zum zweiten Mal durchlaufen wir das »Nordtor«. Diesmal allerdings biegen wir »An der Klostermauer« (Straßenname) nicht mit dem »Mühlenweg« nach links ab, sondern folgen dem »Main-Donau-Weg« nach rechts. Nach etwa 50 Metern geht es links in den »Hersbrucker Weg«. Mehrere Markierungen begleiten uns. Für uns ist es aber völlig ausreichend, uns für die nächsten zwei Kilometer auf unsere Leitmarkierung, den »Main-Donau-Weg«, zu konzentrieren.

Am Ende des »Hersbrucker Weges« biegen wir halblinks ab und steigen weiter aufwärts. Wir passieren den Parkplatz der *Frankenalbklinik*, laufen entlang einer Birkenallee immer noch bergauf und streifen dabei einen Hutanger mit schönem, altem

Eichenbestand. Etwas weiter links verläuft eine breite Schotterstraße (»Fahrradweg 11«), die ebenso wie der »Main-Donau-Weg« in unsere Richtung zurück nach Henfenfeld führt. Auf diesem könnten wir noch etwas mehr vom Eichenhain sehen, während unser »Main-Donau-Weg« zuvor noch ein kurzes Stück auf naturnahem Pfad durch den Wald geht. Bald darauf überschneiden sich »Main-Donau-Weg« und »Fahrradweg 11«, um sich anschließend für eine ganze Weile deckungsgleich auf der breiten, geschotterten Waldstraße fortzusetzen.

Ohne größere Höhenunterschiede marschieren wir nun auf dem einfachen Weg entspannt vorwärts. Sobald wir zu unserer Rechten eine mächtige Eiche (»Klosterberger Eiche«/Naturdenkmal) passiert haben, lassen wir nach etwa 300 Metern den »Main-Donau-Weg« zugunsten der Markierung »Rotkreuz« hinter uns. Schon an der nächsten Kreuzung – ein altes Schild an einer Föhre betitelt sie mit »Saueggeten«, wohl ein Verweis auf den früher hier verlaufenden Weg zum Sauanger – entdecken wir unsere nächsten Markierungen »Rotkreuz« sowie »Grünring« und den »Fahrradweg 11«. Ihrer Spur folgen wir zunächst nach links und für die verbliebenen drei Kilometer zurück nach Henfenfeld auf leicht abfallendem Weg. Nach rechts würde der Weg übrigens hoch zur *Edelweißhütte* (s. S. 126ff.) führen. Wenige Meter nach einer leicht verwitterten Infotafel zu den Themen »Totholz im Wald« und »Vogeluhr« gehen Wander- und Fahrradweg wieder auseinander. Besonders nach längeren Regenperioden sollte man sich besser für den breit geschotterten Fahrradweg (Fuhrweg im Wald) entscheiden. »Rotkreuz« sowie »Grünring« zweigen rechts in den Wald und führen unterhalb des Klosterberggipfels (475 m) auf naturnahem Weg stetig weiter bergab. Dabei werden auch einige Stationen des örtlichen »Trimm-Dich-Pfades« passiert. Die Route ist offensichtlich auch bei Reitern beliebt. An einigen Stellen muss man daher vom Hauptweg abweichen, um nicht im Matsch des von den Hufen aufgewühlten Weges zu versinken.

Nach etwa einem Kilometer treten wir wieder aus dem Wald heraus und gelangen sofort zum Gelände des *SV Henfenfeld*. Südlich verläuft erneut ein imposanter Eichenanger. Wir biegen nach rechts auf den Schotterweg und anschließend gleich wieder nach links in die Friedhofstraße ein. Etwa 200 Meter hinter dem Vereinsheim macht unser Weg – am Friedhof und der

Zum Wirtshaus, Freiling 1, 91239 Henfenfeld
Tel. 0 91 51/9 58 99, www.zumwirtshaus.de
Do–Sa 11.30–24.00, So 11.00–24.00

katholischen Herz-Jesu-Kirche – eine Linkskurve und führt uns rasch zurück zur Hauptstraße von Henfenfeld. Zu unserer linken Seite befinden sich nun die gesondert beschriebene Nikolauskirche und das Schloss mit der Opernakademie (s. S. 152f.). Nach einer kleinen Besichtigungsrunde laufen wir weiter über die »Kirchgasse«, vorbei an dem ausnehmend schön restaurierten Anwesen der ehemaligen Huf- und Waffenschmiede Richtung Hammerbach, wo wir auf bekanntem Weg zurück zum Startpunkt unserer Tour gelangen oder zuvor im Gasthof *Zum Wirtshaus* für eine wohlverdiente Rast einkehren können.

38. »Zum Wirtshaus« in Henfenfeld

Ein fränkisches Original

In einer alten Schmiede in Henfenfelds ältestem Ortsteil Freiling befindet sich der urige Gasthof *Zum Wirtshaus*. Zwei Gasträume, die Hammerbachstube (45 Personen) und das antike Stüberl (30 Personen) sind liebevoll dekoriert mit allerlei Nippes aus längst vergangener Zeit wie Handkaffeemühle oder Kohlebügeleisen. Für Familienfeste steht der Saal mit Bauernbühne (80 Personen) zur Verfügung. Zusätzliches Herzstück ist der ruhige und schattige Biergarten vorm Haus. Hier kann man es in den Sommermonaten wirklich lang aushalten.

Das Essen ist bodenständig regional, aber von herausragender Qualität: Wer mal wieder Lust hat auf echten »Zwiebelrostbraten« oder eine »Roulade mit Kloß« wie bei Muttern, wird sicher nicht enttäuscht. Aber auch alle anderen fränkischen Klassiker wie »Stadtwurst mit Musik«, »Schweins- und Sauerbraten« oder »Drei Fränkische mit Kraut und Brot« findet man zuverlässig auf der Karte. Die Portionen stimmen und das ausgeschenkte Kellerbier aus dem Steinkrug von der Amberger *Brauerei Bruckmüller* stammt zwar aus der Oberpfalz, hat aber Kultcharakter. Am Wochenende sollte man seinen Tisch auf jeden Fall reservieren, denn dieses fränkische Original hat viele Fans.

39. Von der Grenzburg zum Schloss der schönen Künste

Schloss in Henfenfeld

Das heutige Schloss Henfenfeld wurde wohl ursprünglich um das Jahr 800 als Grenzburg des Karolingerreiches errichtet. Die noch verbliebenen großformatigen Buckelquaderwände des hochmittelalterlichen Baubestandes lassen darauf schließen, dass die Burg wahrscheinlich um 1200 noch einmal erweitert wurde. Im Markgrafenkrieg jedoch wurde die Festung bis auf die Grundmauern niedergebrannt und erst im Jahr 1554 als Schloss wieder errichtet. Bis ins Jahr 1530 wurde die Burg überwiegend von Lehnsleuten des Fürstbischofs von Bamberg bewohnt und bewirtschaftet.

Zu den bedeutendsten Besitzern zählen aber wohl die Pfinzings. Bis 1764 war das Schloss ohne Unterbrechung in der Hand der Patrizierfamilie. Eine große Linde im Schlosshof war eine Art Haussymbol der Pfinzings. Ihr berühmtester Sohn ist der unermüdliche Kartograf Paul Pfinzing (1554–1599), nach dem auch das Hersbrucker Gymnasium benannt ist. Anschließend erlebte das Henfenfelder Schloss zahlreiche Besitzerwechsel. Unter anderem richtete in den Nachkriegsjahren die *Deutsche Bahn* hier ein Schulungsheim ein und hinterließ dabei bauliche Spuren. Und nach der Wende war das Schloss für einige Jahre als »Übergangsheim für Spätaussiedler« im Einsatz.

Trotzdem hat sich das Anwesen bis heute weitgehend sein Erscheinungsbild des ausgehenden 16. Jahrhunderts bewahrt. Sogar der Bergfried ist noch erhalten. Obwohl der einst frei stehende Turm vermutlich bei der Brandkatastrophe von 1553 seiner oberen Geschosse beraubt und deshalb später in die Wohnbebauung integriert wurde. Bei dieser Restaurierung wurde auch der Torraum nördlich des Bergfrieds überbaut. Hier entstand eine neue große Stube, die heute den Namen »Roter Saal« trägt. Im Nordosten wird das Schloss von einem Graben geschützt. Der Zugang zum Burghof erfolgt über eine steinerne Brücke. Sie wurde im Jahr 1959 noch einmal erneuert. Rund um den Innenhof gruppieren sich mehrere Gebäude, die an die Ringmauer angefügt sind. Südlich des Bergfrieds befindet sich das dreigeschossige Haupthaus. Um es zu erschließen, wurde im

Jahr 1624 ein Treppenturm angebaut. An der westlichen Ringmauer befindet sich eine Kemenate mit Wohnräumen im Obergeschoss sowie Stallungen, Remise und Wirtschaftsräumen im Erdgeschoss.

Inzwischen ist das »Pfinzingschloss« wieder in Privatbesitz. Schlossherrin Denette Whitter betreibt hier seit mehr als zwölf Jahren eine renommierte Opernakademie. Im »Roten Saal«, den ein Konzertflügel ziert und der bis zu 90 Besucher fasst, finden regelmäßig hochkarätige Konzerte statt. Das Repertoire reicht von Klassik bis Pop. Die Abschlusskonzerte der Opernakademieabsolventen sind übrigens regelmäßig kostenfrei (Spenden möglich). Seit einigen Jahren können hier auch standesamtliche Trauungen im stilvollen Ambiente und mit besonderem musikalischen Rahmen vollzogen werden. Ansprechpartner für Termine ist das Standesamt in Henfenfeld. Und auch die urige und rustikale »Pfinzingstube« kann für Feierlichkeiten (bis zu 40 Personen) gemietet werden. Der Schlosspark wiederum bietet eine reizvolle Kulisse für romantische Fotoshootings (nach Anmeldung möglich). Neben den Konzerten finden auch verschiedene Kulturveranstaltungen statt: etwa Ausstellungen, mittelalterliches Turnier und das alljährliche Schlossfest. Führungen sind nach telefonischer Vereinbarung möglich.

Schloss Henfenfeld, Denette Whitter, Am Schloss 12, 91239 Henfenfeld
Tel. 0 91 51/90 87, www.pfinzingschloss.de
aktuelle Konzerttermine auf der Webseite

40. Altes Glas und Glockengeschichten

Nikolauskirche in Henfenfeld

Die Henfenfelder Nikolauskirche mit ihrem bleistiftspitzen Turm gehört zu den ältesten Gotteshäusern in der Hersbrucker Schweiz. Der Kirchenbau hat eine lange Historie: Ein schönes Rundbogenfries an der östlichen Fassade verweist auf die ursprünglich romanische Bauweise (13. Jhdt.) des Chors. Das Langhaus hingegen stammt wohl aus dem 14./15. Jahrhundert. Markenzeichen des Gotteshauses ist der steil und schlank in den Himmel ragende Kirchturm. Die Jahreszahl am östlichen Dachansatz verrät, dass er im Jahr 1491 erbaut wurde. Eine Legende besagt, dass die kleine Glocke in einem vorgebauten Erker, die heute nur noch zu Taufen geläutet wird, einstmals dazu diente, eine schwerhörige Schlossherrin zum Gottesdienst zu rufen. Vom Schloss aus konnte sie die Glocke angeblich schwingen sehen.

Die Nikolauskirche befindet sich auf einer Anhöhe in unmittelbarer Sichtweite des Schlosses. Den Kirchgarten umgibt eine Sandsteinmauer. An den inzwischen aufgelösten Friedhof rund um die Kirche erinnern aber nur noch vereinzelte Grabsteine. Im Inneren sind zwei um das Jahr 1240 entstandene Glasfenster von kunsthistorisch besonders weitreichender Bedeutung. Sie zeigen den heiligen Nikolaus und den Erzengel Michael und gehören zu den wohl ältesten in Franken erhaltenen Glasgemälden. Zu ihrem eigenen Schutz werden sie heute allerdings in der Sakristei aufbewahrt. Weniger alt, aber trotzdem ausnehmend schön sind sieben Glasfenster, die Episoden aus der Passionsgeschichte zeigen und wohl aus einem während der Reformation aufgelösten Nürnberger Kloster stammen. Zahlreiche Spuren haben auch die Herren des Henfenfelder Schlosses, die Patrizierfamilie Pfinzing, hinterlassen. Prunkvoll und fast schon unanständig auffällig ist ein steinernes Denkmal für Johann Sigmund Pfinzing, der als Letzter seines Geschlechts im Jahr 1764 kinderlos verstarb. Die Arbeit stammt vom Bamberger Hofkünstler Mutschele. Aber auch mehrere Gruftanlagen, Gedenkplatten und diverse Glaswappen erinnern an die adeligen Gönner dieser Kirche. Der in der Region bekannte Kirchenmaler und Mesner Johann Christoph Reich zeichnet sich für die Bemalung der unteren Empore und der Orgelempore verantwortlich: Seine Darstellungen

Nikolauskirche, Kirchenstr. 3, 91239 Henfenfeld, Tel. 0 91 51/61 65
Fr–So 9.00–17.00, Gottesdienst im Sommer So 10.00, im Winter So 9.30

zeigen Apostelgeschichten und Szenen aus dem Leben Jesu. Die pneumatische Strebelorgel aus dem ausgehenden 19. Jahrhundert wurde erst in jüngster Vergangenheit wieder instand gesetzt.

41. Die Mystikerin und der Kaiser

Kloster- und Stadtgeschichten aus Engelthal

Das Dorf Engelthal, südlich von Henfenfeld im Hammerbachtal gelegen, geht auf ein altes Kloster der Dominikanerinnen zurück. Auch wenn von der ursprünglichen Klosterbefestigung heute lediglich zwei malerische Tore und ein Rest der ehemaligen Umfassungsmauer erhalten sind, prägt die bauliche Grundstruktur der Anlage doch bis heute das Ortsbild. Als Teil einer Scheune existieren zudem noch Überreste einer von Bischof Gundekar von Eichstätt geweihten Kirche. Die sogenannte »St. Willibaldskapelle« datiert bereits um 1058/59: Erkennbar sind der dreiseitig geschlossene Chor mit Spitzbogenfenster und an der Außenseite sind Wappen und Inschrift erhalten. Ein vom örtlichen *Förderverein*

Klostermauerverein, Heini Liebel, Am Wöhr 6, 91238 Engelthal
Tel. 0 91 58/4 08, www.klostermauer-engelthal.de
Termine für den »Rundgang durchs Klosterdorf« auf der Webseite und nach Vereinbarung

zur Erhaltung der Klostermauer Engelthal erarbeiteter Rundweg (Rundgang durchs Klosterdorf) vermittelt Besuchern einen guten Überblick über den alten Baubestand. Zwei Siedlungen – Swinach und Engelschalksdorf – machte Ulrich von Königstein einstmals der Schwesternschaft der Beginen (Reuerinnen) um 1240 zum Geschenk. Sie gründeten daraufhin ein Kloster, das seinen Nachwuchs traditionell aus dem fränkischen und oberpfälzischen Adel und dem Nürnberger Patriziat rekrutierte. Im frühen 14. Jahrhundert schließlich fand das geistliche Leben in Engelthal seinen Höhepunkt, als hier die Mystikerinnen Christine Ebner und Adelheid Langmann wirkten. Der gute Ruf des mittelalterlichen Klosters verbreitete sich in ganz Europa und veranlasste sogar den vor der Krönung stehenden Kaiser Karl IV. dazu, der berühmten Priorin von Engelthal einen Besuch abzustatten. Ob ihm nun der Segen von Christine Ebner ein so langes Leben und eine nicht weniger andauernde Regentschaft bescherte, kann man natürlich nicht wissen. Aber auch die Priorin ihrerseits erlangte mit 79 Jahren ein für jene Zeit erstaunlich hohes Alter. Bis dahin führte sie ihr Kloster mit fester Hand zu stattlicher Blüte. Durch den Erbfolgekrieg von 1504 erlangte Nürnberg die Herrschaft in Engelthal. Der Rat setzte einen Pfleger ein, der die Verwaltung der bis dahin 327 Höfe in 66 Ortschaften übernahm. Doch erst die Einführung der Reformation in Nürnberg (um 1517) bereitete dem Klosterleben auch langfristig ein erzwungenes Ende. Da keine Novizinnen mehr aufgenommen werden durften, waren am Ende nur noch zwei Schwestern im Kloster Engelthal verblieben. Priorin Anna Tucher musste die reichen Besitzungen der einst stolzen Schwestern im Juli 1565 an die Stadt Nürnberg übergeben. Bereits 1514 waren unter heftigem Protest die Urkunden und Bücher der Nonnen nach Nürnberg geschafft worden. Für die Nachwelt ein Glücksfall, denn im Jahr 1552 wurde das Kloster im Zweiten Markgrafenkrieg durch ein Feuer zerstört. Übrig geblieben ist allein die einstmalige Klosterkirche St. Johannes (siehe S. 158f.).

Heute zieht das zwischen Reschenberg (Nordosten), Prosberg (Südosten) und Nonnenberg (Südwesten) eingebettete Dorf seine Bedeutung vor allem aus der *Frankenalb-Klinik Engelthal*. Die von einem Wald umgebene Fachklinik des Bezirks Mittelfranken ist inzwischen auf die Behandlung von psychischen und psychosomatischen Erkrankungen spezialisiert. Gegründet wurde sie allerdings vor mehr als 100 Jahren als Lungenheilanstalt.

42. Was vom Kloster übrig blieb ...

Kirche St. Johannes der Täufer

Die einstmalige Engelthaler Klosterkirche war dem heiligen Johannes dem Täufer geweiht. Erstmalig erwähnt wird sie in einer Urkunde von 1265. Darin geht es um die Einwölbung des Chorraumes. Im Zweiten Markgrafenkrieg wurde die Kirche wohl arg in Mitleidenschaft gezogen, sodass umfangreiche Wiederaufbauarbeiten notwendig waren. Doch im Kern bewahrt der uralte Bau viele Details seiner über 850 Jahre währenden Geschichte. Die Saalkirche verfügt über einen rechteckigen Chorraum. Ursprünglich war den Nonnen zum Gebet wohl auch eine eigene Empore errichtet worden, die von der Klausur direkt zugänglich war. Sie soll sich aber in der heute verlorenen Westapsis befunden haben. Fast 200 Jahre nachdem die letzte Nonne Engelthal den Rücken gekehrt hatte, wurde die Kirche durch ihre von Nürnberg eingesetzten Pfleger dem Zeitgeist gemäß barockisiert. Besonders auffällig ist hier die verglaste Herrschaftsempore, in der wohl die Nürnberger Pfleger mit ihren Familien dem Gottesdienst beiwohnten. Anders als in der Henfenfelder Nikolauskirche stammen die Malereien und das Altarbild (*Jesus im Garten Gethsemane*) nicht von Johann Christoph Reich, sondern von seinem Sohn Friedrich. Die fünf Deckengemälde aus dem Jahr 1750 zeigen *Christus als Herren der Welt*. Er thront im Zentrum dieser stuckverzierten Arbeit. Rundum gruppieren sich vier kleinere Bildnisse: *Die Verkündigung der Geburt*, *Geburt Jesu Christi*, *Frauen am Grab des Herren* und *Himmelfahrt*. Der vor dem Altar eingerichtete schöne Taufstein ist eine Arbeit aus dem 17. Jahrhundert. Im Garten hinter der Kirche ist von der ehemaligen vierseitigen Klosteranlage so gut wie nichts mehr zu entdecken. Wo einmal das »Siechenhaus« stand, liegt jetzt der Pfarrhof. Da, wo einmal die Wirtschaftsgebäude waren, ist zumindest noch ein Keller mit großem Tonnengewölbe erhalten. Der Klosterverein hat die Schlüssel dazu. Bei einer entsprechenden Führung kann man einen Blick hinunterwerfen. Gegenüber dem Kirchenportal steht die bereits erwähnte Scheune von 1811, in deren Mauerwerk die Ruine der früheren St. Willibaldkapelle aufgegangen ist (s. S. 155f.). Seit einigen Jahren wird der Nutzraum zurückhaltend wieder zum Sakralraum umgestaltet.

Klosterkirche St. Johannes, Am Pfarrhof 5, 91238 Engelthal
Sommer tägl. 9.00–18.00, Winter 9.00–16.30, Gottesdienst So 9.00

Albachtal

43. Über den Keltenwall zum Hohlen Fels

Geschichtsträchtige Route über die Houbirg

Tour: Vielseitige Tour mit leichtem bis mittlerem Schwierigkeitsgrad, die allerdings an einigen Passagen Trittsicherheit erfordert. Der Rundweg bietet Sehenswürdigkeiten von der mittleren Steinzeit bis heute: Vom weitgehend noch authentischen Ortskern Happurg geht es hinauf zur modernen Gedenkstätte »Doggerwerk« (2016), von da aus auf die Houbirg (617 m) und den dazugehörigen Bocksberg (547 m) und weiter über den »Ringwall« (Keltische Wehranlage) bis zum »Hohlen Fels« mit einer traumhaften Aussicht über den Happurger Stausee.

Länge: 6 km.

Dauer: Ca. 2 Std. reine Gehzeit.

Markierungen: »Weiße 1 auf grünem Grund« (teilweise begleitend: »Grünpunkt« und »Geopfad«), bei Anreise mit S-Bahn zusätzlich: »Rotkreuz auf weißem Grund«.

Saison: Die Tour hat zu jeder Jahreszeit einen eigenen Reiz.

Variante: Weitere Routentipps (länger und kürzer) rund um Happurg können der ausführlichen Wanderkarte am Marktplatz entnommen werden.

Anfahrt: *Kfz:* Über die A 9, im Süden Ausfahrt »Lauf Nord und Hersbruck« nehmen. Dann über die B 14 durchfahren bis zur Ausfahrt »Happurg/Lauterhofen«. Oder über die A 6 (Nürnberg–Amberg) kommend die Ausfahrt »Alfeld« nehmen. Kostenlose Parkplätze sind beim »Kuhbrunnen« in der Hersbrucker Str. (am Bach gegenüber der Sparkasse) oder an der S-Bahn-Station in der Hohenstädter Str. zu finden.
ÖPNV: Seit Dezember 2010 besitzt Happurg einen eigenen Haltepunkt auf der Bahnstrecke »Hartmannshof/Nürnberg/Fürth/Bamberg«. Die S-Bahn-Linie S1 verkehrt auf der Route links der Pegnitz im Stundentakt. Der neue Bahnhof ist im nördlichen Neubaugebiet an der Hohenstädter Str. gelegen. Zum Happurger Marktplatz im Ortskern (ca. 1,5 km) läuft man etwa 15 Min.

Diese geschichtsträchtige Runde zählt wohl zu den abwechslungsreichsten und spannendsten Touren der Hersbrucker Schweiz. Je nach Anfahrt mit Auto oder Bahn starten wir unweit des Happurger Marktplatzes am »Kuhbrunnen« (Auto) oder am Happurger Bahnhof im nördlichen Neubaugebiet an der Hohenstädter Straße. Vom Bahnhof kommend folgen wir zunächst der Markierung »Rotkreuz auf weißem Grund« auf einer Länge von etwa einem Kilometer bis zum »Höhenweg« an der alten »Gerichtsschreiberei« (Pflegergasse 1). Ab hier gilt die Wegbeschreibung dann wieder für beide Ausgangspositionen.

Wer im Ortskern startet, sollte es nicht verpassen, sich zunächst ein wenig umzusehen: Im weiteren Umfeld des Marktplatzes stehen einige beeindruckende alte Bauernhäuser, markante Stadl und Fachwerkbauten sowie die Kirche St. Maria und St. Georg. Am Parkplatz an der Hersbrucker Straße findet sich bereits eine größere Informationstafel, die Wanderer mit ersten Informationen zu unserem Ziel, dem Happurger Hausberg »Houbirg«, versorgt. Reizvoll ist auch der sogenannte »Kuhbrunnen«, eine Arbeit des Künstlerduos Hanna Regina Uber und Robert Diem aus dem Jahr 1996. Eine runde Plattform in der Mitte des Brunnenbeckens (ein Meter Höhe und eineinhalb Meter Breite) ziert eine Heimatszene aus Bronze: Dargestellt sind ein junger Hirte mit Stab und Hütehund sowie zwei Weidetiere. Unmittelbar dahinter dreht sich im Happach ein Miniaturmühlrad.

Happurg ist mit seinen rund 1 800 Einwohnern Hauptort des Albachtals, das sich von hier aus über Förrenbach und Thalheim bis nach Alfeld erstreckt. Der staatlich anerkannte Erholungsort liegt malerisch eingebettet zwischen Houbirg und Deckersberg. Ein Baggersee und ein Stausee machen Happurg für Sommerausflügler und Freizeitsportler gleichermaßen interessant. Der den Ort querende Happach mündet im Osten von Hersbruck in die Pegnitz und hat unterwegs Wasser von Albach und Kainsbach aufgenommen, die ihrerseits beide zum Stausee fließen.

Ohne Markierung folgen wir der Hersbrucker Straße die etwa 100 Meter bis zum Marktplatz, den eine stolze Linde ziert. An der *Pizzeria Romantica* biegen wir nach links in die Schöffenstraße ein und gelangen nach kurzem, strammen Anstieg ebenfalls zur »Gerichtsschreiberei« (Pflegergasse 1). Bei dem imposanten Gebäude, einem prämierten Einzeldenkmal, handelt es sich um die Mitte des 16. Jahrhunderts errichtete Gerichtsschreiberei des Pflegamtes Reicheneck. Nach einem lang währenden Dornröschenschlaf kam das Anwesen im Jahr 2010 in Privatbesitz und wurde in den folgenden Jahren aufwendig und mit viel Liebe zum Detail restauriert. Heute präsentiert sich das Haus als echtes Dorfschmuckstück. Leider ist es nicht öffentlich zugänglich.

Unsere nächsten Etappenziele sind »Doggerwerk« und »Hunnenschlucht«. An der Gerichtsschreiberei halten wir uns deshalb links und folgen der Grabenstraße weiter den Berg hinauf, wo sie nahtlos in den Höhenweg übergeht. Dem Namen entsprechend steigt der Weg nun rasch immer stärker (für ca. 200 m) an. Sobald wir die ausgeprägte Rechtskurve bezwungen haben, zeigt sich das aus heutiger Sicht fast schon martialisch anmutende Kriegerdenkmal, zu dem wir über mehrere Stufen gelangen. Auf der Rückseite, dem sogenannten »Südring«, stoßen wir sogleich auf die erst im Januar 2016 neu eröffnete Gedenkstätte »Doggerwerk«. Hier können sich Wanderer über das Leid der Zwangsarbeiter im größten Außenlager des KZ Flossenbürg informieren (s. auch Kap. »Zwillingsgedenkstätte für die KZ-Opfer« , S. 38ff.).

Anschließend passieren wir das dahinterliegende Schutzgitter und beginnen unseren eigentlichen Aufstieg zur »Houbirg« über den folgenden Hohlweg, der auch »Hunnenschlucht« genannt wird. Zunächst müssen wir wieder eine heftige Steigung bewältigen, erreichen dann aber nach etwa 100 Metern, kurz vor der Anhöhe, einen Durchbruch. Nach längerem Regenfall kann es hier mitunter ziemlich sumpfig sein. Auf halber Höhe des Weges lassen sich linker Hand in der Schlucht noch einige Fundamentreste der ehemaligen Stollenanlage entdecken. Auf dem Plateau angekommen setzt sich unser Weg eigentlich linker Hand, an der Geotafel Nr. 11 (Doggerwerk, Eingang »Esche I«), fort. Wir machen aber zunächst einen kurzen Umweg und gehen nach rechts, um einen Blick auf den zwischenzeitlich betonversiegelten Stolleneingang »Esche I« zu werfen. Eindrucksvoll erhebt sich die Sandsteinwand über eine zum Teil wasserbefüllte Senke. Im Anschluss setzen wir unsere Tour wie vorgesehen an der Infotafel Nr. 11 nach links fort. Der Weg verläuft noch einige Meter auf dem Plateau, ehe er kurz abfällt, um nach einer Kehre auf relativ kurzer Strecke erneut etliche Höhenmeter zu überwinden. Achtung: Auf den Steinen und Wurzeln besteht bei Nässe Rutschgefahr!

Oben angekommen treffen wir auf einen vom Steinbruch kommenden, geschotterten Forstweg, dem wir rechter Hand folgen, um kurz darauf eine weitere Informationstafel zur »Houbirg« zu erreichen. Gemäß den Angaben befinden wir uns nun in der Nähe des ehemaligen Westtors der einstigen keltischen Wehranlage. Nach heutigem Forschungsstand handelte es sich bei der Befestigung wohl weniger um eine stadtähnliche Besiedelung (»Oppidum«), sondern eher um eine Wehranlage mit einem bewohnten Teil. Wir setzen unsere Tour auf geradem Weg fort und biegen nach wenigen Metern nach links auf einen anderen Forstweg ab. Den Weg mit der Markierung »Weiße 2 auf grünem Grund«, der geradeaus weiter in Richtung Reckenberg und Arzlohe (Kapellruine, s. S. 199ff.) führt, lassen wir dabei hinter uns. Nach weiteren 30 Metern teilt sich der Weg erneut. Wir halten uns aber weiterhin links und folgen so den von uns gewählten Markierungen »Weiße 1 auf grünem Grund«, »Geopfad« und »Grünpunkt«. Dabei passieren wir auf einem alleeartigen Pfad die westliche Bergflanke, auch »Bocksberg« (547 m) genannt. Nach kurzem Marsch treffen wir auf die Tafel Nr. 7 des Geopfades, die uns über die verschiedenen Ablagerungsschichten vom Jura bis in die Kreidezeit informiert. Oberhalb der alten Steinbrüche laden zwei Bänke zum Verweilen ein und dazu, das herrliche Panorama über das »Hersbrucker Becken« (Mittleres Pegnitztal, Happurg und Hersbruck) zu genießen. Obacht: Es geht hier wirklich tief und steil den Berg hinab! Auch wenn der Weg mit einigem Abstand zur Abgrundkante verläuft, die tolle Aussicht verführt mitunter dazu, leichtfertig näher heranzutreten.

Wir setzen unsere Tour fort. Es geht bergauf-bergab in stetig moderatem Wechsel. Die Tafel Nr. 6 des Geolehrpfades gewährt uns Einblicke in die (Ablagerungs-) Geschichte des Trias. Sträucher und Schlehenbüsche, die bis jetzt unsere Begleiter waren, bleiben zurück, während sich unser Weg in einem lichten Buchenmischwald fortsetzt. In einer Senke stoßen wir auf den von unten kommenden, geomorphologischen Lehrpfad und Tafel Nr. 5, die uns weiterführende Informationen zur keltischen Wehranlage auf der Houbirg liefert. Danach steigt unser Weg wieder spürbar an. Anfangs verläuft er noch parallel zum Wall, den wir schließlich durch das »Zangentor«, einen Durchburch im Norden, besteigen. Hier sind die Überreste der alten Befestigungsanlage selbst für Laien deutlich erkennbar. Über Stock und Stein sowie allerlei Wurzelwerk folgen wir dem Wall nun auf der östlichen Bergflanke. Auf halbem Weg stoßen wir auf einen weiteren großen Durchbruch. Hierbei handelt es sich wohl um den ehemaligen Hauptzugang der Wehranlage. Unterhalb finden wir noch einmal die uns bereits bekannte Übersichtstafel zur »Houbirg«. Hinter dem Tor geht es über einen Wurzelweg und bemooste Steine merklich aufwärts. Festes Schuhwerk ist spätestens hier von Vorteil und hilft dabei, nicht aus dem Tritt zu kommen. Die Markierung »Weiße 1 auf grünem Grund« macht sich ein wenig rar, Wallverlauf und die »Grünpunkt«-Markierung helfen uns aber bei der weiteren Orientierung. Nach etwa einem halben Kilometer quert ein von unten ankommender Fuhrweg den Wall. Ab hier lassen wir die Wehranlage hinter uns. Zunächst noch parallel zum Wall, dessen sichtbarer Verlauf immer weiter abnimmt. Wir steigen ab und nähern uns nun von oben dem berühmten »Hohlen Felsen«. Die Szenerie hat durchaus etwas Mystisches: Natürliche »Felsburgen« ragen aus dem Hang heraus und mit dicken Moospolstern überzogene Steinbrocken beflügeln die Fantasie von Spaziergängern.

Der Weg fällt weiter ab, bis wir über das steinige, von dicken Wurzeln durchzogene Plateau schließlich die »Krone« des »Hohlen Felsens« erreichen. Eine einsam über die steile Abbruchkante wachsende, alte Kiefer bietet Gelegenheit für eine kurze Rast und um den Fotoapparat herauszuholen. Der Panoramablick ist wirklich einzigartig: Unter uns das »Steinerne Gasserl« (Blockschutthalde), vor uns der breite Bergrücken des Deckersbergs und dazwischen ruht friedlich, blau schimmernd, der Happurger Stausee. Nach der kurzen Pause halten wir uns weiter Richtung Förrenbach. Von mehreren nicht gesicherten, aber dennoch gut zu begehenden Aussichtspunkten kann man immer wieder den Blick über das Albachtal bis ins Hersbrucker Becken schweifen lassen. Unser Abstieg setzt sich nun über alte, in den Dolomitfels gehauene, schmale Stufen fort. Im Herbst und nach Regenfall besteht Rutschgefahr (nasses Laub!). Durch eine Naturbrücke mit zwei Durchgängen betreten wir endlich den Vorplatz der namensgebenden Halbhöhle »Hohler Fels«. Hierbei handelt es sich um ein bedeutendes Bodendenkmal (Eintragung in die bayerische Denkmalliste). Diverse Funde aus der Mittleren Steinzeit bis in die Urnenfelderzeit belegen die frühe Besiedelung des »Hohlen Felsens« als Lebensraum. Die Karsthöhle misst in ihrer heutigen Form noch sechs Meter in der Höhe und 16 Meter in der Tiefe. Vorgelagert befindet sich ein markanter Pilzfelsen (Monolith), der sich bei Kletterern großer Beliebtheit erfreut.

Pizzeria Romantica bei Gino, Schöffenstr. 1, 91230 Happurg
Tel. 0 91 51 /44 20, Di–So 11.00–14.00 u. ab 17.00

Café Ruff, Höhenweg 30, 91230 Happurg
Tel. 0 91 51 /44 23, www.hotel-ruff.de
Mo–Do, Sa u. So ab 13.30

Wir kehren zurück auf den Bergrücken und beginnen den eigentlichen Abstieg (mehrere Markierungen begleiten uns). Anfangs wandern wir noch relativ eben durch lockeren Buchenmischwald, dann jedoch fällt die Route moderat, aber stetig immer weiter ab. Schließlich stoßen wir auf das sogenannte Brünnerl und können (bei den beiden Sitzgruppen) nochmals eine kurze Rast einlegen. Die Tafel Nr. 10 des Geolehrpfades berichtet Wissenswertes über die »Hydrologie im Karst«. Ab jetzt fällt der Pfad wieder steiler ab und erfordert besonders an zwei Stellen (Lehmpfad ohne Tritthilfe und abgelaufene Steinstufen) bei Nässe festes Schuhwerk. Am Waldrand setzen wir unsere Tour ein kurzes Stück auf geschottertem Fuhrweg fort, ehe wir erneut auf den uns bereits bekannten Höhenweg treffen.

Hier besteht die Möglichkeit, im *Café Ruff* eine Kaffeepause auf der sonnigen Terrasse mit Panoramablick über den Happurger Stausee einzulegen. Die große Auswahl an Torten, Kuchen und Gebäck bietet für jeden Geschmack das passende süße Stück. Hierfür weichen wir vom Wanderweg ab und halten uns auf dem Höhenweg links. Dem Straßenverlauf folgend, erreichen wir das *Café Ruff* nach etwa 200 Metern.

Wer nach dieser durchaus anstrengenden Runde lieber deftig pausieren möchte, nimmt gleich den Endspurt in Angriff: Zunächst steigen wir die wenigen Stufen zum »Gänsberg« hinab und queren diesen oberhalb des Friedhofs auf einem von Eichen und Obstbäumen gesäumten Weg. So gelangen wir auf den Friedhofweg und schließlich zurück an die »Gerichtsschreiberei«. Von hier aus laufen wir auf bekannter Strecke zum Ausgangspunkt unserer Wanderung zurück. Unten angekommen lädt dann die Dorfpizzeria *Romantica* hungrige Wanderer zum Ausruhen in den Biergarten ein.

Houbirg und Hohler Fels

Der Happurger Hausberg »Houbirg« lässt die Herzen von Historikern und anderen Wissenschaftlern höher schlagen. Vor allem trägt er die noch gut erhaltenen Überreste einer keltischen Wehranlage. Der historische Wall lässt zum Teil bis zu acht Meter hohe Mauern erkennen und umschließt bei einer Länge von

rund viereinhalb Kilometern ein Gebiet von fast einem Quadratkilometer. Die »Wallburg« aus der Hallstattzeit (etwa 500 bis 330 v. Chr.) gilt bis heute als eine der größten ihrer Zeit in Süddeutschland. Funde wie Bronzefibeln, Keramikscherben und Glasperlen belegen diese wissenschaftlichen Erkenntnisse. Der Name »Houbirg« bezieht sich wohl auf das Wort »bergen« und die damit verbundene Funktion der Festungsanlage als Rückzugsort zu Verteidigungszwecken. Auch der heutige Name der Gemeinde Happurg ist wohl daran angelehnt. Die keltische Anlage wurde in strategisch günstiger Lage auf dem Bergplateau in 486 bis 617 Metern Höhe angelegt. Von hier aus ließen sich die Seitentäler des Pegnitztales weit überblicken. Das ist vermutlich auch der Grund, warum der Berg schon seit der Bronzezeit (1600 v. Chr.) immer wieder besiedelt wurde. In jüngster Vergangenheit gelangte die »Houbirg« durch die Nationalsozialisten erneut zu zweifelhafter Bedeutung. Um die kriegsentscheidende Rüstungsindustrie zu sichern, mussten Zwangsarbeiter, die in einem Arbeitslager am Stadtrand von Hersbruck interniert waren, ein Stollensystem in den historischen Berg treiben. Das geplante »BMW-Flugzeugmotorenwerk« wurde nie fertiggestellt. Bis Kriegsende mussten jedoch die Hälfte der dort eingesetzten Arbeiter ihr Leben lassen.
Der ebenfalls auf der »Houbirg« gelegene »Hohle Fels« ist eine imposante Felsformation mit Karsthöhle. Neben der Höhle trägt auch die benachbarte Felswand diesen Namen. Die nach Süden geöffnete Halbhöhle liegt auf 546 Metern Höhe, unterhalb der oben genannten keltischen Wehranlage. In dem 16 Meter

tiefen und sechs Meter hohen Naturraum wurden frühzeitliche Besiedlungsspuren gefunden. Wegen dieser Entdeckungen aus Steinzeit und Urnenfelderzeit wurde die Höhle als Bodendenkmal in die Bayerische Denkmalliste eingetragen. Archäologische Grabungen erfolgten unter anderem durch Konrad Hörmann. Dabei wurden Reste folgender Eiszeittiere geborgen: Höhlenbär, Höhlenhyäne, Wildpferd, Riesenhirsch, Rentier und Wollnashorn. Im Jahr 1849 wurde der Ort allerdings wider besseren Wissens zerstört: Um das beliebte Ausflugsziel für ein Sommerfest des sogenannten *Verschönerungsvereins Hersbruck* leichter zugänglich zu machen, wurde die Höhle komplett ausgeräumt. Bei dieser Aktion wurde die gesamte Höhlenverfüllung entnommen und mit ihr die Abfolge historischer Schichten der vergangenen 100 000 Jahre zunichtegemacht. So kann nur noch mithilfe der bis heute erhaltenen Funde auf menschliche Umtriebe in der Höhle während der letzten Eiszeit sowie den frühen und mittleren steinzeitlichen Phasen geschlossen werden. Stein- und Knochengerät sowie dazugehörige Abfälle dokumentieren, dass Jäger sich dort immer wieder zumindest für einige Tage aufhielten. Denn zum einen bot die Höhle Schutz vor Wind und Wetter, zum anderen einen hervorragenden Ausblick auf die Jagdgründe der Umgebung.

---

44. Glaube, Liebe, Hoffnung

Kirche St. Maria und St. Georg

Die Happurger Wehrkirche ist der Mutter Gottes sowie dem Heiligen Georg, einem der 14 Nothelfer (14 Heilige, die den Märtyrer-Tod starben), geweiht. Eine gotische Georgsfigur, die den Schutzheiligen der Ritterorden in typischer Pose als Drachentöter zeigt, ist linker Hand im Chorraum des Gotteshauses zu finden. Darüber hinaus ist der Namenspatron noch über dem Südtor und gemeinsam mit Maria und dem Jesukindlein auf einem Glasgemälde, das rechts neben dem Altar angebracht ist. Die einstmals viel kleinere Kirche wurde erst im 18. Jahrhundert durch die Nürnberger Pflegherren prachtvoll erweitert. Hinweis darauf gibt der große Kranz mit dem Wappen über dem Chorbogen und der Jahreszahl 1782. Von außen erkennt man den gotischen Chor sowie das im barocken Stil gehaltene Langhaus. Ein großes Tor gewährt vom Marktplatz kommend Zugang zum Kirchhof. Dort befand sich noch bis 1856 der Dorffriedhof, der

Kirche St. Maria und St. Georg, Marktplatz, 91230 Happurg
Tel. 0 91 51/59 66 (Pfarramt), Tel. 0 91 51/22 40 (Mesnerin)
Gottesdienst So 9.30 (dann ist Kirche geöffnet, zu anderen Zeiten wird gerne aufgesperrt)

sich inzwischen am Gänsberg, am Fuße der Houbirg, befindet. Der Kirchenraum spart nicht mit goldenem Dekor, besonders Kanzel und Hochaltar sind prunkvoll geschmückt. Im Zentrum des Altars steht das Letzte Abendmahl in einem Gemälde des Hersbrucker Malers Christoph Reich. Die darunter gesetzte Inschrift »Dies hohe mal hier wohl ergötzt, von Jesu Christo eingesetzt« beinhaltet ein Zahlenspiel: Einige der Buchstaben sind größer als andere. Die so hervorgehobenen römischen Ziffern geben das Erbauungsjahr 1725 preis. Der Altar selbst wird von vier Säulen getragen, die obenauf drei Figuren tragen: Glaube, Liebe und Hoffnung, die drei christlichen Grundtugenden.

45. Ein Sonnentag am Stausee

Auf dem Happurger Geschichtsweg

Tour: Gemütliche Spazierrunde entlang der Uferpromenade. Hunde bitte anleinen.
Länge: 4 km.
Dauer: Etwa 1 Std. reine Gehzeit.
Familie: Familienfreundlich, der breite Weg ist geschottert und sowohl kinderwagen- als auch fahrradtauglich.
Markierungen: 12 Schautafeln des »Happurger Geschichtswegs«, bei Anreise mit S-Bahn zusätzlich: »Rotkreuz auf weißem Grund«.
Saison: Die Tour hat zu jeder Jahreszeit ihren Reiz.
Anfahrt: *Kfz:* Über die A 9, im Süden Ausfahrt »Lauf Nord und Hersbruck« nehmen. Dann über die B 14 durchfahren bis zur Ausfahrt »Happurg/Lauterhofen«. Oder über die A 6 (Nürnberg–Amberg) kommend die Ausfahrt »Alfeld« nehmen. Kostenlose Parkplätze direkt neben dem *Café und Restaurant Seeterrassen*, Seepromenade 1, 91230 Happurg.
ÖPNV: Seit Dezember 2010 besitzt Happurg einen eigenen Haltepunkt auf der Bahnstrecke »Hartmannshof/Nürnberg/Fürth/Bamberg«. Die S-Bahn-Linie S1 verkehrt auf der Route links der Pegnitz im Stundentakt. Der neue Bahnhof ist im nördlichen Neubaugebiet an der Hohenstädter Str. gelegen. Zum Happurger Stausee (ca. 3 km) läuft man etwa 30 Min.

Wem der Aufstieg auf die »Houbirg« und zum »Hohlen Fels« mit seinen durchaus steilen Episoden zu beschwerlich ist oder wer vielleicht auch Kinder im Gepäck hat, die noch nicht ganz so trittsicher sind, dem sei stattdessen ein gemütlicher Spaziergang um den Happurger Stausee ans Herz gelegt. Schon der Blick auf den von alten Trauerweiden gerahmten See – romantisch eingebettet zwischen die eindrucksvoll bewaldeten Anhöhen »Houbirg« und »Deckersberg« – lässt keine Langeweile aufkommen. Wer darüber hinaus noch etwas dazulernen möchte, widmet sich einfach den zwölf Tafeln auf dem »Happurger Geschichtsweg«, die den Spaziergänger in maßvollen Abständen rund um das Gewässer begleiten. Der historische Rundweg ist einer Initiative des Kreisheimatpflegers Robert Giersch anlässlich der 950-Jahr-Feier der Gemeinde Happurg zu verdanken. Die wetterfesten Infotafeln aus Glas und Edelstahl informieren kurz und bündig über die vielseitige Geschichte der Region von der Steinzeit bis heute. Die Anordnung der Schilder folgt allerdings nicht der Chronologie, sondern richtet sich vielmehr nach topografischen Gesichtspunkten.

Ausgangspunkt der gut einstündigen Kurztour ist der Parkplatz bei den *Seeterrassen*. Von da aus geht es entgegen dem Uhrzeigersinn um den Stausee. Unterwegs erfährt der interessierte Spaziergänger gleichermaßen etwas über die Entwicklung der Gemeinde Happurg, die nähere Umgebung sowie historische Zusammenhänge. Gleich mehrere Tafeln beschäftigen sich mit der einstmals zwei Kilometer südlich gelegenen, inzwischen aber gänzlich verfallenen Burg Reicheneck und die Bedeutung von Happurg für deren mittelalterliche Burgherren. Aber auch über besondere Bauwerke wie etwa die Kirche St. Maria und St. Georg sowie die Entwicklung der angrenzenden Dörfer Kainsbach und Förrenbach wird berichtet. Der Keltenwall auf der »Houbirg« und der »Hohle Fels«, den man vom Tal aus gerade so erahnen kann, werden ebenfalls ausführlich erklärt. Eher bedrückend sind die Darstellungen zu den nationalsozialistischen Umtrieben rund um das Doggerwerk. Dass auf dem Grund des Sees die Überreste des zum Arbeitslager gehörigen Krematoriums verschwunden sind, ist nicht nur unheimlich, sondern wird dem ein oder anderen die Lust auf ein Bad im See vielleicht verleiden. Und nicht zuletzt widmen sich zwei Tafeln der Entstehung und Funktion des Stausees selbst.

Zum Ende der Tour gelangen wir an das eigentliche Pumpspeicherkraftwerk, das sich am südlichen Rand von Happurg befindet. Es besteht nun die Gelegenheit, einen Abstecher ins Dorf selbst zu unternehmen, um einen Blick auf den historischen Ortskern und die Kirche St. Maria und St. Georg zu werfen. Die hier anschließende Förrenbacher Straße führt uns auf direktem Weg zum Marktplatz. Alternativ bleiben wir auf der Stauseerunde: Wir biegen links ab, überqueren auf steinernem Steg den Happach, passieren das Kraftwerksgelände und gelangen anschließend nach etwa 500 Metern durch den Wald wieder zurück zu unserem Ausgangspunkt an den *Seeterrassen*. Höchste Zeit für eine Kaffeepause.

46. Sporteln und Chillen

Der Happurger Stausee

Der fast fünf Quadratkilometer große Happurger Stausee wurde ursprünglich angelegt, um einen Teil des örtlichen Strombedarfs mit Energie aus regenerativen Quellen zu speisen. Das frühe Wasserkraftwerk (1958), zu dem als Gegenstück das Oberbecken auf dem Deckersberg gehört, wurde ursprünglich von der *Großkraftwerk Franken AG* initiiert, die später im *EON*-Konzern aufging.

Noch bis vor wenigen Jahren wurde Wasser, das tagsüber von Albach und Kainsbach in den Stausee gelangte, gespeichert und von dort bis hinauf zum Obersee gepumpt. Zu Spitzenzeiten des Strombedarfs wurde das Wasser dann wieder abgelassen, wobei die Transformatoren am nördlichen Ende des Stausees in Gang gesetzt wurden. Der so gewonnene Strom wurde ins reguläre Netz eingespeist. Konstruiert und erbaut wurde der Happurger Stausee vom Nürnberger Architekten und Kulturpreisträger Franz Reichel.

Nach der Jahrtausendwende war es immer wieder zu Wassereinbrüchen am Oberbecken des Pumpspeicherkraftwerks gekommen, sodass die Kraftwerksfunktion schließlich gänzlich außer Betrieb gesetzt wurde. Die dringend notwendigen Sanierungsmaßnahmen wurden immer wieder verschoben. Nach Angaben des Betreibers ist vor dem Jahr 2019 wohl nicht mit einer Wiederinbetriebnahme zu rechnen.

Das Gelände rund um den See mit seiner artenreichen Flora und Fauna ist ein ausgewiesenes Landschaftsschutzgebiet. Üppige Trauerweiden säumen das Ufer, wo schillernde Libellen, freche Enten sowie Grau-, Wild- und Kanadagans keine seltenen Gäste sind. Und trotzdem kommen auch die Freizeit- und Wassersportler auf ihre Kosten. Im Ausflugslokal *Seeterrassen* am Westufer können Tretboote gemietet und über einen Holzsteg zu Wasser gelassen werden.

Gleich nebenan hat der *Segelclub Hersbruck* sein Vereinsheim. Surfer und Segler finden dort gute Einstiegsmöglichkeiten, müssen allerdings auf häufig drehende Winde und plötzliche Flauten gefasst sein. Immer häufiger wird übrigens auch die neue Trendsportart »Stand-up-Paddling« hier gesichtet und für Gruppen bis zu 20 Personen kann »Drachenbootfahren« organisiert werden. Da der See nach Trockenperioden nicht immer voll geflutet ist, sind Motorboote nach wie vor nicht zugelassen.

Die Route rund um den See ist darüber hinaus eine ausgewiesene Nordic-Walking-Strecke, außerdem ist der Happurger Stausee Ausgangspunkt und Zwischenstopp für unzählige Wanderwege in die nähere und weitere Umgebung der Hersbrucker Alb. Seitdem das Kraftwerk außer Betrieb gesetzt ist, darf im Stausee auch geschwommen werden (Begrenzung nicht überschreiten!). Angler können zu den gleichen Konditionen fischen wie auch am Baggersee.

Wer vom Sporteln erschöpft ist oder nach einem ausgiebigen Spaziergang Erholung sucht, kann im ufernahen Außenbereich der *Seeterrassen* Sonne tanken und die Seele baumeln lassen. Hausgemachte Torten und Kuchen sowie klassische fränkische Küche bringen hungrige Ausflügler wieder auf die Beine. Der angrenzende Erlebnisspielplatz sorgt dafür, dass auch beim Nachwuchs keine Langeweile aufkommt. In größeren Abständen gibt es Sonderveranstaltungen wie Grillabende, Hüttengaudi, den Besuch des schwimmenden Nikolauses am 6. Dezember sowie den »Outdoor-Tag« im Mai. Dieser Tag ist eine Art Natursportfest zum Erleben und Mitmachen. Präsentiert werden Freizeitaktivitäten wie Klettern, Radfahren, Zelten, Lama-Wandern, Tauchen, Kanu- oder Kajakfahren. Alljährliches Highlight ist das Drachenbootrennen.

Seeterrassen, Café & Restaurant, Seepromenade 1, 91230 Happurg
Tel. 0 91 51/81 74 41, www.seeterrassen.com
Sommer So–Di 10.00–21.00, Mi–Sa 10.00–22.00
Frühling, Herbst u. Winter abweichende Öffnungszeiten (s. Webseite)

Tretbootverleih:
Ganze Stunde 9 €, halbe Stunde 5 €, alle Boote für bis zu 4 Pers.

Segelclub Hersbruck, Seepromenade 2, 91230 Happurg
Tel. 0 91 51/81 74 76, www.segelclub-hersbruck.de

Drachenbootfahren, *FP Sportreisen GmbH*
Tel. 0 91 26/29 31 00, www.fp-sportreisen.de

Weitere Informationen zu den Freizeitsportaktivitäten: www.happurg.de
Weitere Informationen zu »Outdoor-Tag«: outdoortag.nuernberger-land.de

47. Angeln, Baden, Grillen

Der Happurger Baggersee

Ihren beliebten Badesee verdanken die Happurger dem Ausbau der alten Bundesstraße 14 zu einer Schnellstraße. Die Bagger schaufelten unermüdlich, bis schließlich eine Fläche von etwa sechs Hektar bei einer Wassertiefe von neun Metern entstanden war. Böschung und Ufer wurden liebevoll angelegt und bepflanzt, sodass der See für uneingeweihte Besucher natürlich gewachsen wirkt. Stau- und Baggersee trennen nur wenige Kilometer voneinander. Während der Stausee eher Spaziergänger und Freizeitsportler anzieht, ist der grundwassergespeiste Baggersee genau richtig für alle, die schwimmen und ein ausgiebiges Sonnenbaden genießen wollen.

Am Westufer gibt es einen kleinen Kiosk mit öffentlichen Toiletten. Zwei Stege zu beiden Seiten des Kiosks erleichtern Schwimmern und Tauchern den Einstieg ins kühle Nass. Unter Wasser gibt es einige Fische, darunter Karpfen und Zander, sowie Dreikantmuscheln zu entdecken. Nachts und bei geschlossener Eisdecke darf allerdings nicht getaucht werden. Angeln (nur mit Erlaubnisschein) ist ebenfalls gestattet, ebenso wie Picknickpausen und maßvolles Grillen. Offenes Feuer hingegen ist ausdrücklich verboten. Hundebesitzer dürfen ihre vierbeinigen Freunde nur von September bis März frei herumlaufen lassen, zur Badesaison herrscht absolute Leinenpflicht. Außerdem ist in den Sommermonaten der zum See gehörige Parkplatz an den Wochenenden kostenpflichtig. Wenn es das Winterwetter zulässt, dient der See bei Minusgraden auch als weitläufiger Eislaufplatz. Seit einiger Zeit gibt es Bestrebungen, statt des Kiosks ein Ausflugslokal nach Vorbild der *Seeterrassen* am Stausee zu errichten, eine endgültige Entscheidung dazu steht aber noch aus.

Parkgebühr am See 2,50 € pro Auto/Tag, 2 € pro Motorrad/Tag
Angler können Tages- u. Wochenenderlaubnisscheine (gegen Vorlage eines staatlichen Fischereischeines) im Happurger Rathaus erwerben:
Hersbrucker Str. 6, 91230 Happurg, Tel. 0 91 51/8 38 30
Mo–Fr 7.45–12.00, Do zusätzl. 13.00–18.00
Weitere Informationen zu allen Freizeitsportaktivitäten: www.happurg.de

Traditionsreiches Oldtimerrennen »Happurger Berg«

Interessant für alle Liebhaber historischer Fahrzeuge ist das traditionelle Autorennen »Happurger Berg«, das seit dem Jahr 1963 vom *Automobilclub Hersbruck* auf der kurvenreichen Strecke zwischen Stausee und Oberbecken am Deckersberg (3,8 km) ausgerichtet wird. Bereits in der Starterliste des ersten Rennens fanden sich die Namen späterer Motorsportgrößen wie Jochen Neerpasch, Anton Fischhaber, Josef Schnitzer und Alexander von Falkenhausen. Ab 1967 war das Happurger Bergrennen auch offiziell ein Deutscher Meisterschaftslauf mit internationaler Beteiligung. Nachdem sich der *ADAC* von dem Rennen im Jahr 2012 zurückgezogen hatte, wurde einige Jahre pausiert. Seit 2016 findet der »Happurger Berg« aber wieder statt.

Weitere Informationen: www.ac-heb.de

---

48. Helau und Ruckzuck

Faschingsumzüge in der Hersbrucker Schweiz

Der Zustand der Euphorie zählt, das darf man so sagen, eher nicht zu den klassischen fränkischen Eigenschaften. Auch für die Bewohner der Hersbrucker Alb gilt meist der viel zitierte Spruch: »Bassd scho, is gnuch globt …« (»Passt schon, ist genug gelobt«). Was aber mitnichten heißt, die Leute hier wären nicht feierfreundlich oder wären gar ungastlich. So hat nicht zuletzt auch die fünfte Jahreszeit ihren Platz in der Hersbrucker Schweiz. Zwei große Faschingsumzüge gehören zu den fest gesetzten Terminen im Feierkalender der Region: der Happurger Faschingszug am Sonntag und der Hersbrucker »Rummzug« am Faschingsdienstag.

»Der Happurger Fasching ist bekannt in Franken und im Bayernland«, und das mit Recht: Der Umzug hat eine lange Tradition. Erstmalig soll die Parade bereits im Jahr 1976 stattgefunden haben. Damals allerdings spontan und als Reaktion der Sieger auf ein gewonnenes Fußballturnier. Seitdem ist viel passiert. Der

Weitere Informationen:
Happurg am Faschingssonntag: www.happurger-faschingsfreunde.de
Hersbruck am Faschingsdienstag: www.fg-naerrschbruckia.de

Gaudiwurm wird inzwischen vom *Happurger FaschingsFreunde Helau e. V.*, die auch Garde, Orden und Prinzenpaar stellen, ausgerichtet. Jährlich ziehen bis zu 30 Gruppen mit ihren aufwendigen Wagen und pfiffigen Kostümierungen durch das Dorf. Startpunkt um die Mittagszeit ist das Sportheim am nördlichen Ortsrand. Von da aus geht es von der Hersbrucker über die Kainsbacher Straße und im engen Bogen weiter die Hauptstraße entlang und schließlich zurück bis zum Marktplatz. Musikalisch begleitet wird der Zug stets von der Happurger Feuerwehrkapelle und anderen Musikern. Nach dem Umzug kann die Sause wetterfest im Partyzelt am Marktplatz fortgesetzt werden.

Der Happurger Faschingsumzug zieht schon seit Jahren zahlreiche Besucher von nah und fern an. Um einen reibungslosen Ablauf zu gewährleisten, sperrt die Freiwillige Feuerwehr deshalb die Ortszufahrten für Autofahrer. Parkmöglichkeiten gibt es an den nahe gelegenen Bagger- und Stauseen. Alternativ ist natürlich auch eine Anreise mit der S-Bahn möglich.

Der »Närrschbrucker Rummzug« durch Hersbruck nur zwei Tage später ist ebenfalls ein beliebter Publikumsmagnet: Mottowagen und fantasievolle Kostümierungen schlängeln sich mit einem dreifachen »Hersbruck – ruck – zuck« auf den Lippen bis zum Oberen Markt im Herzen der Altstadt. Die Route verläuft von der Happurger Straße über die Ostbahnstraße zur Turngasse und bewegt sich dann via Prager Straße bis zum Rathaus. Von da aus geht es weiter die Poststraße hinunter und über die Dr.-Gustav-Schickedanz-Straße und die Rudolf-Wetzer-Straße, vorbei am Schlossplatz bis zur Martin-Luther-Straße und zurück zum Oberen Markt. Dort können Tanzwütige bei Livemusik in *Kratzers Biergarten* weiterfeiern.

Die bunte Parade wird von der Faschingsgesellschaft *Närrschbruckia* organisiert. Der Verein, zu dem auch die Tanzgarde *Anemon* gehört, ist noch relativ jung. Er entstand im Jahr 2004 und geht auf eine Initiative des damaligen Hersbrucker Bürgermeisters Wolfgang Plattmeier zurück.

49. Vom Houterer und seim Goldnen Buschn

Kirwatraditionen in der Hersbrucker Schweiz

Die »Kirwa«, »Kerwa« oder »Kärwa« gehört zur Hersbrucker Schweiz wie Karpfen, Kren und Schäufele. Auch wenn das eigentliche Gericht zum Auftakt des Kirchweihwochenendes traditionell die sogenannte Vogelsuppe (sprich: »Vuglsuppn«) ist. Was diese sagenumwobene Mahlzeit genau enthält, ist natürlich streng geheim. Doch so viel sei verraten: Das Fleisch heimischer Singvögel ist es ganz sicher nicht. Eine der wahrscheinlichen Legenden besagt, dass wohl ein Pommelsbrunner Gastwirt mit Namen Vogel das schmackhafte Gericht erfunden hat. Das Rinderragout in einer Soße mit leicht saurer Note, das gern mit Semmelkniedla serviert wird, ist wirklich lecker. Weitere kulinarische Highlights zur Kirwa sind natürlich das fränkische Bier, die Bratwurst, die »G'wedelten« (Fisch vom Holzkohlengrill) und der Brotkuchen. Kirchweihen gibt es in der Hersbrucker Schweiz zuhauf und selbst an Orten, die gar keine eigene Kirche haben. Wo ein Wille ist, da ist am Ende eben auch ein Fest.

Der Ablauf dieser Brauchtumsveranstaltungen ähnelt sich meist: Ein Festzug mit anschließendem Bieranstich durch den Bürgermeister eröffnet am frühen Freitagabend den Reigen, mitunter begleitet vom Einschießen des örtlichen Schützenvereins. Samstags wird der Kirchweihbaum eingeholt und aufgestellt, teilweise noch traditionell mit dem Pferdefuhrwerk. Am Sonntag folgt dem Gottesdienst dann ein ausgiebiger Frühschoppen und schließlich treten die Kirchweihpaare an, um ihren Baum »auszutanzen« und das Kirchweihpaar zu krönen. Der Brauch des Austanzens findet mitunter auch erst am Montag statt. Zwei Kirchweihen, die aus dem üblichen Rahmen fallen – die »Hansgörglkirwa« (s. S. 102f.) am Pfingstmontag und die Hersbrucker »Michelmühlkirwa« (s. S. 118f) –, sind bereits in früheren Kapiteln dieses Ausflugsführers zur Sprache gekommen. Besonders stimmungsvoll sind aber auch die Kirchweihen in Arzlohe (drittes Juliwochenende) und Offenhausen (Keilberg/Anfang Juli), die den Sonntagsgottesdienst in der jeweils zugehörigen Kapellenruine feiern. Ebenfalls außergewöhnlich: Das Dörflein Alfeld am Rande des Albachtals hält einen über 200 Jahre alten Brauch

lebendig, der an die drei Jahrhunderte währende Spaltung des Ortes erinnern soll. Anfang des 16. Jahrhunderts gehörte Alfeld zur Kurpfalz. Nach dem Landshuter Erbfolgekrieg (1504) wurden die Grenzen neu definiert und die Ortschaft geteilt. Der Albach diente dabei als Grenze: Der westliche Teil des Ortes kam zur Freien Reichsstadt Nürnberg, der östliche blieb bei Bayern. Erst als Nürnberg im Jahr 1806 Landstadt des neuen Königreiches Bayern wurde, wurde auch Alfeld wiedervereinigt. Zu diesem freudigen Anlass etablierte sich dieser besondere Kirchweihbrauch: Es wurde ein Seil zwischen dem Schneiderberg und dem gegenüberliegenden Kegelberg gespannt und mittig daran ein grüner Busch gehängt; dieser sollte die Gemeinschaft symbolisieren. Auch heute noch wird alljährlich am Kirchweihsonntag (letztes Augustwochenende) das circa 250 Meter lange Seil gespannt und extra ein »Goldener Buschn« gefertigt. Dies ist inzwischen ein eineinhalb Meter hohes Fichtenbäumchen, eingehüllt in Goldpapier, mit Bändern geschmückt. Der Buschn wird mit dem Wipfel nach unten am Seil befestigt. An der Spitze baumelt eine goldfarbene Schweinsblase. Am Montagabend wird der Kirchweihbaum ausgetanzt. Bereits am Nachmittag ziehen die Kirwapaare ins Dorf: Lieder werden gesungen, die Musik spielt auf. Mit dabei ist der »Eilwagen« – ein sich während der Fahrt drehendes Wagenrad, das an einem Baumstamm angebracht ist und von einem Traktor gezogen wird. Auf dem drehenden Rad sitzen die beiden geschwärzten »Roußerer«. Mehrmals wird Halt gemacht. Dann steigen die »Roußerer« ab, laufen zu den Leuten und schwärzen ihnen das Gesicht mit Ruß. Dies soll Glück bringen. Anschließend findet das Austanzen statt: Die Kirwaboum tragen eine schwarze Weste mit Nummer und dem Symbol des jeweiligen Berufsstandes. Der »Platzknecht« hat eine weiße Schürze an und ist für das Bier der Kirchweihpaare zuständig. Er trägt den mit Bändern geschmückten Hut des zukünftigen »Houterers« auf dem Kopf. Die Kirwapaare drehen ihre Runden um den Baum, dabei wird ein Blumenstrauß von Paar zu Paar gereicht. Das Paar, das den Strauß hält, wenn der Schuss fällt, ist das neue Kirwapaar. Dem »Houterer« wird vom Platzknecht der geschmückte Hut übergeben. Der »Goldene Buschn« wird auf den Marktplatz heruntergelassen und vom Seil geschnitten. Das »Kirwamoidl« bekommt den »Goldenen Buschn« geschenkt. Und das neue Kirwapaar dreht eine Ehrenrunde um den Baum.

50. Auf zwei Brettln durch die weiße Pracht

Langlaufloipen rund um Waller

Über der von massiven Felsen umrahmten Ortschaft Alfeld liegt der kleine Gemeindeteil Waller sowie der daran angrenzende Grafenbucher Forst. Dass die Gemeinde mit eigener Anschlussstelle (Alfeld) verkehrsgünstig an die Autobahn A6 »Nürnberg–Amberg« angebunden ist, wissen nicht zuletzt Wintersportler zu schätzen. Denn die romantische Hochebene (574 m) beheimatet das wohl schneesicherste Terrain der Hersbrucker Alb. Das »Schneeloch« rund um Waller bietet durch den ständigen Wechsel von flachen und hügeligen Strecken durch den Wald und über Wiesen ein wirklich abwechslungsreiches Loipennetz. Hier kommen erfahrene Skater und Anfänger gleichermaßen auf ihre Kosten. Die Sektion Hersbruck des *Deutschen Alpenvereins* (*DAV*) sorgt dafür, dass die Loipen bei stabiler Schneelage stets bestmöglich gespurt sind: Dabei gilt es, immerhin sieben Kilometer Skatingloipe und 25 Kilometer klassische Loipen zu betreuen. Das Dörflein Waller selbst ist Ausgangs- und Endpunkt für acht unterschiedliche Langlauftouren (zwischen 1 und 9 km Länge) und bietet mit seinen diversen Anschlussmöglichkeiten ein Streckennetz von rund 36 Kilometern. Die kürzeste Route, der »Waller Skating Kurs« (Länge: 1,9 km), ist zugleich die anspruchsvollste Tour. Während auf der »Sparkassen-Familien-Loipe« (Länge: 4,4 km) sicher keiner zurückbleibt. Hier gibt es auch eine Verbindung zur »Traunfelder Loipe« (Länge: 1,1 km). Skater fühlen sich dort auf breiten Walzenspuren wohl. Ein Rundkurs Richtung Wörleinshof, die »Alfeld Rundloipe« (Länge: 9,1 km) sowie die Strecke beim Forsthaus Grafenbuch (Länge: 7,1 km) eröffnen ebenfalls mehrere Anschlussmöglichkeiten. In der Hochsaison kommen bis zu 300 Besucher täglich, die im Schnitt um die zwei Stunden am Waller langlaufen. Eine Orientierungstafel und Parkplätze finden sich in unmittelbarer Nähe des Gasthofes *Brauner Hirsch* sowie am nahe gelegenen Wanderparkplatz (40 Stellplätze). Der *DAV* freut sich über ein kleines Dankeschön für seinen ehrenamtlichen Einsatz in der dort aufgestellten Spendenbox.

Weitere Wintersportoptionen für Langläufer bietet die Hersbrucker Schweiz übrigens in Neutras (drei Rundkurse),

Loipenbetreuung Waller:
DAV Hersbruck, Tel. 0 91 51/82 28 45, www.dav-hersbruck.de

Start- und Endpunkt der Loipen rund um Waller:
Gasthof Brauner Hirsch, Waller 1a, 91236 Alfeld
Tel. 0 91 57/3 95, www.braunerhirsch.com (mit »Schneecam«)

Hartenstein (zwei Touren) sowie am Deckersberg (Start ist der Parkplatz am Stauseeoberbecken). Außergewöhnlich schön ist zudem die sogenannte »Rundum-Lichtenegg-Loipe« die auf 17 Kilometern Lichtenegg, Guntersrieth, Haunritz, Högen, Fürnried und Tannlohe passiert.

Alpines Skifahren in der Hersbrucker Schweiz

Auch der alpine Skilauf hat drei feste Plätze in der Hersbrucker Alb: Am steilen Nordhang zu Füßen der Burg Hohenstein befindet sich eine 450 Meter lange Abfahrt mit zwei Schleppliften, Flutlicht und einer Schneekanone für den Notfall. Die Doppelbügelschlepplifte sorgen für den zügigen Bergauftransport. Die blaue Piste mit einer Länge von 384 Metern (Höhenunterschied 46,09 m) ist ideal für Anfänger und Familien. Sie liegt allerdings überwiegend im Schatten, lediglich die Spitze des Hanges wird, wie auch die Burg Hohenstein selbst, von der Nachmittagssonne geküsst. Rechts neben der Skipiste kommen auch Rodler mit einer eigenen Bahn auf ihre Kosten. Die längste Piste mit rund 650 Metern befindet sich am Brennberg in Etzelwang. Die Strecke mit einem Lift teilt sich in eine Familien- und eine Steilabfahrt. In Entenberg (Leinburg) stehen an einer 550 Meter langen Piste nochmals zwei Schlepplifte bereit. Für Rodler gibt es auch hier einen Extrahang.

Kirchensittenbach-Hohenstein:
Die zwei parallel laufenden Skilifte sind je 400 m lang und mit Flutlicht und Schneekanonen ausgestattet.
Tel. 0 91 52/5 33, www.hohensteinerhof.de/skilifthohenstein.htm
Mo–Fr 13.00–19.00, Sa, So u. Fei 10.00–19.00, ab 17.00 Flutlichtbetrieb

Etzelwang:
Brennberglift, Länge beträgt 550 m
Tel. 0 96 63/20 06 75, www.brennberglift.de
Mo–Fr 14.00–17.00, Sa, So, Fei 9.00–17.00

Leinburg-Entenberg:
Der Skilift ist gut geeignet für Anfänger, Länge beträgt 500 m
Tel. 0 91 20/92 22, www.skilift-entenberg.de
Mo–Fr ab 14.30–17.00, Sa, So u. Fei ab 10.30–17.00

Weitere Informationen unter www.frankenalb.de

51. Brauner Hirsch

Wallfahrt ins Wirtshaus

Der Gasthof *Brauner Hirsch* bildet zusammen mit der Kapelle St. Margaretha das Zentrum des Dörfleins Waller (31 Einwohner). Von der ursprünglichen Bedeutung des Ortes, der wohl einmal an der mittelalterlichen Fernstraße zwischen Regensburg und Forchheim gelegen war, ist nicht viel geblieben. Und auch anstelle der Wallfahrer kommen heute lieber Wanderer, Wintersportler und Ruhesuchende.

Sie werden nicht enttäuscht: Die Natur zeigt sich hier oben von ihrer schönsten Seite. Zahlreiche Wanderwege führen durch

Gasthaus-Pension Brauner Hirsch, Familie Pohl, Waller 1a, 91236 Alfeld
Tel. 0 91 57/3 95, www.braunerhirsch.com
Mo, Di, Fr–So 10.00–21.00, Mi 15.00–21.00

blumenübersäte Wiesen und schattige Wälder und wandeln sich im Winter zu fantastischen Langlaufloipen.

Der *Braune Hirsch* ist ein Familienbetrieb wie aus dem Bilderbuch: Von der Küche über den Gastraum bis in den Biergarten herrscht generationenübergreifende Teamarbeit, die man tatsächlich spüren kann. Der Gasthof mit dazugehöriger Pension ist erst vor wenigen Jahren komplett erweitert und liebevoll modernisiert worden. Trotzdem hat sich der *Braune Hirsch* seine traditionelle Gemütlichkeit bewahrt. Die Speisekarte bietet für jeden das passende Gericht. Typisch deftig-fränkische Schmankerln werden zum Teil aus eigener Schlachtung zubereitet. Sie wechseln mit leichter Sportlerküche, saisonalen Gerichten wie Wild, Fisch oder Spargel sowie modernen Eigenkreationen mit regionalem Touch. Die Speisen werden noch traditionell auf dem (modernen) Holzofen zubereitet. Ein Geheimtipp und sehr beliebt sind auch die täglich frisch gebackenen Kuchen der Wirtin. In Gast- und Frühstücksraum finden bis zu 75 Personen Platz.

Der Biergarten fasst locker noch mal so viele Leute. Für Veranstaltungen aller Art kann der *Braune Hirsch* auch gemietet werden. Vielleicht ja für ein romantisches Hochzeitsfest? Die kleine Wallfahrtskapelle St. Margaretha grenzt nämlich direkt an den Biergarten an. Auch Ausflügler dürfen ruhig einen Blick riskieren. Erstmalig errichtet wurde das Ein-Raum-Gotteshaus im 14. Jahrhundert. Nach der Reformation verfiel das Gebäude bis auf die Grundmauern. Erst zu Beginn des 18. Jahrhunderts wurde die Ruine wieder hergestellt. Da jedoch der ursprüngliche Grundriss beibehalten wurde, mutet die Kapelle auch heute noch mittelalterlich an. Sogar der alte Schlussstein mit dem Wappen der Herren von Reicheneck wurde wiederverwendet. Der Altar zeigt die »Beweinung Christi«, die Bilder an der Kanzel sind den vier Evangelisten gewidmet. Hervorzuheben sind auch die ausnehmend schöne Stuckdecke sowie die lange Emporenreihe.

Wer am Wochenende seinen Ausflug mit Mittagstisch nach Waller plant, sollte in dem beliebten Lokal übrigens auf Nummer sicher gehen und einen Tisch reservieren.

Högenbachtal

52. Zeitreisen in und um Pommelsbrunn

Spaziergang zur Ruine Lichtenstein am Schleußberg

Tour: Spaziergang.
Länge: Hinweg: 1,4 km (Bahn)/0,6 km (Parkplatz).
Dauer: 30 Min.
Markierung: »1 000 HMR (Nord)«.
Besonderheiten: Ruine Lichtenstein.
Anfahrt: *Kfz:* Die Anfahrt erfolgt über die B 14 aus Richtung Nürnberg bzw. Sulzbach kommend bis zur Abfahrt »Pommelsbrunn«. Im Ort gegenüber dem Seniorenheim (Hinweisschild) über die Wiedstraße fahren, dann steil nach links in die »Wied« abbiegen. Danach sind es noch ungefähr 200 m bis zum Parkplatz am Naturfreundehaus.
ÖPNV: Anreise mit der S1 von Nürnberg Hauptbahnhof kommend (Richtung Hartmannshof) und bis zur Station Pommelsbrunn fahren.

Ausgehend vom Pommelsbrunner Bahnhof folgen wir der Arzloher Straße in Richtung der evangelischen Pfarrkirche St. Laurentius. Vor der Kirche biegen wir links in die Nürnberger Straße (B 14) und anschließend auf den oberhalb davon gelegenen Fußweg ab. Danach schwenken wir in die Lindenstraße Richtung Rathaus. Am Dorfplatz (Rathausplatz) laufen wir mit der ansteigenden Lindenstraße halblinks weiter aufwärts. Nach wenigen Metern verlassen wir die Teerstraße zugunsten eines linker Hand ansteigenden, kleinen Weges zwischen den Grundstücken.

Wir überqueren zunächst den Tannenweg, anschließend die Wiedstraße. Dort stoßen wir an einer Kreuzung auf einen mit Widderkopf und Gesicht beschnitzten Holzbrunnen. Hier biegen wir nach links in die »Wied« ein. Die Straße führt uns nun auf direktem Wege zum Naturfreundehaus Pommelsbrunn. Für Autofahrer beginnt der Spaziergang zur Ruine Lichtenstein erst jetzt.

Auf geschottertem Weg geht es weiter bergauf. Unterhalb eines Eichenhains stoßen wir auf die Infotafel »Die Wied bei

Pommelsbrunn« und erfahren mehr über diesen Hutanger (s. S. 219f.) mit Blockschutthalde: einen ganz besonderen Lebensraum für Flora und Fauna am Südhang des Schleußberges. Ein weiteres Schild verweist auf das »Naturfreundehaus«, zudem entdecken wir unsere Markierung »1 000 HMR (Nord)«. Sie würde uns nun weiter zum Naturfreundehaus und erst danach bergauf führen. Wir hingegen zweigen gleich nach der nächsten Baumgruppe und noch vor dem Naturfreundehaus – zunächst ohne Markierung – rechts auf den offensichtlichen Pfad quer über die »Wied« ab.

Bei unserem Aufstieg über die ehemalige Weidefläche mit ihren vereinzelten Eichen gewinnen wir relativ schnell an Höhe. Unter uns liegt das Naturfreundehaus und wir haben schon jetzt einen herrlichen Ausblick auf die gegenüberliegenden Höhenzüge des Högenbachtals. Kurz vor Waldeintritt stößt von unten über eine ausgedehnte Blockschutthalde auch wieder unsere Markierung »1 000 HMR« dazu.

Anschließend geht es auf schönem, aber kurzzeitig ziemlich steilem Waldweg hoch bis zur Ruine Lichtenstein, die sich auf einem dem Schleußberg (544 m) vorgelagerten Hangsporn in etwa 508 Metern Höhe befindet. Das fast verfallene Gemäuer, ursprünglich erbaut um 1100, erreichen wir schließlich nach einer guten Viertelstunde.

Burg Lichtenstein, eine kleine vorstaufische Turmburg, gehörte wohl zusammen mit ihrem »Zwilling« im nahe gelegenen Lichtenegg (nahe der Landkreisgrenze in der oberpfälzischen Gemeinde Birgland) zum Besitz der Landgrafen von Leuchtenberg. Laut Überlieferung wurde die »Lichtenstein« im Jahr 1325 erstmals und Mitte des 15. Jahrhunderts endgültig zerstört. Ohnehin begnügte man sich bereits im späten 12. und frühen 13. Jahrhundert nicht mehr mit derartigen Wohntürmen. Die Lebensräume wurden größer und bequemer. Ein mächtiger Bergfried diente von nun an vornehmlich der Einschüchterung und wurde nicht grundsätzlich mehr bewohnt.

Der aktuelle Zustand der Burg ist vorwiegend auf viel spätere Umgestaltungsarbeiten durch Paul Willhelm Freiherr Ebner von Eschenbach zurückzuführen. Um das Jahr 1855 ließ er ganz im Geiste der neu erwachenden Burgenromantik eine Pseudoruine auf der Oberburg errichten und im Bereich der Unterburg einen Englischen Landschaftsgarten anlegen. Der Garten ist

Gasthof Vogel, Sulzbacher Str. 14, 91224 Pommelsbrunn
Tel. 0 91 54/12 07, www.gasthofvogel.de, Di–So 9.00–23.00

zwischenzeitlich wieder verfallen. Der Aufstieg zur heute noch vorhandenen Aussichtswarte ist zwar etwas beschwerlich, aber wegen der wunderbaren Fernsicht bis weit über das Hersbrucker Becken hinaus wirklich zu empfehlen. Im unteren Bereich des Felssockels bieten sogenannte Spaltenhöhlen Fledermäusen einen idealen Ort zum Überwintern. Gegenüber der Ruine befindet sich im Hangwald eine Gedenkstätte für Freiherr Ebner von Eschenbach mit einer Infotafel.

Auf bekanntem Weg geht es nun wieder zurück nach Pommelsbrunn. Hier lohnt sich ein Besuch im *Mittelalterlichen Badhaus* und dem *Naturkundlichen Heimatmuseum*. Wer Zeit hat, sollte auch einen Abstecher in den nahe gelegenen Hartmannshof machen. Dort informiert der »Urzeitbahnhof« zu regionalen Funden aus der Vor- und Frühgeschichte. Gemütliche Einkehr verspricht der Gasthof *Vogel*. Hier soll übrigens die legendäre »Vogelsuppe« erfunden worden sein, die in der Hersbrucker Schweiz jede Kirchweih einläutet.

53. Im Reich des Baders

Mittelalterliches Badhaus Pommelsbrunn

Wer heute in Franken ankündigt, dem »Bader« einen Besuch abstatten zu wollen, der will vermutlich zum Friseur. Aber woher kommt eigentlich dieser Titel? Früher ging es dabei nämlich um weit mehr, als nur Haar und Bart zu stutzen. Der Gang zum Bader war eine Visite im öffentlichen Badehaus, mitunter sogar ein Arztbesuch. Moderne Berufe wie Orthopäde oder Zahnarzt gehen ebenfalls auf klassische Tätigkeiten eines Baders zurück. Solche Häuser kannten eigentlich schon die alten Griechen und Römer. Die sogenannten Thermen hatten als sozialer Mittelpunkt mit ihren Schwitzkuren und Ritualen einen festen Platz im Leben der Menschen.

Und wie war es hier bei uns? Das *Mittelalterliche Badhaus*, im Zentrum von Pommelsbrunn gelegen, gibt Antwort auf diese und viele andere spannende Fragen rund ums Badwesen. Es ist wohl das letzte seiner Art, das in Deutschland noch erhalten geblieben ist. Im Jahr 1486 wurde das »Badhaus zu Pommelsbrunn«

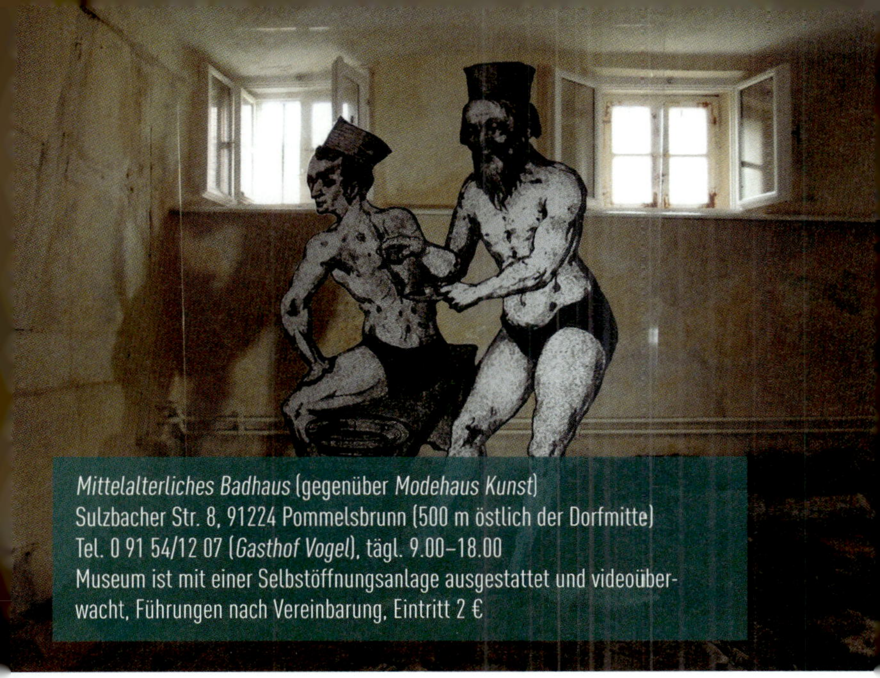

Mittelalterliches Badhaus (gegenüber *Modehaus Kunst*)
Sulzbacher Str. 8, 91224 Pommelsbrunn (500 m östlich der Dorfmitte)
Tel. 0 91 54/12 07 (*Gasthof Vogel*), tägl. 9.00–18.00
Museum ist mit einer Selbstöffnungsanlage ausgestattet und videoüberwacht, Führungen nach Vereinbarung, Eintritt 2 €

erstmalig erwähnt und ist in seiner Entwicklungsgeschichte seitdem nahezu lückenlos dokumentiert. Den Machern des Museums ist es aber auch wichtig, einen umfassenden Einblick in die bewegte Geschichte der Badekultur zu geben: Ausgehend von der Hochblüte im Römischen Reich über die Rituale des Orients bis zur Entstehung hiesiger Badhäuser im Spätmittelalter. Auch das spätere Aussterben der Tradition spielt eine Rolle.

Die Ausstellung ist im Erd- und Kellergeschoss des Anwesens untergebracht. Unmittelbar dort befand sich bereits die historische Wohnstube des Baders sowie die originalen Schwitz- und Anwendungsräume. Bei archäologischen Grabungen wurden nicht nur die alten Bewässerungskanäle freigelegt, sondern auch Werkzeuge gefunden.

Neben umfassend beschrifteten Schaukästen und einem Infoterminal besteht zudem die Möglichkeit, an mehreren Hörstationen noch tiefer in die faszinierende Geschichte des Badwesens einzusteigen. Die wissenswerten Geschichten wurden von Schülern des Paul-Pfinzing-Gymnasiums in Hersbruck eingesprochen.

54. Erlebnismuseum für die ganze Familie

Naturkundliches Heimatmuseum Pommelsbrunn

Das *Naturkundliche Heimatmuseum* in Pommelsbrunn ist im alten Schulhaus direkt am Dorfplatz untergebracht. Auf mehreren Stockwerken wurde hier im Lauf der Jahre ein kleines, aber feines Erlebnismuseum für die ganze Familie geschaffen. Dabei wurden sechs Schwerpunkte gesetzt: Neben Heimatkunde, Höhlenforschung, Mineralien und Kristallen, Fossilien sowie regionalem Tierleben können Besucher auch unzählige Geschichtsdioramen mit Zinnfiguren entdecken. Auf Sondertafeln, die sich durch alle Bereiche ziehen, erklärt der kleine Knappe Leon von Lichtenstein Kindern, was es zu sehen gibt.

Der *Heimat- und Museumsverein Pommelsbrunn e. V.*, der sich aus einem klassischen Verschönerungsverein emanzipiert hat, hat ehrgeizige Ziele und wird nicht müde, die Ausstellung immer wieder zu überarbeiten und zu erweitern.

Im heimatkundlichen Bereich im ersten Stock ist die Geschichte der Gemeinde Pommelsbrunn archiviert, nicht zuletzt in Bezug auf ihre gute strategische Lage an der »Goldenen Straße«. Die Wände zieren historische Bilder, Fotografien und Urkunden. Mehrere Schaukästen präsentieren Teile der bewegten Geschichte zudem mit Hilfe von Dioramen. Ein Zimmer ist als historische Bauernstube eingerichtet. Zwei Schaufensterpuppen sind als Brautpaar in die örtliche Tracht um 1900 gehüllt.

Auch die umfassende Sammlung an Mineralien und Kristallen, die sich in einem Anbau über dem Gemeinschaftshaus befindet, ist anschaulich und informativ aufbereitet. In einer Dunkelkammer können sogar fluoreszierende Kristalle begutachtet werden.

Gleich nebenan sind einige sehr aufwendige Dioramen, die mit liebevoll von Hand bemalten Zinnfiguren allerlei historische Ereignisse nachstellen, zu finden. Schwerpunkte bilden etwa das Leben der Kelten auf der Houbirg, das antike Ägypten sowie der Dreißigjährige Krieg: 2400 Figuren waren allein für die Tischaufstellung der legendären »Schlacht von Lützen« nötig. Hier fand im Jahr 1632 der Schwedenkönig Gustav Adolf den Tod. Nebenbei kann man auch gleich noch erfahren, wie Zinnfiguren eigentlich gemacht werden.

Die Fossilienschau im Dachgeschoss informiert sowohl über die Entstehung als auch die Präparation solcher Versteinerungen. In den aufwendig dekorierten Vitrinen finden sich sogar Fossilien mit Verwachsungen und Verletzungen. Für Kinder sicher besonders reizvoll ist die aufwendige Nachbildung einer Höhle, die sich ebenfalls unter dem Dach befindet: Bei ihrer »Begehung« lässt sich allerhand Wissenswertes über die Höhle als Nutzraum für Mensch und Tier, Tropfsteine sowie den Wandel in der Höhlenforschung erfahren.

Zuletzt kam im Februar 2016 die Dauerausstellung »Kulturlandschaft – Lebensraum für Mensch und Tier« hinzu. Dabei geht es um das wechselseitige Spannungsverhältnis von Mensch, Natur und Tier. Informiert wird über Kulturlandschaften wie Hutanger, Streuobstwiesen oder Hecken und ihre typischen Bewohner.

Im Erdgeschoss haben wechselnde Ausstellungen mit aktuellem Bezug einen Raum. Wer jetzt vielleicht an einen Gemischtwarenladen denkt, sollte sich keinesfalls abschrecken lassen. Die vielen verschiedenen Themen sind anschaulich, unterhaltsam und nicht zuletzt für Kinder hervorragend aufbereitet. Wer einen Besuch wagt, dem ist ein unterhaltsamer Nachmittag garantiert.

Naturkundliches Heimatmuseum, im alten Schulhaus direkt am Dorfplatz von Pommelsbrunn (gegenüber der evang. Kirche)
Tel. 0 91 54/12 07 (*Gasthof Vogel*)
So 14.00–17.00 und nach Vereinbarung, Eintritt frei

55. Erster Franke, Schnurkeramik und die Hochburg der Kelten

Urzeitbahnhof Hartmannshof

Der *Urzeitbahnhof* in Hartmannshof ist das jüngste Museum (Oktober 2011) der Hersbrucker Schweiz, beschäftigt sich allerdings mit ihren ältesten Einwohnern. Seine Entstehung und Umsetzung verdankt die Gemeinde Pommelsbrunn maßgeblich dem Wirken des Heimatforschers und Kreisheimatpflegers Werner Sörgel. Gemeinsam mit seiner Frau Edith hat er zahllose Fundstücke zusammengetragen, archiviert und so dafür gesorgt, dass der Kenntnisstand über die Siedlungsgeschichte in der Hersbrucker Schweiz immer wieder auf den neuesten Stand gebracht werden konnte.

Das Museum für Vor- und Frühgeschichte befindet sich in einem umgebauten, alten Bahnhofsgebäude und gliedert sich hauptsächlich in zwei Teile: Die Ausstellung im ersten Stock befasst sich ausschließlich mit den zwei Ausgrabungen (1963 und 2012), die in der vom Erlanger Universitätsprofessor Florian Heller entdeckten Höhlenruine von »Hunas« getätigt wurden. Das Dörfchen Hunas liegt etwa einen halben Kilometer oberhalb von Hartmannshof. In Bayern gibt es nur zwei weitere derartige Fundstellen. In Deutschland insgesamt sind es zehn. Gesichert wurden dort vor allem die Überreste von mehr als 140 Tierarten, darunter Höhlenlöwe, Riesenhirsch und Nashorn. Ihre Knochen, Hörner und Zähne bilden das mit Abstand umfassendste Quellmaterial aus 20 000 Jahren Höhlengeschichte.

Andere Entdeckungen waren aber von noch größerer Bedeutung: Spuren von Makaken (Berberaffen), die es heute nur noch in Marokko und Algerien gibt, prähistorische Holzkohle sowie Steinwerkzeug und nicht zuletzt der Zahn eines Neandertalers. Er gilt als bislang ältester Fund eines Urzeitmenschen in Bayern. Anhand der von den Wissenschaftlern aufgeschlossenen Schichten kann darüber hinaus auch der mehrfache Klimawandel gut nachvollzogen werden. Für weiterführende Informationen kann man im Museumsbüro das reich bebilderte Buch *Jäger und Gejagte – Die Geschichte der Fundstelle Hunas* erwerben (8 €).

Im Dachgeschoss wiederum laden zahlreiche Exponate die Besucher zu einem raschen Streifzug durch 12 000 Jahre

Vorgeschichtsmuseum Urzeitbahnhof, Bahnhofstr. 7a, 91224 Hartmannshof
Tel. 0 91 54/9 15 37 58, www.vorgeschichtsmuseum-urzeitbahnhof.de
Nur im Sommer Di–Sa 13.30–17.00, So u. Fei 10.00–12.00 u. 13.30–17.00

Osteria Lucia e Lori, Bahnhofstr. 7a, 91224 Hartmannshof
Tel. 0 91 54/9 15 37 57

Menschheitsgeschichte ein: am Beispiel der »Archäologischen Kleinregion« Hartmannshof. Hier sind auch die meisten von Sörgel selbst getätigten Funde zu sehen. Ausgehend vom letzten Abschnitt der Altsteinzeit, dem sogenannten »Spätpaläolithikum« (12000–9600 v. Chr.), über das Leben der Jäger und Sammler in der Mittelsteinzeit (9600–5600 v. Chr) und die Kultur der »Schnurkeramiker« (2800 v. Chr) bis hin zur Bronzezeit (2300–800 v. Chr) und schließlich den Kelten in der Latène- und Hallstattzeit (800–400 v. Chr.). Regionale Fundorte waren etwa der Hochberg bei Mittelburg (s. S. 199ff.), die Houbirg bei Happurg (s. S. 160ff.) sowie die Höhensiedlung Zant bei Heldmannsberg.

Besonders hervorzuheben ist das »Keramikdepot von Hartmannshof-Breitfeld«. Es gibt Aufschluss über bei den Kelten praktizierte Kultübungen. Darüber hinaus belegen wertvolle Bronzefibeln und einige prächtige Glasfunde den hohen Stellenwert der Hersbrucker Alb als politisches und religiöses Zentrum der Kelten. All diese akribisch ausgewerteten Erkenntnisse legen die Vermutung nahe, dass wohl auch an anderen Orten im Nürnberger Land bereits ab vorgeschichtlicher Zeit reges Leben herrschte.

Für Schulklassen und Familien mit Kindern hat das Museum übrigens eine schöne Idee umgesetzt: Auf einem unweit des Museums gelegenen Gelände besteht die Möglichkeit, selbst Jagd auf Fossilien und Versteinerungen zu machen. Die künstliche Steinhalde wird mithilfe der Firma *Sebald* immer wieder neu angelegt. Das fossile Material stammt vom unterhalb von »Hunas« gelegenen Steinbruch. Die Eintrittskarte für die Ausstellung – sie ist einer alten Bahnkarte nachempfunden – berechtigt nach dem Rundgang zum Suchen. Das Gelände ist während der Museumsöffnungszeiten zugänglich.

Außerdem unbedingt empfohlen ist eine Einkehr in der im Erdgeschoss gelegenen Osteria *Lucia e Lori*. Die knusprigen Pizzen aus dem Holzofen sind groß wie Wagenräder und stets frisch und abwechslungsreich belegt. Darüber hinaus sind die Antipasti oder auch die hausgemachten gefüllten Nudeln in Salbeibutter einfach unvergesslich lecker.

56. Über den Archäologischen Rundweg zur Kapellruine bei Arzlohe

Rund um Hochberg und Dom

Tour: Abwechslungsreicher, schattiger Rundweg mit vielen bewaldeten Strecken. Eine Tour mit überwiegend leichtem, lediglich im Bereich des Hochbergs mittlerem Schwierigkeitsgrad.
Länge: 7 km (Rundweg).
Dauer: Ca. 2 ½ Std. reine Gehzeit.
Markierungen: Zuerst mit Markierung »Senkrechter Rotbalken auf orangefarbenem Grund« (Frankenalb-Panoramaweg) von Mittelburg bis Hochberg, dann Markierung »1 000 HMR/weiße Schrift auf rotem Grund« (1 000-Höhenmeter-Rundwanderweg) bis zur Abzweigung Kapellruine (Arzlohe) folgen. Anschließend mit Markierung »Rotes D auf weißem Grund« (Domweg) bis zum Gipfel des Doms. Dann erneut mit Markierung »1 000 HMR/weiße Schrift auf rotem Grund« zurück bis Hochberg. Unterwegs stoßen wir immer wieder auf insgesamt 8 Infotafeln des »Archäologischen Rundwanderwegs«.
Saison: Reizvoll zu jeder Jahreszeit, auch im Hochsommer gut machbar. Im Winter kann durch Schnee und Eis Rutschgefahr beim Aufstieg zum Hochberg bestehen.
Besonderheiten: Wir passieren den Hochberg mit vorgeschichtlicher Höhensiedlung, die Kapellruine »Zum heiligen Baum« sowie den Berg »Dom« mit seinen beeindruckenden Felsformationen.
Anfahrt: *Nur Kfz:* Über die A 9, im Süden Ausfahrt »Lauf Nord und Hersbruck« nehmen. Anschließend der B 14 in Richtung »Sulzbach-Rosenberg« bis Hartmannshof folgen. Dort auf die Kreisstr. (LAU 27) nach rechts Richtung »Heldmannsberg/Thalheim« fahren. Nach etwa 1 ½ km zweigt die Landstraße nach Mittelburg (+ Stallbaum) ab. Parken am Rastplatz unweit des Mittelburger Dorfplatzes.

Unser Ausgangspunkt ist der Mittelburger Dorfplatz bei der alten Linde. Gleich gegenüber dem Gasthof *Zur Linde* befindet sich ein kleiner Rastplatz mit Parkmöglichkeiten und einer Wandertafel. Mit Blick auf die Wandertafel halten wir uns links und folgen zunächst der auffälligen Markierung (»Senkrechter Rotbalken auf orangefarbenem Grund«) des Frankenalb-Panoramaweges. »Gelbpunkt« und »Rotes M auf weißem Grund« begleiten uns nach Nordwesten. Am Ortsausgang (Haus Nr. 23) verlässt uns das »Rote M auf weißem Grund« in Richtung Hartmannshof (rechts). Wir folgen der Straße bis zum Ende, die bald in einen gepflasterten Landwirtschaftsweg übergeht. Unsere Tour führt uns noch eine Weile am Waldrand entlang und gewinnt dabei beständig an Höhe.

Kurz nach Waldeintritt passieren wir die erste markante Felsformation, die sogenannte »Steinerne Brücke«, mit einer Sitzbank und zwei Spruchtafeln. Unser Weg macht hier einen Linksbogen und nach wenigen Schritten treffen wir auf einen Wegweiser sowie die erste von acht Informationstafeln auf dem »Archäologischen Rundweg«, mit dem wir unserem ersten Etappenziel – dem Hochberg (619 m) – entgegensteuern. Neben Wissen über die vorgeschichtliche Höhensiedlung auf dem Hochberg erhalten wir noch eine kurze Übersicht über die weitere Streckenführung sowie das geografische Profil des Berges. An der gegenüberliegenden »Feldscheune« (Wasserhaus) treffen wir auch erstmals mit der Markierung »1 000 HMR« (weiße Schrift auf rotem Grund) auf den »1 000-Höhenmeter-Rundwanderweg« Unsere folgende Runde um Hochberg und Dom lotst uns am Ende wieder genau zu diesem Ausgangspunkt zurück. Gleich nach der Scheune führt unser Pfad nach links erneut in den Wald hinein. Der Weg steigt leicht an. Nach etwa 150 Metern gelangen wir an zwei weitere Tafeln des »Archäologischen Rundweges«. Sie befassen sich einerseits mit der »Spurensuche in der Neuzeit« und geben Erläuterungen zu den heute noch sichtbaren Überresten. Die andere Tafel widmet sich den »Kelten auf dem Hochberg» (Hallstatt- und Frühlatènezeit/600–400 v. Chr.) und erklärt Unterschiede keltischer Befestigungsformen. Als direktes »Anschauungsmaterial« queren hier auch die Reste einer alten Wehranlage. Wenig später fällt der Weg für kurze Zeit ab. Wir schwenken mit dem »Archäologischen Rundweg« zunächst nach links, passieren eine kleine Schonung und gelangen so in eine Senke, die sich unterhalb der beeindruckenden Felswände des Hochberggipfels im Bereich der sogenannten »Unterburg Eins« befindet. Die Zweite Unterburg ist weiter südlich gelegen. Hier informiert uns die nächste Tafel unter dem Titel »Keltischer Opferplatz« über die Kultausübung sowie Opferfunde auf dem Hochberg. Nur 50 Meter weiter setzt sich der »Archäologische Rundweg« mit zwei zusätzlichen Infotafeln fort: »Ein Berg voller

Geheimnisse« nimmt nochmals Bezug auf die aktuellen Gegebenheiten (Bilder mit Erläuterungen). »Keltische Toranlagen« hingegen gewährt Einblicke in die Strategie der Kelten bei der Absicherung ihrer »Burgen«, etwa durch hölzerne Torbauten und sogenannte »Zangentore«. Wir kehren zurück zur Tafel »Keltischer Opferplatz« und steigen mit dem »1 000 HMR« nach links zum »Gipfel« des Hochbergs auf. Auf dem steilen, steinigen und nach Regen durchaus rutschigen Pfad ist festes Schuhwerk gefragt. Bei Glätte im Winter sollte die Route lieber nicht begangen werden. Auf dem kleinen Gipfelplateau erwartet uns bereits die nächste Tafel mit dem Titel »Die Akropolis der Kelten«. Sie behandelt die sogenannte »Oberburg« auf dem Gipfelplateau, welche in zwei Teile gegliedert ist und sich 27 Meter über den beiden »Unterburgen« befindet.

Der bewaldete Gipfel des Hochbergs kann zwar nicht gerade mit einer besonderen Aussicht punkten, doch bei seiner Begehung spürt man sofort die besondere Aura dieses Ortes. Es erscheint nur allzu verständlich, dass dieser Berg bereits für vorgeschichtliche Kulturen von großer Bedeutung war. Einen außergewöhnlichen Reiz gewinnt die Szenerie an Herbsttagen oder bei eher schlechtem Wetter. Wenn Nebelschwaden zwischen den Baumstämmen und Felswänden umherziehen, kann sich kaum einer der eindringlichen Wirkung dieses mystischen Ortes entziehen.

Durch steiniges, eher unübersichtliches Terrain schlängelt sich unser Pfad anschließend wieder abwärts auf eine der tiefer gelegenen Ebenen. Dank der guten Beschilderung stellt die Orientierung aber auch für Laien kein Problem dar. Hier erreichen wir bereits die letzte Tafel des »Archäologischen Rundweges«. »Der Hochberg in der Jungsteinzeit« befasst sich mit einer noch viel früheren (etwa 2800 v. Chr.) Siedlung, der »Schnurkeramischen Höhensiedlung«.

An der nachfolgenden Kante des Plateaus (unmittelbar nach der Tafel) fällt der Pfad kurzzeitig steil ab. Auch hier besteht bei schlechtem Wetter Rutschgefahr. Nachdem wir etwas flacheres Terrain erreicht haben, setzen wir unsere Tour in einem lang gezogenen Bogen zunächst wieder in Richtung Mittelburg fort. Wir befinden uns nun auf einem breiten Fuhrweg, der dazu verleiten könnte, weniger auf die Markierungen zu achten. Nach etwa 250 Metern deshalb gezielt Ausschau halten nach der Abzweigung zum »1 000 HMR« auf der linken Seite.

Gasthof Zur Waldesruh', Arzlohe 2, 91224 Pommelsbrunn
Tel. 0 91 54/12 18, Öffnungszeiten telefonisch erfragen

Gasthof Zur Linde, Mittelburg 5, 91224 Pommelsbrunn
Tel. 0 91 54/46 07, Öffnungszeiten telefonisch erfragen

Ein Pfad führt uns auf einen tiefer liegenden, parallel verlaufenden Fuhrweg. Dort stoßen wir auf den nächsten Wegweiser. Hier laufen wir weiter mit dem »1 000 HMR« und der zusätzlichen Markierung »H« links in Richtung Reckenberg (»1 000 HMR«) bzw. Arzlohe (»H«). Der Weg führt am Waldrand entlang. Bis zu unserem nächsten Etappenziel, der Kapellenruine bei Arzlohe, sind es noch etwa zwei Kilometer. Nachdem wir eine größere Kreuzung und eine nachfolgende Lichtung überquert haben, erreichen wir nach etwa 50 Metern eine eher unscheinbare Weggabelung. Hier biegen wir auf einen kreuzenden, kleineren Pfad nach rechts ab.

Nach wenigen Metern erhebt sich vor uns im Wald plötzlich eine mächtige Felsbastion. Besonders beeindruckend ist die Wirkung in den »blattlosen« Jahreszeiten. Hierbei handelt es sich um die sogenannte »Johannisburg«, einer zum Berg Dom (613 m) gehörigen Felsformation. Wir halten direkt darauf zu und treffen unterhalb der Felswände auf einen weiteren Querweg, in den wir links einbiegen. Hier stoßen wieder die Markierungen »Senkrechter Rotbalken auf orangefarbenem Grund« des Frankenalb-Panoramaweges sowie »D« (Domweg) begleitend zu unserer Route. Es geht nun ein gutes Stück auf schmalem Pfade am Fuße der beeindruckenden Felsbastion entlang. Dabei handelt es sich nicht einmal um das ganze Massiv, sondern nur um seinen südwestlichen Teil. Anschließend wird der Weg wieder etwas breiter und stößt auf eine Forststraße. Von links kommt zusätzlich die Markierung »Grünstrich« hinzu. Ein altes Holzschild an einem Baum motiviert uns mit der Information, dass die Kapellenruine in Arzlohe nur noch 35 Minuten entfernt ist. Kurz darauf folgt bereits die nächste Gabelung mit ausführlichem Wegweiser. Wir halten uns weiter auf dem linken Forstweg. Neben unserer Leitmarkierung »1 000 HMR« begleitet uns immer noch der »Frankenalb-Panoramaweg«. Wir laufen durch lichten Kiefernmischwald. Nach einer Weile (etwa 500 m) verlassen uns »Frankenalb-Panoramaweg« und »Grünstrich« nach links (Förrenbach). Unmittelbar danach geht es in einer Kehre bergab und schon bald aus dem Wald hinaus und zunächst noch an seinem Rand entlang. Nach einem Bogen können wir auf der von bewaldeten Berghängen gesäumten Hochfläche mit Feldern, Wiesen und Obstbäumen die Kapellenruine »Zum Heiligen Baum« ausmachen. Etwas dahinter liegen die Häuser des kleinen Dorfes Arzlohe. Bis vor wenigen Jahren wurde auf den umliegenden Feldern noch Hopfen angebaut.

Wer nun eine kleine Stärkung benötigt, hat im Ortskern von Arzlohe (400 m von der Kapellruine entfernt) die Gelegenheit, im Gasthof *Zur Waldesruh'* einzukehren. Nach Einkehr und einer Besichtigung der Kapellruine verlassen wir den »1 000 HMR« für eine kleine Weile und folgen zunächst ausschließlich dem »Domweg« mit der Markierung »D« (Rot auf weißem Grund) auf den Rücken des gleichnamigen Berges (etwa 1,2 km). Ein entsprechendes Schild mit Wegmarkierungen an der linken Umfassungsmauer der Kapelle, gleich neben einer Infotafel zu ihrer Geschichte, weist uns den Weg.

Auf dem Fuhrweg geht es zwischen Feldern und Wiesen bergauf. Bald schon schlängelt sich die Route durch dichter werdenden Wald. Wir steigen zunächst beständig auf. Von gelegentlich abzweigenden Waldwegen lassen wir uns nicht beirren und folgen immer weiter der »D«-Markierung. Oben auf dem Bergrücken wird es wieder etwas ebener. Nach einer im Wald verborgenen Hütte auf dem Gipfelplateau des Doms stoßen wir direkt im Anschluss auf einen Wegweiser: Rechts würde es erneut zur Johannisburg (1,4 km) gehen. Wir halten uns aber links und laufen weiter mit »D1« (Domweg Abkürzung) Richtung »Mühlkoppe« (1,8 km). Nach etwa 200 Metern schließt an einer Abzweigung mit Wegtafel von unten der »1 000 HMR« erneut zu uns auf, dem wir ab sofort wieder folgen. »D« hingegen zweigt ins Tal ab. Bis zum Hochberg, dem Ausgangspunkt unserer Tour, ist es nur noch ein knapper Kilometer. Auf breitem Waldweg geht es zunächst geradeaus weiter, bereits nach 200 Metern zweigen wir aber nach rechts (mit »1 000 HMR«) ab und steigen nochmals einen kleineren Pfad durch dichten, felsigen Wald den Hang hinauf. Anschließend wird es wieder etwas flacher und zum Waldende hin leicht abfallend. Bei Waldaustritt erreichen wir eine Wiesenfläche und können auf der gegenüberliegenden Seite bereits das vom Hinweg bekannte »Wasserhaus« (Feldscheune) erkennen. Eine Bank zur Rechten bietet eine letzte Gelegenheit, vor dem Endspurt noch mal zu Atem zu kommen. Danach biegen wir auf die geschotterte Forststraße zu unserer Linken und kehren auf bekanntem Weg nach Mittelburg zurück. Ein Vesper im Gasthaus *Zur Linde* haben wir uns nun redlich verdient (warme Küche nur am Wochenende).

Hochberg bei Mittelburg – stoischer Zeitzeuge

Eine Reihe eindrucksvoller Belege für die frühe Besiedelung der Hersbrucker Alb wurden am Hochberg (619 m) bei Mittelburg gefunden. Für den süddeutschen Raum stellt der Berg eine der wesentlichen Fundstätten vorgeschichtlicher Höhensiedlungen dar. Mithilfe des »Archäologischen Rundwegs«, der über eine Strecke von 1,5 Kilometern auf das bewaldete Gipfelplateau führt, können sich auch Laien einen guten Überblick über den aktuellen Stand der Wissenschaft verschaffen. Spaziergänger wandeln hier auf den ausgetretenen Pfaden der Schnurkeramiker (2800 v. Chr.) und Kelten (600–400 v. Chr.). Zahlreiche Scherbenfunde mit dem für diese vorgeschichtliche Kultur typischen eingedrückten Schnurmuster sind der nachdrücklichste Beweis für die wohl über zwei Jahrhunderte andauernde Besiedelung der gewaltigen Anhöhe. Darüber hinaus wurden bei Grabungen Steinbeile aus nordischem Flintstein sowie eine Axt aus Amphibolith entdeckt. Durch diese am Hochberg geborgenen Artefakte konnte die Wissenschaft eine Lücke zwischen den Verbreitungsgebieten dieser Kultur im Osten und Westen sowie Norden und Süden schließen. Diese und andere vor- und frühgeschichtliche Exponate können übrigens im Hartmannshofer *Urzeitbahnhof* (s. S. 196ff.) besichtigt werden. Etwa 2000 Jahre später in der Hallstatt- und Latènezeit hausten dann die Kelten am Hochberg. Ihre wehrhafte Anlage war dreigeteilt – mit zwei Unterburgen und der als »Akropolis der Kelten« bezeichneten Oberburg auf dem Plateau. Diese soll vor allem als befestigte

Kult- und Opferstätte gedient haben. Vom Hochberg aus sollen die Kelten später weiter zur etwa vier Kilometer entfernten Houbirg bei Happurg (s. S. 160ff.) gezogen sein. Damit verlor die hiesige Anlage an Bedeutung und wurde wohl teilweise abgetragen, um das Baumaterial mitzunehmen. Die steinernen Grundmauern sind aber nach wie vor gut zu erkennen.

---

57. Kultplatz und Gotteshaus

Kapellenruine »Zum heiligen Baum«

Die Kapellenruine »Zum Heiligen Baum« befindet sich am Rande des Örtchens Arzlohe auf der Hochfläche der Hersbrucker Alb. Ein Metallschild links vom Eingangsportal fordert mit einem Bibelvers von den Besuchern den notwendigen Respekt ein. Da heißt es: »Zieh deine Schuhe aus von deinen Füßen; denn der Ort, darauf du stehst, ist ein heilig' Land!«

Die Kapelle war einst den Schutzheiligen gegen Pest und Seuchen, St. Rochus und St. Sebastian, geweiht. Ursprünglich gehörte sie wohl zu einem »Leprosenhaus«. Solche Siechenhäuser standen in der Regel außerhalb der Ortschaften. Der einschiffige, spätgotische Bau steht auf freiem Feld, wird aber schützend von einer Baumgruppe umschlossen.

Erstmalig erwähnt wurde das Kirchlein im Jahr 1480 in einer Notiz des Bistums Eichstätt, das seine Visitation ankündigte. Es ist aber anzunehmen, dass die Kapelle aus Kalkbruchstein, von der heute lediglich die bis zu fünf Meter hohen Umfassungsmauern sowie das Eingangsportal und ein spitzbogiges Fenster erhalten sind, noch viel älter ist. Auch der Beiname »Zum heiligen Baum« lässt darauf schließen, dass der Ort, auf dem die Kapelle steht, bereits in vorchristlicher Zeit für die Menschen eine rituelle Bedeutung hatte. Dies ist aber durch keinerlei Funde belegt.

Eine weitere, eher gruselige Erwähnung stammt aus dem Jahr 1508: In dem Büchlein *Aus vergangenen Tagen – Erzählungen aus dem Hersbrucker Land* wird berichtet, dass der Bader Hans von Arzlohe und der Wagner Jörg aus Hartmannshof in die liebreizende Hirtentochter Dorle aus Arzlohe verliebt waren. Sie hingegen hatte den Böhmen Slobek gern. Die Eifersucht kam

über die beiden Einheimischen. Sie sollen über den Nebenbuhler hergefallen sein und ihn erschlagen haben. Nach dem Mord sollen die Täter den Leichnam in der Kapelle versteckt haben. In einem entsprechenden amtlichen Dokument ist bereits damals von einer »Kapellenruine« die Rede.

Nach Recherchen der Heimatforscher Wilhelm Schwemmer und Fritz Schnelbögl war die Kapelle »Zum Paum«, die zur Mutterkirche in Happurg gehörte, wohl nur bis etwa 1480 als voll funktionale Kirche in Betrieb. Nachhaltig zerstört wurde das Gotteshaus wahrscheinlich während des Dreißigjährigen Krieges, als Wallensteins Heer durch Pommelsbrunn zog. Damals wurde auch Arzlohe arg in Mitleidenschaft gezogen. Vor ihrer Zerstörung soll in der Kapelle an sechs festen Tagen im Jahr Gottesdienst gehalten worden sein: am Mittwoch in der Kreuzwoche, am letzten Feiertag zu Ostern, am anderen Pfingsttag, an Jacobi (Juli), an Sankt Leonhard (November) sowie am Thomastag (Dezember).

Bis heute wird die »Arzloher Kirchweih« nach einem alten Brauch gefeiert: Am Sonntag vor Jacobi (Juli) ziehen Pfarrer und Gemeinde in einer langen Prozession unter den Klängen des Posaunenchors zur Kapellenruine, um das Fest zu eröffnen. Außerdem findet dort, sofern es die Witterung zulässt, alljährlich eine beliebte »Waldweihnacht« im Kerzenschein statt. In jüngster Zeit durften auch immer wieder Trauungen und Taufen dort vollzogen werden.

Die Kapellenruine »Zum Heiligen Baum« ist übrigens in Privatbesitz. Die Eigentümer Babette Kohl, Karin und Erwin Redlingshöfer kümmern sich indes mit viel Einsatz um den Erhalt des historischen Ortes. In den Jahren 2008 bis 2011 wurde die noch erhaltene Bausubstanz umfassend saniert. Im Februar 2013 prämierte der Denkmalschutz Mittelfranken die vorbildliche Maßnahme.

Hirschbachtal

58. Rund um Eschenbach

Über die Eschenbacher Geiskirche zur Düsselbacher Wand

Tour: Der landschaftlich abwechslungsreiche Rundweg mit mittlerem Schwierigkeitsgrad führt vorbei am Naturschutzgebiet »Wengleinpark« und hat unterwegs zwei außergewöhnlich schöne Aussichtspunkte zu bieten: die »Eschenbacher Geiskirche« (538 m) und den beliebten Kletterfelsen »Düsselbacher Wand« (482 m). Im Tal geht es über Alfalter zurück nach Eschenbach.

Länge: 9 km.

Dauer: Etwa 3 Std. reine Gehzeit.

Markierungen: Auf dem 1. Teil der Tour begleitet uns »Rotring«. Über weite Teile sind auch »Grünstrich« (Heinrich-Scheuermann-Weg) sowie die »Weiße 3 auf grünem Grund« wegweisend. Ab Düsselbach (im Tal) folgen wir dann dem »Pegnitztal-Radweg Nr. 7« sowie der »Weißen 2 auf grünem Grund« und später »Gelbpunkt«.

Saison: Ganzjährig.

Variante: Zu Beginn der Tour besteht die Möglichkeit, einen Abstecher in den »Wengleinpark« zu unternehmen. Nachdem der Abstieg ins Tal bei Düsselbach erfolgt ist, lohnt sich ein Ausflug zur »Steinernen Rinne« auf der westlichen (rechten) Pegnitzseite.

Anfahrt: *Kfz:* Über die A 9 (Richtung Berlin) kommend die 2. Ausfahrt »Lauf/Nord und Hersbruck« wählen. Anschließend der Bundesstraße B 14 in Richtung Sulzbach-Rosenberg folgen, dabei Hersbruck links liegen lassen. An der Ausfahrt »Neuhaus/Hohenstadt« die B 14 verlassen und nach dem Bahnübergang rechts in Richtung »Neuhaus« abbiegen. Nach etwa 1 ½ km geht es rechts weg nach Eschenbach. Parken in der Ortsmitte beim »Holzpavillon« oder vor dem Gasthaus *Grüner Schwan*.
ÖPNV: Mit der Regionalbahn R3 von Nürnberg Hauptbahnhof nach Hohenstadt. Dort passieren wir den Campingplatz und alten Hohenstädter Bahnhof. Mit »Grünstrich« (Heinrich-Scheuermann-Weg) auf geteertem Radweg entlang der Pegnitz erreichen wir nach etwa 1 ½ km die Ortsmitte von Eschenbach.

Wir parken in der Ortsmitte am kleinen Platz mit dem Holzpavillon unweit der Wirtschaft *Grüner Schwan.* Auf der gegenüberliegenden Straßenseite weist uns bereits ein Schild den Weg hinauf zum »Wengleinpark«. Mit der Markierung »Rotring« und weiteren begleitenden Beschilderungen (»Grünstrich«, »Rotpunkt« und »Blaukreuz«) gehen wir aufwärts. Dabei passieren wir linker Hand den Gasthof *Goldener Engel* und das sehr hübsche Anwesen Nr. 17. Nach wenigen Schritten erreichen wir eine unbefestigte Dorfstraße, in die wir nach rechts einbiegen. Dabei sollte man einen Blick auf die wunderschöne, floral verzierte Eingangstür von Haus Nr. 231 werfen. Nur wenige Schritte bergauf, beim alten Gerätehaus der Freiwilligen Feuerwehr, folgen wir dann der Hinweistafel »Wengleinpark 150 m« (links). Rechter Hand lassen wir einen kleinen Teich hinter uns, der im Frühjahr von unzähligen Kaulquappen bevölkert wird. Im Sommer können aufmerksame Beobachter hier mitunter sogar seltene Feuersalamander entdecken. So erreichen wir schließlich den »Herold Turm«, eine mittelalterlich anmutende Turmruine, die den Einstieg in den »Wengleinpark« markiert. Das vom Nadelfabrikanten Carl Wenglein angelegte Naturschutzgelände bietet drei reizvolle Kurzwandertouren und ist in jedem Fall ebenfalls einen Besuch wert. Für heute aber bleibt der »Wengleinpark« hinter uns zurück. Zuvor bietet uns ein kleiner Brunnen noch die Möglichkeit zur Erfrischung. Anschließend folgen wir kurz dem »Wengleinweg«. Obwohl »Rotring« und »Grünstrich« hier mit einem Pfad nach links abzweigen, wandern wir auf dem breiten und geschotterten Fuhrweg für einige Minuten weiter den Berg hinauf. Dabei verlieren wir auch die Markierungen »Rotpunkt« und »Blaukreuz«, die rechter Hand weiter in Richung Fischbach und Vorra führen. An der alten Streuobstwiese stoßen wir dann aber schon wieder auf unsere eigentliche Markierung (»Rotring« und »Grünstrich«). Es geht weiter bergauf zum sogenannten Hutanger des »Wengleinparks«. Auf Höhe des Hutangers verlässt uns linker Hand der Heinrich-Scheuermann-Weg (»Grünstrich«) – unsere Wege kreuzen sich später wieder – am Fuße der Düsselbacher Wand. Laut Hinweistafel sind es mit »Rotring« noch etwa 600 Meter bis zur »Eschenbacher Geiskirche«. In der Hersbrucker Schweiz finden sich mehrere dieser sogenannten Geis- bzw. Geißkirchen. Der Titel ist zumeist darauf zurückzuführen, dass Hirten ihren Schafen und Ziegen unter den natürlichen Felsbauten bei schlechtem Wetter Unterschlupf bieten konnten.

Kurz darauf erreichen wir eine vom Wald flankierte Hochfläche. Wir verlassen den (nach rechts schwenkenden) Fuhrweg (mit der Markierung »Wengleinweg«) und wandern kurzzeitig auf relativ ebener Strecke, geradeaus über die Wiese in den Wald hinein. Unser Pfad steigt nun wieder etwas an. Unterhalb einer Felskanzel haben wir erstmals die Möglichkeit, einen Blick hinab ins Tal zu riskieren. Von hier aus führt uns dann ein Trampelpfad durch das Totholz bis zu einer ungesicherten Lichtung im Hangwald mit zerklüfteten Felsvorsprüngen und einer wirklich schönen Aussicht über das ganze Pegnitztal. Unter uns schlängeln sich Pegnitz und Bahnlinie, die nur noch wie ein kleines Diorama wirken.

Die folgenden Meter auf steilem Wurzelweg über den Bergsattel haben es in sich. Anschließend werden wir erneut mit einem fantastischen Ausblick belohnt. Eine in den Stein gehauene Bank mit der Inschrift »Charlotten-Ruhe, 1832« gibt diesem Felsplateau seinen Namen und lädt zur Rast ein. Unter uns stellt sich die Pegnitz dem gegenüberliegenden Lindenberg (521 m) in den Weg, den sie in weitem Bogen umfließt. Das Panorama reicht von Pleßel- und Schleußberg weiter zu Houbirg, Deckersberg und Arzberg bis hin zum Großen Hansgörgl. Auf den Höhenzügen entlang der Einmündung des Högenbachtals zur Linken erkennen wir den Weiler Reckenberg, im Hintergrund überragt von Hochberg (619 m) und Dom (613 m). Im Tal ist Hohenstadt zu erahnen, rechts oben liegt die Ortschaft Großviehberg.

Ab jetzt haben wir es etwas leichter. Die Route führt im weiteren Verlauf mit gelegentlichen An- und Abstiegen über die Höhenzüge. Nach einer Weile gelangen wir zu einer Abzweigung mit an zwei Bäumen angebrachten Hinweisschildern. Links ginge es mit dem »Talweg« nach Vorra. Wir halten uns allerdings rechts und folgen der Markierung »Rotring« weiter in Richtung »Bergweg Vorra«. Die Route schlängelt sich immer weiter über den Bergrücken. Rechter Hand passieren wir die private Sattelbodenhütte und laufen nur wenig später mit etwas Abstand an der über uns liegenden, bewaldeten »Koppe«, mit 572 Metern der höchste Punkt dieses Berges, vorbei.

Anschließend wird der Wald wieder etwas dichter. An einem Querweg mit eingezäuntem Waldstück steht eine weitere Informationstafel: Rechts führt »Rotring« auf einer Strecke von 1,9 Kilometern wieder nach Eschenbach zurück. Wir schwenken allerdings – ebenfalls mit »Rotring« – nach links und folgen dem Schild »Verbindungsweg Heinrich-Scheuermann-Weg: 800 m«. Eine kleine Holztafel an einem Baum weist uns bereits nach ca. 500 Metern darauf hin, dass wir nun die Düsselbacher Wand erreicht haben. Bis zu dem vom Tal weithin sichtbaren Felsmassiv sind es nur noch wenige Schritte. Die etwa 30 Meter hohe Kalkfelswand ist mit einem Gipfelkreuz und dem dazugehörigen Gipfelbuch versehen. Von hier aus können wir hinunter bis auf Düsselbach und die gegenüberliegenden Höhenzüge der Frankenalb blicken.

Nach einer kleinen Rast lassen wir die Düsselbacher Wand hinter uns. Mit »Rotring« laufen wir zunächst 200 Meter weiter in Richtung Vorra. Dabei passieren wir noch zwei überwiegend eingewachsene Felsformationen und biegen dann scharf nach links ab. Der Pfad wird schmal und steinig und fällt deutlich ab. Kurz darauf treffen wir an einer kleinen Quelle wieder auf den bereits angekündigten »Heinrich-Scheuermann-Weg« (»Grünstrich«). Bahnreisende haben hier die Gelegenheit, ihre Tour früher abzubrechen und rechter Hand mit der »Weißen 3 auf grünem Grund« zum Bahnhof nach Vorra zu laufen. Wir hingegen biegen mit »Grünstrich« nach links ab und laufen auf relativ ebener Fläche unterhalb des Felsmassivs wieder Richtung Eschenbach. Nach etwa 250 Metern treffen wir auf eine Abzweigung: Eilige können hier mit der durchgängig im Wald weiterführenden Markierung »Grünstrich« (3,6 km) am Fuße des »Rifflerfelsens« und vorbei am »Mirakelbrünnlein« nach Eschenbach weiterlaufen. Wir wählen die noch reizvollere Variante im Talgrund und folgen der »Weißen 3 auf grünem Grund« nach rechts auf den deutlich abfallenden Schotterweg in (südwestlicher) Richtung Düsselbach.

Nach Austritt aus dem Wald können wir linker Hand bereits die Dächer und die Kirchturmspitze von Alfalter aus den Pegnitzauen lugen sehen. Wir gehen weiter die Wiese hinunter, schwenken dann aber in einem Bogen nach rechts, vorbei an der *Düsselbacher Hütte* des *DAV* (Sektion Schwabach). Wir folgen der Bahnlinie (Richtung Vorra) und queren die Brücke über die Gleise. Bei der nachfolgenden Häusergruppe biegt unser Pfad nach links ab und wir erreichen erst einen großen, geschotterten Parkplatz (mit Wandertafel) und anschließend einen kleinen Rastplatz mit Ausstiegsstelle für Kanuten.

Von hier aus besteht die Möglichkeit, einen Abstecher zur nur 500 Meter entfernten »Steinernen Rinne« zu unternehmen. Tourengeher, die mit dem Zug (R3) angereist sind, könnten über den »Talweg Nr. 2« auch nach Vorra gehen und vom dortigen Bahnhof zurückfahren.

Abstecher zur Steinernen Rinne

An der Bootsanlegestelle über die Bohlenbrücke die Pegnitz in Richtung Düsselbach überqueren. In der Ortschaft links der Hauptstraße (St 2162) nach Alfalter folgen. Am Ortsausgang links auf den Fuhrweg gehen, bis dieser an einer Einmündung auf Höhe der Staatsstraße endet. Hier die Staatsstraße queren und zunächst dem Bachlauf die Wiese hinauf folgen, an einer Holzschranke vorbei dem Pfad weiter den Berg hinauf folgen. Nach weiteren 50 Metern gelangen wir im Buchenmischwald zu einem kleinen Teich (linker Hand) und auf der rechten Seite zur »Steinernen Rinne«. Das Naturdenkmal wird von Einheimischen gepflegt und zeigt sich in sehr gutem Zustand: weder verlandet noch von Laub verstopft. Die Kalktufftrasse kommt im unteren Teil über eine Länge von etwa 60 Metern mit deutlichem Gefälle den Hang herunter und lässt sich entlang eines stark ansteigenden Waldweges umlaufen. Im Mittelstück gelangen wir zu einem Sandsteinfelsen, der seinerseits von einer kurzen und steilen Rinne überzogen ist. Daneben verläuft ein kleiner Wasserfall. Weiter oben ist das Naturphänomen weniger stark ausgeprägt und eher einem Bach ähnlich. Dort befindet sich ein Miniaturwasserrad. Das Gelände ist ziemlich eingewachsen. Nach diesem kleinen Ausflug geht es auf dem bis hierher beschriebenen Weg wieder zurück zum Ausgangspunkt an der Bootsanlegestelle.

Der weitere Routenverlauf im Tal folgt ab jetzt durchgängig dem »Frankenalb-Radwanderweg Nr. 7«. Ein Stück zu Beginn des Weges begleitet uns auch die »Weiße 2 auf grünem Grund«. Hoch droben grüßen Fahne und Gipfelkreuz von der Düsselbacher Wand zu uns herunter. Bis zur Ortschaft Alfalter verläuft unser Weg stets unweit dem Flusslauf der Pegnitz (zu unserer Rechten). Linker Hand säumen ausgedehnte Wiesen und die Bahnlinie die Strecke. Nach einer Weile können wir zu unserer Linken die markante Silhouette des »Riffler« aus dem Wald ragen sehen. Trotz seiner Größe wirkt der beliebte Kletterfelsen mit seinen sich nach oben hin verjüngenden, nadelförmigen Zacken auf den Betrachter fast filigran. Am nördlichen Ortseingang von Alfalter passieren wir eine auf der gegenüberliegenden Uferseite befindliche Parkanlage. Kurz vor dem Wehr spiegelt sich im ruhig dahinfließenden Wasser sogar die örtliche Kirche. Wenig später zweigt ein Steg in die Ortschaft ab. Wer neugierig ist, kann sich die evangelische Kirche St. Katharina mit ihrem zwar niedrigen, aber umso wuchtigeren Turm auch aus nächster Nähe ansehen. Ihre ältesten Teile stammen aus dem Jahr 1449, erst zu Beginn des 18. Jahrhunderts wurde sie dann, wie so viele Gotteshäuser in der Region, umgebaut und barockisiert. Die »Weiße 2 auf grünem Grund« verlässt uns an dieser Stelle.

An der nachfolgenden Brücke stößt stattdessen die Markierung »Gelbpunkt« hinzu und bleibt uns bis zu unserem Ziel, dem etwa zwei Kilometer entfernten Eschenbach, erhalten. In einer Kehre geht es hinauf und mit der Brücke über die Gleise. Bahnlinie und Pegnitz befinden sich nun stets auf unserer rechten Seite. Wir setzen die Tour auf geschottertem Weg fort: zunächst noch relativ eben im Tal, im weiteren Verlauf dann ansteigend und oberhalb der Gleise. Nach einem ausschweifenden Linksbogen durch die idyllische Landschaft kommen wir unterhalb der Geiskirche vorbei und erreichen schon bald die ersten Häuser von Eschenbach. Der Dorfstraße folgend, treffen wir schließlich wieder auf die uns bereits bekannte Hauptstraße, die uns zurück zum Parkplatz führt. Vor der Heimfahrt ist eine Einkehr im gemütlichen Biergarten des *Grünen Schwan* unbedingt zu empfehlen.

Steinerne Rinne – ein Naturphänomen

In den Karstgebieten der Hersbrucker Alb mit stark kalkhaltigem Wasser lässt sich mitunter ein besonderes Naturschauspiel beobachten: Steinerne Rinnen entstehen, sobald sich an einem abschüssigen Bachlauf der vorhandene Kalk aus dem fließenden Wasser herauslöst und über eine längere Strecke hinweg ablagert. Der Kalktuff, auch »Quellkalk« genannt, setzt sich an den Rändern ab, während in der Mitte das Wasser einfach weiterrauscht. Normalerweise schneidet sich ein Bach ins Gelände ein, hier verhält es sich umgekehrt: die

Kalkabscheidungen bauen eine Art Damm, auf dessen Krone dann der Bach fließt. Im kälteren Wasser in der Mitte verläuft dieser Prozess langsamer, weshalb die Rinne auch langfristig erhalten bleibt. Unter günstigen Bedingungen können steinerne Rinnen jährlich um ein bis zwei Zentimeter wachsen. Allerdings können bereits zufällige Störungen, zu denen selbst herabfallendes Laub gehört, den Prozess unterbrechen. Die eindrucksvollsten steinernen Rinnen haben sich deshalb immer mithilfe von Menschenhand entwickelt. Als geologische Naturdenkmäler (Geotope) stehen die meisten steinernen Rinnen in Deutschland unter Schutz. Die »Steinerne Rinne bei Düsselbach« ist etwa 100 Meter lang. Im unteren Teil fällt sie etwas steiler ab. Eine Weile bahnt sich die Rinne aus Kalktuff ihren Weg sogar über einen Sandsteinfelsen. Am Ende mündet das Bächlein in einen kleinen Fischteich. Das Gebiet insgesamt ist kaum touristisch erschlossen. Ein eher schwer begehbarer Waldweg führt um die Rinne herum. Jede unachtsame Begehung kann den Erhalt des Naturschauspiels gefährden. Neben der »Steinernen Rinne bei Düsselbach« lässt sich dieses Naturphänomen in der Region auch noch bei Engelthal, unweit des Wasserfalles an der Griesmühle, sowie zwischen Förrenbach und Thalheim entdecken.

---

59. Vogeldorf für Wanderfreunde

Hutanger-Erlebnisgebiet Wengleinpark

Das *Hutanger-Erlebnisgebiet Wengleinpark* zählt zu den ältesten Naturerfahrungsgebieten in Bayern. Entstanden im Jahr 1928, wird es noch immer aktiv zur Naturschutzbildung genutzt. Der Schwabacher Kommerzienrat Carl Wenglein beabsichtigte seinerzeit mit dem als »Alpinum« angelegten Park unweit des »Vogeldorfes Eschenbach« ein Musterbeispiel für lebendigen Naturschutz zu schaffen. Da der Unternehmer eine heimliche Leidenschaft für das Rittertum hegte, ließ er an einigen markanten Stellen ein romantisches Türmchen und andere Gebäude errichten sowie Stufen in den Felsen hauen. Sie strukturieren das Gelände. Alpenpflanzen begegnen dem Wanderer heute eher nicht mehr. Doch nach wie vor beherbergt das zwölf Hektar große Gelände auf engstem Raum alle typisch-natürlichen Lebensräume der Hersbrucker Alb wie Hutanger, Quellen, Biotopweiher, Felsformationen, Blockschutthalden, Magerrasen oder Schluchtwälder. In den 1930er-Jahren stand der »Wengleinpark« bei Touristen hoch im Kurs und konnte als beliebtes Ausflugsziel locker mit anderen fränkischen Sehenswürdigkeiten konkurrieren. 1966 hat der *Bund Naturschutz* den Park erworben und kümmert sich seitdem um den Erhalt des Geländes. Immer wieder wurde die Anlage überarbeitet und nach neuen Kriterien umgestaltet (zuletzt 2008). Heute führen vor allem drei Themenwege – der »Wengleinweg«, der »Hutangerweg« und der »Salamanderweg« – durch die Natur und schärfen den Blick der Besucher für unscheinbare Schönheiten und seltene natürliche Kostbarkeiten. So ist der Park zum Beispiel Anziehungspunkt für Freunde wilder Orchideen wie Frauenschuh, Waldhyazinthe oder die auffällige Türkenbundlilie. Aber auch klassische Frühblüher wie Märzenbecher, Küchenschelle und Leberblümchen treten gehäuft auf. Der in weiten Teilen Deutschlands vom Aussterben bedrohte Lurch ist im Wengleinpark ebenso zu Hause wie der scheue Feuersalamander. Ihm ist sogar ein eigener Themenweg gewidmet. Im Internet können sich Wanderer und Spaziergänger übrigens mehrere »Wegbegleiter« für einen informativen Gang durch den »Wengleinpark« herunterladen. Und auch Pädagogen und Lehrer finden passendes Material für einen aktiven Wandertag (4. bis 6. Jahrgangsstufe).

Weitere Informationen:
www.wengleinpark.de, www.naturschutzzentrum-wengleinpark.de

Naturdenkmal Hutanger

Der »Hutanger« bezeichnet eine historisch gewachsene Weidefläche und ist eine urfränkische Erscheinung. Im Nürnberger Land und den angrenzenden Gebieten gehörte der Hutanger einstmals zu jeder größeren Dorfgemeinschaft. Die Flächen sind noch heute an ihren parkartig verteilten Bäumen – häufig mächtigen, alten Eichen – zu erkennen. Der Begriff selbst setzt sich aus zwei Worten zusammen: »Hut« steht für das »Hüten« der Tiere, und »Anger« bedeutet so viel wie »ungepflügtes Grasland«. Vielleicht spielte bei der Wortschöpfung auch noch der altfränkische Begriff »Almende« eine Rolle, das einen Teil der Gemeindeflur bezeichnet, die durch die Dorfgemeinschaft als Gesamtheit genutzt wurde. In der Hersbrucker Alb setzt sich seit mehr als 30 Jahren das *Naturschutzzentrum Wengleinpark* für den Erhalt dieses Stücks Heimatgeschichte ein. Als das Projekt in seinen Kinderschuhen steckte, mussten die noch bekannten Hutanger zunächst wieder entbuscht werden. Ein Kraftakt, der nur durch das effektive Zusammenwirken von *Naturschutzzentrum, Bund Naturschutz* und dem *Landschaftspflegeverein Nürnberger Land* sowie ortsansässigen Bauern gelingen konnte. Doch diese Pionierarbeit zahlte sich aus. Schon dreimal ist das Bestreben, die so typische fränkische Landschaft zu fördern und zu schützen, ausgezeichnet worden: mit dem »Europäischen Umweltpreis« (1988), dem »Umweltpreis der Bayerischen Landesstiftung« (1991) und dem »Nachhaltigkeitspreis der Neumarkter Lammsbräu« (2012). In den vergangenen drei Jahrzehnten konnten die Macher bereits 120 Hutanger zurückerobern und somit rund 500 Hektar natürliches Weideland neu beleben. Mit der Rückkehr der Kühe und Rinder auf die Hutanger wurden Landwirtschaft und Naturschutz enger verzahnt. Weder sind hier Pestizide noch Kunstdünger am Werk. Denn indem die Viecher tun, was eben ihre Natur ist – trampeln, grasen und Kräuter fressen sowie verdauen, beleben sie die Artenvielfalt: Auf diese Weise bringen sie bunte Magerwiesen zum Erblühen mit raren Schönheiten wie der Küchenschelle oder seltenen geflügelten Besuchern wie dem Wolfsmilchschwärmer. Das Fleisch der Tiere wird übrigens ausschließlich regional verwertet: in ausgesuchten Gastronomiebetrieben, die zum Beispiel das Konzept *Heimat aufm Teller* unterstützen. Und auch wer im Hutangerprojekt eine sogenannte »Kuhpatenschaft« übernimmt, kann exklusiv mit dem hochwertigen Fleisch beliefert werden.

Naturschutzzentrum Wengleinpark e. V.
Am Schloß 14, 91239 Henfenfeld, Tel. 0 91 51/7 02 00

Weitere Informationen: www.naturschutzzentrum-wengleinpark.de
www.hutanger.de, www.hutangerblog.de

»Hutangerpatenschaft« ab 60 Euro/Jahr, »Hutangerkuhpatenschaft« ab 600 Euro/Jahr (Patenschaften können Einzelpersonen, Institutionen, Organisationen u. Firmen übernehmen)

60. Grüner Schwan

Und dienstags Vollkornpizza …

Der *Grüne Schwan* in Eschenbach genießt in der Hersbrucker Schweiz Kultstatus und ist bei Urlaubern, Sonntagsausflüglern, Wanderern und Freizeitsportlern gleichermaßen beliebt. Das liegt zum einen an der strategisch günstigen Lage in dem ehemaligen Luftkurörtchen Eschenbach. Romantisch an der Mündung des Hirschbachs in die Pegnitz gelegen, bietet das 600-Seelen-Dorf einen optimalen Ausgangs- und Endpunkt für Biker, Kletterer oder Kanuten. Und auch das alte Pfarrdorf selbst

Grüner Schwan, Eschenbach 12, 91224 Pommelsbrunn
Tel. 0 91 51/91 69 50, www.gruenerschwan.de
Di u. Fr 15.00–1.00, Sa u. So 10.00–1.00

ist überaus sehenswert: Einige wunderschöne und historische Fachwerkhäuschen werden vom wuchtigen Turm der evangelischen Pfarrkirche St. Paul überragt. An Giebeln und Türen finden sich mitunter aufwendige Schnitzereien sowie farbige Malereien. Und am Ortsrand steht ein über 450 Jahre altes Schloss (eine ehemalige Wasserburg), das bis heute im Besitz des Nürnberger Patriziergeschlechts der Freiherren Ebner von Eschenbach ist. Auf dem Bergkamm über Eschenbach schließlich zeigt das *Naturschutzzentrum Wengleinpark*, was die Artenvielfalt der fränkischen Flora und Fauna alles zu bieten hat.

Zum anderen spricht der *Grüne Schwan* mit seinem sehr persönlichen Konzept aus fränkischem Charme, ehrlichem Humor und offener Herzlichkeit, gepaart mit grüner Küche und Kleinkunst für sich selbst. Für die Betreiber Norbert Hörner und Bernd Leonhardt ist meistens Arbeitsteilung angesagt: Jeder macht, was er kann, und jeder kann alles. Steht Hörner hinterm Tresen, organisiert Leonhardt die Küche und umgekehrt. Der Biergarten (60 Personen) und die beiden Gasträume (80 Personen) sind eher rustikal und im fränkischen Stil gehalten. Eine kleine Bühne bietet Platz für die regelmäßigen Musikveranstaltungen.

Die Speisekarte ist mehr als up to date und steckt wohl so manch städtisches Lokal in die Tasche: Täglich wechselnd und frisch gibt es Vegetarisches und Veganes. Gemüse wird vielseitig als Strudel, Auflauf, Küchle oder Gulasch serviert. Darüber hinaus hat die Küche auch stets etwas Laktose- oder Glutenfreies im Angebot. Nicht mehr wegzudenken ist übrigens der Vollkornpizzatag am Dienstag, wobei jeder Gast seinen Fladen nach Gusto belegen lassen kann. Trotz dieses Schwerpunktes muss im *Grünen Schwan* niemand auf einen würzigen Sonntagsbraten verzichten. Das Fleisch stammt ausschließlich von Biobauern aus der näheren Umgebung. Einige Male im Jahr bietet der *Grüne Schwan* auch sogenannte Gourmetwochenenden zu saisonalen Themen an. Und wer gar seinen Urlaub in der Gegend plant, ist auch für einen längeren Zeitraum im *Grünen Schwan* gut aufgehoben: Im Anwesen befinden sich 14 Fremdenzimmer mit etwa 30 Betten sowie zwei Tagungsräume mit der dazugehörigen technischen Ausstattung.

61. Aus Alt mach Neu

Das klein(st)e Möbelhaus

Das klein(st)e Möbelhaus besteht in Eschenbach seit mehr als zehn Jahren. Wer seine eigenen vier Wände lieber individuell einrichtet als von der Stange und Einzelstücke schätzt, die einen Blick in die Vergangenheit werfen und mitunter kleine Geschichten erzählen, wird hier garantiert fündig. Hinter dem Vintageprojekt steht heute Regine Uhland. Ursprünglich gestartet wurde das *Klein(st)e Möbelhaus* mit Kollegin Antje Schulz: Die hatte die Vision, alte Stühle ohne besondere Rücksicht auf Stilechtheit neu zu gestalten und einfach deren Schönheit und Charakter herauszuarbeiten. Die Resultate fanden rasch Anklang. Und weil die Leute zu ihrem Sitzmöbel am liebsten auch noch Tisch und Schrank haben wollten, werden seither am Ortseingang von Eschenbach eben alle nur erdenklichen Arten von alten Einrichtungsgegenständen derart aufgemöbelt. Antje Schulz hat zwischenzeitlich eine Werkstatt in Nürnberg bezogen (www.antjeschulz-stuehle.de), während Regine Uhland das *Klein(st)e Möbelhaus* in gewohnter Qualität und Kreativität fortführt.

Jedes Jahr am 1. Mai (Tag der Arbeit) sowie am 3. Oktober (Tag der Dt. Einheit) veranstaltet das *Klein(st)e Möbelhaus* seine berühmten »Tage der offenen Tür«. Dann können Interessierte bei verführerischen Crêpes, leckerem Kaffee und in ungezwungener Atmosphäre Kurioses und Praktisches sowie Zierendes, Schmückendes und mitunter sogar Heilendes entdecken. Neben der Möbelausstellung selbst sind nämlich stets ein paar Künstler und Handwerker eingeladen, ihre aktuellen Arbeiten zu präsentieren und der Kräuterkundler Friedrich Luft hat viele seiner handgezogenen, zum Teil raren Kräutertöpfchen im Gepäck. Ein toller Feiertagsevent, den man sich nicht entgehen lassen sollte.

Klein(st)es Möbelhaus, Eschenbach 4, 91224 Pommelsbrunn
Tel. 0 91 54/91 59 55, Öffnungszeiten nach Vereinbarung
Tage der offenen Tür jeweils 1. Mai u. 3. Okt

62. Hitlers Geistertribünen

Der Stadionberg in Oberklausen

»Klein und verloren« sollte sich der Mensch fühlen im Angesicht dieses steingewordenen Statements – »überzeugender als das gesprochene Wort selbst«. So hatte es Adolf Hitler formuliert, als er im September 1937 den Grundstein für das legen ließ, was einmal das »größte Stadion der Welt« werden sollte.

Sein Architekt Albert Speer hatte die Spielstätte unter dem Eindruck des antiken Stadions in Olympia entworfen, das er zwei Jahre zuvor besichtigt hatte. Das antike Vorbild fasste 50 000 Zuschauer. Im Rahmen des Reichsparteitages präsentierte der Führer seinem Volk nun das zwei Meter hohe Modell des zukünftigen »Deutschen Stadions«, das nach seiner Fertigstellung mehr als 400 000 Besucher fassen sollte. Der Protzbau sollte demnach 800 Meter lang und 450 Meter breit werden mit einer Außenfassade von über 90 Metern Höhe.

Zwar wurde tatsächlich 1938 mit dem Aushub in Nürnberg begonnen, doch über die Grube kam das irre Vorhaben nicht hinaus. Zu Kriegsbeginn ein Jahr später mussten die Arbeiten eingestellt werden. Die ehemalige Stadionbaustelle heißt heute übrigens »Silbersee«. All das steht in Geschichtsbüchern.

Was jedoch kaum einer weiß, gebaut wurde trotzdem und zwar unter strengster Geheimhaltung: Fünf Ränge mit Sitzplätzen für mehr als 40 000 Zuschauer, ein Zehntel des geplanten Tribünenhalbrunds, dessen Überreste bis heute im etwa 40 Kilometer von Nürnberg entfernten Hirschbachtal stehen. Mithilfe dieser »Versuchstribüne« sollten die Sichtverhältnisse sowie die Akustik im späteren Stadion getestet werden. Konstruiert von Speer, der seinem Führer das Modell im Maßstab 1:1 im Frühjahr 1938 vor Ort präsentierte. Für das eher unscheinbare Dörflein Achtel, unweit des Bauplatzes am Hohen Berg gelegen, ein kurzer und vermeintlich glanzvoller Moment der Geschichte.

Zuvor hatten 400 Arbeiter 18 Monate lang Tag und Nacht geschuftet, um den Hang am sogenannten Stockbühl zu roden. Er war geeignet, da er in etwa denselben Steigungswinkel aufwies wie die geplanten Zuschauerränge des Deutschen Stadions. Anschließend wurden Fundament und Stützmauern betoniert. Obenauf wurden Tribünenaufbauten aus Holz mit zwei unter-

schiedlichen Neigungswinkeln (27,2 und 30 Grad) montiert. So entstanden zwei 27 Meter breite und bis zu 82 Meter hohe Teilstücke, die rund um die Uhr von SS-Posten bewacht wurden. Um Hitler bei seiner Tribüneninspektion einen authentischen Eindruck zu vermitteln, wurden die Reichsarbeitsdienstabteilungen von Hersbruck und Schnaittach dazu angehalten, am Fuß der Tribünen gymnastische Übungen zu zeigen. Ob man aus einer Entfernung von etwa 80 Metern vom sportlichen Geschehen tatsächlich etwas mitbekam, ist fraglich. Speer notierte nach der Inspektion jedoch, er habe den Testlauf »positiver als angenommen« erlebt.

Zu Kriegsbeginn wurden auch die Arbeiten am Stadionberg eingestellt, lediglich die Wachposten blieben. Im deutschen Wehrmachtsbericht vom April 1945 ist vermerkt, dass die »Versuchstribünen« schwer umkämpft waren. So wurde Achtel in den letzten Kriegstagen fast vollständig dem Erdboden gleichgemacht. Zum Wiederaufbau des Dorfes wurden die hölzernen Tribünen als Baumaterial genutzt. Auf diese Weise beseitigten die Bewohner von Achtel das Bauwerk, das ihnen zum bitteren Verhängnis wurde.

In den letzten 80 Jahren hat sich die Natur den Berghang Stück für Stück zurückerobert. Und auch die Einheimischen wollten nach Kriegsende lieber erst einmal Gras über das unseligste Kapitel ihrer Geschichte wachsen lassen. Dank der Bemühungen einiger Nürnberger Geschichtsstudenten wurden die überwucherten Relikte aber ab den 1980er-Jahren wieder freigelegt. Seit 2002 stehen die »Testbauten für das Deutsche Stadion« sogar unter Denkmalschutz. Rund um die verbliebenen Fundamentreste wächst heute ein lichter Kiefernwald in den Himmel. Und dennoch vermitteln sie nach wie vor einen guten Eindruck von der Dimension dieses größenwahnsinnigen Projektes. Eine Infotafel mit historischem Bildmaterial vor Ort rundet das Bild ab.

Die Anfahrt erfolgt über den »Stadionberg«, auch »Stockbühl« genannt. Er liegt im Ortsteil Oberklausen (Hirschbachtal) an der Kreisstraße AS 6, die zwischen den Dörfern Hirschbach und Oberachtel parallel zum Hirschbach verläuft. Es gibt Parkmöglichkeiten direkt unterhalb des »Stadionbergs«.

Oberes Pegnitztal

63. Durch die Steinerne Stadt zur Maximiliansgrotte

Kleine karstkundliche Runde bei Neuhaus

Tour: Mittelschwere Tour mit mehreren Auf- und Abstiegen, die teils auf naturnahen Pfaden, teils auf Forstwegen verläuft. Die Route kann von Frühjahr bis Herbst begangen werden. Besonders reizvoll im Herbst wegen der Laubfärbung.

Länge: 7 ½ km bzw.5 km (ohne Rabenfels).

Dauer: 3 Std.

Markierungen: Wir folgen überwiegend der Markierung »Grünpunkt« (Karstkundlicher Wanderpfad/KKWP), später auch der Markierung »Rotkreuz« (Erzweg).

Besonderheiten: Ausgehend von der »Maximiliansgrotte« passieren wir unterwegs eine Reihe spannender Naturdenkmäler wie die »Steinerne Stadt«, die »Vogelherdgrotte« oder den »Rabenfels«.

Variante: Auf dem Erzweg (Markierung»Rotkreuz«) können wir auf dem Weg zwischen »Steinerner Stadt« und »Vogelherdgrotte« einen zusätzlichen Abstecher zum »Rabenfels« unternehmen.

Anfahrt: *Kfz:* Über die A 9, im Süden Ausfahrt »Lauf Nord und Hersbruck« nehmen. Dann über die B 14 durchfahren bis Hohenstadt und weiter mit der St 2162 bis Neuhaus an der Pegnitz durchfahren und die Abzweigung nach rechts in Richtung Krottensee (LAU 17) nehmen. Parkplatz direkt bei der »Maximiliansgrotte« oder auch am Gasthof *Grottenhof* in Krottensee. *ÖPNV:* Anreise mit der Regionalbahn R3 von Nürnberg Hauptbahnhof kommend und bis zur Endstation Neuhaus an der Pegnitz durchfahren. Am Bahnhof marschieren wir mit mehreren Markierungen zunächst Richtung Auerbach. Nach der Pegnitzbrücke geht es rechts die Stufen hinunter und am Fluss entlang unter der Bahnbrücke hindurch. Anschließend biegen wir nach links ab und gehen parallel zu den Schienen bis zur Auerbacherstr., wo wir die »Führlbeck-Kapelle« passieren. Die Straße macht hier einen Rechtsknick und wir biegen anschließend nach links in den »Krottenseer Weg« ein. Er führt uns geradewegs zum Ausgangspunkt unserer Tour ins Reihendorf Krottensee.

Der Veldensteiner Forst – bekannt für seine ausgedehnten Waldungen, die vielfältigen Naturdenkmale und seine artenreiche Flora und Fauna – erstreckt sich zwischen dem Oberen Pegnitztal und dem Südostrand der Fränkischen Schweiz. Hier haben Wanderer Gelegenheit, die außergewöhnliche Karstlandschaft der Hersbrucker Alb von ihrer schönsten Seite zu erkunden. Der vollständige »Karstkundliche Wanderpfad« erstreckt sich auf einer Gesamtlänge von 13 Kilometern mit zum Teil kurzen Steilstellen, die echte Trittsicherheit erfordern. Er ist sehr gut nachvollziehbar mit der Markierung »Grünpunkt« ausgeschildert. Mit etwas Kondition ist die gesamte Tour für geübte Wanderer problemlos in etwa viereinhalb Stunden zu bewältigen. Die folgende Tour bildet also nur einen etwa sieben Kilometer langen Teilabschnitt der gesamten Runde ab.

Wir starten unsere Entdeckungsreise durch den Veldensteiner Forst an einem kleinen Rastplatz unterhalb des zur Maximiliansgrotte gehörenden »Höhlenhäuschens« (Station 5 des KKWP). Wir folgen der Markierung »Grünpunkt« nach links und passieren sogleich wuchtige, zerklüftete Felswände im bewaldeten Berghang zu unserer rechten Seite. Diese vermitteln uns einen ersten schwachen Eindruck von dem, was wir auf der stark verkürzten Tour des »Karstkundlichen Wanderpfades« (KKWP) noch erwarten dürfen. Durch schönen Buchenmischwald geht es zunächst noch ohne größere Höhenunterschiede. Nachdem wir eine geschotterte Waldstraße überquert haben, laufen wir geradewegs auf das Felsmassiv der »Weissingkuppe« zu. Auf dem »Karstkundlichen Wanderpfad« ist sie als »Station 6« ausgezeichnet. Die »Weissingkuppe« markiert mit 531 Metern den höchsten Punkt unserer Tour. Über ziemlich ausgetretene Steinstufen steigen wir höher und bewegen uns nun direkt zwischen die Felsen der »Weissingkuppe«. Nach einem Rechtsbogen gibt es eine kleine Überraschung: Der massive Felsblock zu unserer Rechten ruht quasi nur noch auf einem wenige Dezimeter großen Sockel und erinnert dabei unweigerlich an einen Pilz. Sogenannte »Pilzfelsen« kommen in dieser Gegend häufiger vor. Ihr nur scheinbar wackliger Balanceakt dauert schon viele Jahrzehnte an. Danach werden wir über teilweise enge und zerklüftete Gänge und Spalten direkt durch die Überreste des ehemaligen Schwammriffes gelotst. Farne, Moose und kleine Bäumchen wachsen zwischen den Gesteinsbrocken empor und verleihen

der Szenerie etwas Märchenhaftes. Einen nennenswerten Ausblick sucht man auf der Spitze der bewaldeten Kuppe hingegen vergebens. Sobald wir aus dem Felslabyrinth der »Weissingkuppe« herausgetreten sind, laufen wir zunächst wieder leicht bergan. Nach etwa 200 Metern macht unser Pfad eine Rechtskehre und schlängelt sich, zunächst noch moderat abfallend, durch den dichter werdenden Buchenmischwald der »Steinernen Stadt« entgegen. Auf dem anschließenden Teilstück unterhalb einer mächtigen Felswand geht es dann teils über Wurzeln, teils über gebrochene und schiefe Steinstufen noch weiter abwärts.

Im Tal wird unsere Route eine Zeit lang wieder etwas flacher und breiter. Nach wenigen Metern stoßen wir auf »Station 7« des KKWP und erhalten Kenntnis über (Lösungs-)Dolinen, eine typische Naturerscheinung im Veldensteiner Forst. Es sind trichter-, kessel- oder schlotförmige Hohlformen, die durch Lösungsprozesse im Karst entstehen und einen unterirdischen Wasserabfluss haben. Unser Weg setzt sich auf einer Forststraße fort. Bereits an der nächsten Weggabelung, in die wir links einbiegen, entdecken wir ein Schild »Zur Steinernen Stadt 0,4 km«. Kurz darauf verlassen wir die geschotterte Forststraße und biegen nach rechts auf einen schmaleren Pfad in dichtem Wald ein. An einem Baum zur Linken erfahren wir nach wenigen Schritten, dass wir noch immer auf dem richtigen Weg sind: »Steinerne Stadt/Zwei Brüder: 15 Min.«. Wir überqueren erneut eine geschotterte Straße und gehen wieder in den dichten Wald hinein. Der schmale, von Wurzeln und Steinen gesäumte Pfad führt uns unter mächtigen Felsüberhängen direkt hinauf zur »Steinernen Stadt«. Ihren Namen hat sie einer Vielzahl beeindruckender, von Spalten und Klüften unterbrochener Felsformationen zu verdanken. Sie regen die Fantasie an, lassen Türme und anderes scheinbar verfallenes Gemäuer sichtbar werden. Ehe wir »Station 8« des KKWP erreichen, müssen wir aber noch eine etwas höhere »Steinstufe« bewältigen.

Unmittelbar danach finden wir uns auf einem von Felswänden umschlossenen, wie eine Arena anmutenden Platz wieder. Halb rechts beobachten uns die beiden besonders markanten, als »Zwei Brüder« betitelten Felsen. Erneut lässt sich hier das Phänomen eines sich zum Sockel hin verjüngenden Felsstocks erkennen (Pilzfelsen). Der Grund hierfür wird ebenfalls an »Station Nr. 8« erklärt. Unser Weg führt nun unter und zwischen den »Zwei Brüdern« hindurch und wie über eine Klamm hinaus aus dem »Rund«. Dabei geraten wir noch tiefer hinein in das Felsenlabyrinth der »Steinernen Stadt«. Bitte unbedingt auf die teilweise eng am Fels verlaufende Markierung achten. Bei Unachtsamkeit besteht nämlich die Möglichkeit, dass man stattdessen einem breiteren und auffälligeren Weg folgt, der aber – was Markierungen angeht – im Nirgendwo endet. Kurz darauf wird ein Miniexkurs »Zur Schönen Aussicht« beschildert (ca. 50 m). Wer folgt, gelangt auf eine Felskanzel, die an klaren Tagen einen durchaus reizvollen Fernblick in die weitere Umgebung bietet.

Im nun folgenden Verlauf unserer Tour passieren wir die »Wotanswand«, einen beliebten Kletterfelsen, und gelangen nach einem deutlichen Abstieg in das kleine, von Felswänden gerahmte »Gunzenloch« (mit der Kleinhöhle »Hirschlecke«). Auch wenn es sich dabei um ein sogenanntes Trockental handelt, üppiger Moos- und Farnbewuchs zeugen davon, dass wohl übers Jahr doch ausreichend Feuchtigkeit vorhanden ist. Nach längeren Regenperioden kann es hier sogar sumpfig sein. Wir verlassen das kleine Tal wieder und gelangen nach kurzem, steilerem Aufstieg abermals auf eine geschotterte Forststraße, der wir nach rechts folgen. Nach etwa 400 Metern kommen wir an eine Abzweigung:

Die Markierung »Rotkreuz« (Erzweg) empfiehlt uns einen Abstecher nach rechts zum »Parasol- und Rabenfels«. Mit den Markierungen »Grünpunkt« und »Rotkreuz« (Erzweg) nach links den Berg hinauf bleiben wir weiter auf unserem Zielkurs über die »Vogelherdgrotte« zur »Maximiliansgrotte«.

Abstecher zum »Rabenfels«

Mit der Markierung »Rotkreuz« (Erzweg) zweigen wir nach rechts ab und lassen bis zu unserer Rückkehr die Markierung »Grünpunkt« hinter uns. Unser Pfad führt zunächst durch dunklen, fast schon bedrohlich dichten Nadelwald. Im weiteren Verlauf wird er bei moderaten Auf- und Abstiegen wieder etwas lichter. Unterwegs überquert unser Weg zwei Forststraßen. Nach etwa einem Kilometer fällt er dann zum Tal hin deutlich ab. Unten angekommen treffen wir auf einen weiteren breiten, geschotterten Forstweg. Diesem folgen wir nach links. Bereits nach wenigen Metern können wir vor uns im Wald den beeindruckenden »Felsenturm« ausmachen. Nach weiteren 200 Metern haben wir den Fuß des mystischen »Rabenfels« erreicht. Er soll schon die Menschen in der Bronzezeit (2200–1200 v. Chr.) magisch angezogen haben. Auf dem Plateau wurden Keramikscherben sowie ein Knochenstück geborgen, die einen Rückschluss auf mögliche Kulthandlungen zulassen. Diese Artefakte befinden sich heute in einem Museum der Stadt Regensburg. Die Vorderseite des Felsens fällt senkrecht ab (37 m Höhe), rückseitig wächst er mit einer Höhe von zwölf Metern aus dem Berghang, auf dessen Gipfel noch eine Felsplatte zu liegen scheint. Unten lädt uns eine kleine Sitzgruppe zur Rast ein. Gleich danach geht es auf gleichem Weg wieder zurück zu unserem Ausgangspunkt (Umweg von insgesamt etwa 2,4 km).

Wenige Meter weiter führt unsere Tour mit den Markierungen »Grünpunkt« und »Rotkreuz« (Erzweg) über einen Pfad nach links steil den Berg hinauf. Achtung: Bei Regen besteht Rutschgefahr! Die beeindruckende Felswand birgt ein Geheimnis, das wir bald mit eigenen Augen sehen dürfen: die »Vogelherdgrotte«, »Station 9« auf dem KKWP. Bei der »Vogelherdgrotte« handelt es sich um eine Hallenhöhle von 20 Metern Länge mit zwei Eingängen. Wir durchqueren die Grotte und gelangen auf der gegenüberliegenden Seite zu der zu »Station 9« gehörigen

Informationstafel. Anschließend laufen wir noch einige Schritte unterhalb des Felsüberhangs und gelangen so zu unserem nächsten Wegweiser. An dieser Stelle geben wir die Markierung »Grünpunkt« und damit den restlichen Teil des »Karstkundlichen Wanderwegs« auf und folgen ab sofort ausschließlich der Markierung »Rotkreuz« (Erzweg). Mit dem Erzweg biegen wir scharf nach links ab und steigen erneut den Hang hinauf. Der Weg ist anfangs wieder sehr steil (vergleichbar mit dem Aufstieg zur »Vogelherdgrotte«) und nach längeren Regenperioden rutschig.

Oben angekommen wird es aber ebener und führt lediglich mit moderaten Höhenunterschieden durch den lichten Buchenmischwald (Waldrandnähe). Nach etwa 200 Metern biegen wir rechts ab und treten aus dem Wald hinaus. Wir gehen am Waldrand entlang und direkt auf die Verbindungsstraße (Krottensee/B85) zu. Unter uns gelegen können wir rechter Hand bereits das Dörfchen Krottensee erkennen. Sobald wir die geteerte Straße erreichen, folgen wir ihrem Verlauf ein kurzes Stück in Richtung der Ortschaft, zweigen aber schon nach wenigen Metern wieder links auf einen Feldweg zwischen Waldrand und Wiese ab. Dieser führt noch einmal zurück in den Wald und schlängelt sich mit mäßigem Gefälle weiter bis zur »Maximiliansgrotte«. Kurz vor dem Ziel passieren wir die Rückseite zum Gasthof *Grottenhof.* Und vor einem Besuch in der abenteuerlichen »Maximiliansgrotte« kommt eine Einkehr gerade recht.

Die Maximiliansgrotte

Die aus der Kreidezeit stammende »Maximiliansgrotte« bei Krottensee zählt zu den eindrucksvollsten Höhlen der Hersbrucker Alb und ist definitiv einer der Höhepunkte auf dem »Karstkundlichen Wanderweg« im Veldensteiner Forst. Der heutige Höhlenzugang besteht erst seit Mitte des 18. Jahrhunderts. In das weit verzweigte Netz aus Tunneln, Gängen und Tiefen können Besucher heute auf einer Strecke von etwa 1,2 Kilometern vordringen. Am tiefsten Punkt befindet man sich 70 Meter unter der Erde. Beleuchtete Stufen weisen den Weg hinab zum sogenannten »Leißnerdom«. Darüber befindet sich in 26 Metern Höhe ein mit Gitter gesichertes Windloch (Windloch am Zinnberg), das wohl ursprünglich den

Einstieg zur »Maximiliansgrotte« markierte. Bei der Ausleuchtung des Weges kommen übrigens Spezialbirnen zum Einsatz, die eine etwaige Algen- und Moosbildung verhindern. Durch Intervallschaltung verlischt das Licht, sobald es die Besucher nicht mehr benötigen. Weitere Hohlräume im Inneren wie die »Adler- und Orgelgrotte« sind nach markanten Tropfsteinen und Felsformationen benannt. In einem der seitlichen Hohlräume befindet sich der »Eisberg«: Er ist Deutschlands größter Tropfstein mit einer Höhe von etwa drei Metern und einer Breite von sechs Metern. Vor- und frühgeschichtliche Spuren sind überraschenderweise rar. Nur vereinzelt wurden Scherben sowie Knochen von Höhlenbären entdeckt. Ein erster handfester Hinweis auf die Grotte entstammt dem ausgehenden 16. Jahrhundert. Schriftliche Überlieferungen belegen, dass Kurfürst Friedrich IV. von der Pfalz vergeblich versuchte, aus dem mythischen Ort Kapital zu schlagen: Weder ließ sich aus dem vorhandenen Tropfstein das für Schwarzpulver nötige Salpeter gewinnen, noch wollte sich der auffällig gelbe Lehm in Gold verwandeln lassen. Im Dreißigjährigen Krieg soll die »Maximiliansgrotte« noch als Zufluchtsort gedient haben, im Spanischen Erbfolgekrieg hingegen wurde sie für etwa 30 Soldaten zum Grab. Ihre Gebeine sind in der »Schwarzen Halle« am Ende des Höhlenrundgangs aufgebahrt. Dahinter kann man die Höhle auf direktem Wege wieder verlassen. Der künstliche Ausgang wurde im Jahr 1926 geschaffen. Wissenswert: Im Grotteneingang reift schon seit den 1970er-Jahren der geheimnisvolle »Grottenkäse«, ein würziger Emmentaler, nach Geschmack verfeinert mit Bärlauch, Pfeffer oder Kümmel. Er kann im nahe gelegenen Gasthof *Grottenhof* verkostet werden. Dort wird der Hartkäse handgekäst und geräuchert, ehe er dann in der Grotte mindestens zehn Wochen ruhen darf. Familie Lohner, die den *Grottenhof* betreibt, verwaltet auch die Höhle. Eine Einkehr in dem gemütlichen Ausflugslokal ist unbedingt empfohlen.

Gasthof Grottenhof, Krottensee, 91284 Neuhaus
Tel. 0 91 56/4 34, www.grottenhof.de, tägl. 11.00–21.00

---

64. Goldgräber, Rocker und der Zahn der Zeit

Burg Veldenstein

Die 1230 errichtete Burg Veldenstein war als »Neues Haus« des Bamberger Bischofs Pate bei der Namensgebung für die Marktsiedlung zu ihren Füßen: Markt Neuhaus. Sie wurde ursprünglich als Bollwerk gegen die Slawen errichtet. Darüber hinaus diente sie den Bischöfen eine lange Zeit dazu, ihren Einfluss an der Pegnitz, 50 Kilometer nordöstlich von Nürnberg, gegen die immer weiter erstarkenden Bayernherzöge (Wittelsbacher) abzusichern. Fast 800 Jahre lang war die Festung Amtssitz und Sommerresidenz der Bamberger Würdenträger. Im Lauf ihrer bewegten Geschichte wurde die Burg mehrfach eingenommen. Im Jahr 1780 kam es durch einen Blitzschlag zu einer heftigen Pulverexplosion, die schwere Schäden verursachte. Die weitläufige Burganlage mit ihren starken Wällen, Bastionen und Mauern wird vom 21 Meter hohen, auf einem Felsen ruhenden Bergfried dominiert. Er ist das Wahrzeichen des Oberen Pegnitztals und ziert auch das Wappen der örtlichen *Kaiser Bräu*, die in Neuhaus im Zeichen der Burg braut: nach alter Tradition, doch mit modernster Technik. Ihr Veldensteiner Bier ist im In- und Ausland gleichermaßen beliebt. Im Jahr 1807 stieß der Bayerische Staat die Burg ab, danach ging sie durch mehrere private Hände. Ihr unrühmlichster und letzter Privateigentümer war Hitlers »Reichsmarschall« Hermann Göring. Er ließ die Burg nach seinen Vorstellungen renovieren: Unter dem Herrenhaus entstand ein bombensicherer Bunker mit eigener Strom-, Luft- und Wasserversorgung. Der selbsternannte »Reichsjägermeister« kam

regelmäßig zur Jagd nach Veldenstein, weshalb er die Pegnitztalstraße asphaltieren ließ. Den Wunsch der Neuhauser nach einer Badeanstalt soll er allerdings mit den Worten zurückgewiesen haben: »Wenn ich meinen Arsch in die Pegnitz halten kann, können die Neuhauser das auch.« Nach Kriegsende nahmen die amerikanischen Besatzer die Burg ganz genau unter die Lupe. Das Gerücht, Göring habe seine privaten Kunstschätze in den letzten Kriegstagen nach Veldenstein geschickt, hält sich hartnäckig. Doch weder die Amerikaner mit ihren Presslufthämmern noch einheimische »Goldgräber« nach ihnen wurden jemals fündig. Ab 1950 kam die Burg wieder in Besitz des Freistaates Bayern, der das Anwesen schließlich unter Denkmalschutz stellte. Eine Zeit lang wurde die Veste als Falknerei genutzt. Das mittig gelegene Herrenhaus wurde von der Langzeitpächterin *Kaiser Bräu* zum Hotel mit Restaurant umgebaut. In den Jahren 2002 bis 2013 veranstaltete das Nürnberger *Concertbüro Franken* in dem mittelalterlichen Gemäuer alljährlich ein sehr beliebtes und erfolgreiches Musikfestival. Doch im Mai 2013 rutschten unerwartet 300 Tonnen Felsmaterial sowie Teile der Burgmauer ins Tal. 16 Anwohner mussten evakuiert werden. Ein Haus wurde beschädigt. Danach war die Burg 14 Monate lang für den Publikumsverkehr gesperrt. An der Stelle des Felsabbruchs entstand eine Aussichtsplattform, die seit Juli 2014 auch öffentlich zugänglich ist. Über die langfristige Nutzung des Gesamtanwesens hüllt sich der Freistaat leider nach wie vor in Schweigen.

65. So trinken die Franken

Kommunbrauerei in Neuhaus

Es ist wohl schon eine geraume Weile her, dass die Hersbrucker Alb den Titel »Hopfenanbaugebiet« mit Stolz tragen durfte. Die großen Zeiten des »Hersbrucker Gebirges«, wie der ausgezeichnete Hopfen ab 1774 genannt wurde, sind längst vorbei. Der Anbau der würzigen Kletterpflanze ist für die meisten fränkischen Kleinbauern einfach nicht mehr rentabel. Längst hat hier die Hallertau mit ihren über 14000 Hektar Anbaufläche die Nase vorn. Und doch hat die Tradition des grünen Goldes überall in der Region Spuren hinterlassen, wie etwa die zahlreichen Trockenböden in den stolzen Bürgerhäusern, die die Martin-Luther-Straße von Hersbruck säumen. In den 1950er-Jahren gab es noch etwa 2 000 Hopfenbauern in der Region. Inzwischen sind es nur noch zwölf, wobei zwei von ihnen den Großteil der verbliebenen 130 Hektar Anbaufläche bewirtschaften. Ein besonders schöner Bierbrauch wird bis heute in Neuhaus gepflegt: die Tradition der Kommunbrauerei. Das Städtchen am Rande des Veldensteiner Forsts zählt zu den nördlichsten Punkten im Oberen Pegnitztal. Der Ort wird von der markanten Burg Veldenstein mit ihrem 21 Meter hohen, schlanken Bergfried überragt. Drunten in Neuhaus verkündet ein sechszackiger Stern, der außen am Haus befestigt wird, welche der verbliebenen drei Brauerfamilien aktuell das Bier ausschenkt. Wer dem Ruf des Sterns folgt, landet dann quasi bei den Wirtsleuten in der guten Stube. Der Brauch geht auf das sogenannte Kommunbraurecht zurück, das hier schon seit dem 16. Jahrhundert gilt. Die Neuhauser Bürger erhielten das kommunale Braurecht, das auch ein Schankrecht beinhaltete, von Fürstbischof Weigand von Redwitz. Seit damals kann eigentlich jeder sein Bier brauen, im eigenen Haus ausschenken oder verkaufen. Von den ehemals 85 Bürgern mit Brauberechtigung ist neben den drei aktiven Familienbetrieben aber nur noch die *Kaiser Bräu* aktiv. Gebraut wird im gemeinsamen Brauhaus. Zum Bier werden handfeste Snacks wie Brotzeitplatten oder Bratwürste mit Kraut und Kartoffelsalat angeboten. Wer der Kommune in Neuhaus einen Besuch abstattet, darf übrigens nicht kontaktscheu sein. Das Gerücht, die griesgrämigen Franken blieben selbst in der Wirtschaft am liebsten unter sich, wird hier ohne Zweifel widerlegt. Wird in der Kommune ein Stuhl frei, setzt man sich dazu und »schmarrt miteinand«, was das Zeug hält. Ist das Fass in der einen Kommune leer, wird der Stern weitergereicht und die Gäste folgen dem Bier. So lernt man Land und Leute wirklich kennen.

Weitere Informationen zur Kommune:
Familie Reindl, Tel. 0 91 56/14 25 (Geschäftsführung)
Familie Benaburger, Tel. 0 91 56/16 76, Familie Döth, Tel. 0 91 56/10 56

66. Ritter, Bier und Scherenschnitt

Besuch auf Burg Hartenstein

Tour: Die landschaftlich reizvolle Tour führt auf die Jurahöhe in Richtung Schrödlberg, vorbei am Gotthardsberg und weiter durch den Staatsforst bis nach Hartenstein hinein.
Länge: 2 km.
Dauer: 45 Min.
Familie: Familienfreundliche Tour.
Besonderheiten: Die auf der Burg beheimatete Dauerausstellung »Hauen, Stechen und Hofieren« bietet einen guten Überblick über die Geschichte des Rittertums in Franken.
Variante (bei Anfahrt mit Auto): Nach einem Besuch auf der Burg einen Spaziergang (1 ½ km) auf den gegenüberliegenden Hirtenberg machen und den Ausblick genießen (s. S. 243).
Anfahrt: *Kfz:* Über die A 9, im Süden Ausfahrt »Lauf Nord und Hersbruck« nehmen. Dann über die B 14 durchfahren bis Hohenstadt und weiter mit der Staatsstr. (2162) Richtung Velden. Oder direkt über die A 9 die Ausfahrt »Hormersdorf« wählen und via Rupprechtstegen in Richtung Velden fahren. Anschließend der Beschilderung nach Hartenstein folgen. Parken direkt unterhalb von Burg Hartenstein oder in der Ortsmitte unweit von Kirche und Gasthof *Goldenes Lamm.*
ÖPNV: Anreise mit der Regionalbahn R3. Ausgehend vom »Bahnhof Velden« ist Burg Hartenstein in einer Dreiviertelstunde problemlos über den mit der Markierung »Grünstrich« ausgewiesenen Wanderweg zu erreichen.

Hartenstein, Namensgeberin der gleichnamigen Gemeinde im Oberen Pegnitztal und der östlich davon gelegenen Jurahochflächen, liegt zu Füßen des »Hirtenberges«. Und auch auf der gegenüberliegenden Seite wird die kleine Ortschaft von der auf einem Felsen thronenden Burg Hartenstein überragt. Die Burg geht wohl auf eine Festungsanlage aus dem 13. Jahrhundert zurück. Eine erste urkundliche Erwähnung stammt aus dem Jahr 1268. Darin begründete Ritter Ruprecht von Hartenstein eine Stiftung, um das Seelenheil seines verstorbenen Vaters Ruprecht von Neidstein zu sichern. Hartenstein gehörte zunächst zur Bamberger Hochstiftsvogtei und ging im Laufe der Jahrhunderte

Burg Hartenstein, Burg 1, 91235 Hartenstein
Tel. 0 91 52/9 28 21 97, www.ritterhartenstein.de
Sa, So u. Fei 12.00–17.00, Gruppen u. Schulklassen nach Vereinbarung
Familie 10 €, Erwachsene 4 €, ermäßigt 3 €, Kinder 2 €

Restaurant Touché
Tel. 0 91 52/92 16 78, www.restaurant-touche.de, tägl. ab 11.00

durch mehrere Ministerialen- und Adelsgeschlechter. Im Jahr 1328 fiel die Burg an die Wittelsbacher, weshalb sie ab 1500 mit wenigen Unterbrechungen eine fortlaufend (kur-)baierische Enklave blieb. Von den spätmittelalterlichen Gebäuden ist lediglich der Palas erhalten. Das heutige Haupthaus hingegen wurde erst im Dreißigjährigen Krieg zur Kaserne umgebaut. Im Spanischen Erbfolgekrieg wurde Burg Hartenstein von den kaiserlichen Truppen erstürmt und arg beschädigt: Türme, Basteien, Wohn- und Amtsgebäude wurden beschädigt. Um Bauunterhalt zu sparen, ließ man zu Beginn des 19. Jahrhunderts große Teile der vorhandenen Gebäude abbrechen. Die bis heute erhaltene Kaserne, in der auch Ritterausstellung und Gastronomie untergebracht sind, kam in Privatbesitz und wurde mehrmals weiterverkauft. Zuletzt im Jahr 1919 an den Diplomaten Dr. Hans Anna Haunhorst, der die Burg bis zu seinem Tode gemeinsam mit seiner Ehefrau, der Scherenschnittkünstlerin Olga Haunhorst (siehe Kasten), bewohnte. Beide sind auf dem Anwesen beigesetzt. Ihre Nachfahren verkauften die Burg an die Gemeinde Hartenstein, um sie wieder für die Öffentlichkeit zugänglich zu machen. Die Dauerausstellung im ersten Stock beschäftigt sich ausführlich mit dem Rittertum in Franken und würdigt nicht zuletzt die Bedeutung dieser Kriegerkaste für die historische Entwicklung im ländlichen Raum. Unter dem Motto »Hauen, Stechen und Hofieren« geht es um raubeinige Haudegen sowie kultivierte Höflinge, ihren sozialen Aufstieg oder Fall und nicht zuletzt um das Spannungsgefüge aus Klischee und Wirklichkeit. Besucher können sich ein Bild über die kostspielige Ausrüstung machen, sich über Lanzenkampf oder höfische Etikette informieren und natürlich Wissenswertes über die Kreuzzüge und Turnierregeln erfahren. Trotz der wissenschaftlichen Aufarbeitung ist die Schau auch für Kinder interessant. Im Erdgeschoss ist seit einigen Jahren das Restaurant *Touché* untergebracht. Obwohl das Museum nur am Wochenende geöffnet ist, kann man hier täglich einkehren. Wenn es das Wetter irgendwie zulässt, sollte man zum Essen und Trinken aber unbedingt die herrliche Aussicht von der Sonnenterrasse und vom Burggarten aus genießen. Für Kinder gibt es einen kleinen Spielplatz. Aber Vorsicht, dass die Kleinen nicht zu kletterlustig werden! An manchen Stellen geht es wirklich steil abwärts. Die eher gehobene Speisekarte beschränkt sich nicht ausschließlich auf die fränkische Küche. Es werden auch Steak, Burger und

Grillspezialitäten angeboten. Naturbelassene Salze und Gewürze geben den Gerichten eine besondere Note. Sehr beliebt ist das einmal im Monat angebotene, sehr üppige Brunchbuffet jeweils am ersten Sonntag im Monat (10.00–14.00 Uhr mit Voranmeldung). Ein Koch bereitet live Eier, Waffeln und Crêpes nach Belieben direkt am Buffet zu. Im angegliederten Rittersaal (bis 65 Personen) besteht die Möglichkeit, Hochzeiten (mit standesamtlicher Trauung), Geburtstage oder Geschäftsessen auszurichten.

Olga Haunhorst – Hüterin einer fast vergessenen Kunstform

Olga Haunhorst, Jahrgang 1894, wuchs in einer großbürgerlichen Intellektuellenfamilie im Rheinland auf. Sie besuchte ein Schweizer Mädchenpensionat, wo sie zahlreiche europäische Sprachen sowie Japanisch fließend erlernte. Die Liebe zur japanischen Kultur begleitete sie ein Leben lang. Später erhielt sie die Gelegenheit, eine Ausbildung zur Regieassistentin bei der *UFA* zu machen. Im Ersten Weltkrieg wurde sie Krankenschwester und heiratete schließlich den wesentlich älteren Dr. Hans Anna Haunhorst, der als Diplomat in Japan und im Vatikan gearbeitet hatte. Mit ihm und in seinem Schatten lebte sie fortan auf Burg Hartenstein, wo sie auch die schweren Stunden des Zweiten Weltkriegs erlebte. Ihre Scherenschnitte sind von filigraner Schönheit und großer Ausdruckskraft: Symmetrische Faltschnitte wechseln mit ornamental-floralen Masken. Sie verwendete unterschiedlichste Materialien: von Gold- und Farbpapier über Rupfen (Leinengewebe) und Filz bis hin zu Japanpapier und sogar Leder. Haunhorst verstand es, ihrer Kunstform eine vollkommen neue Formensprache angedeihen zu lassen und somit diese Ausdrucksform der modernen Kunst zu öffnen. Ihre künstlerische Darstellungsweise ist nicht von ihrer Geschichte zu trennen. Finden sich in den frühen 1920er-Jahren noch klassische Scherenschnittmotive – ganz im Sinne einer »Ausbildung für höhere Töchter« –, so zeigen sich bei ihren Masken in späteren Jahren Einflüsse »schwarzafrikanischer Kunst«. Nach Afrika reiste Haunhorst erstmalig nach dem Tod ihres Mannes im Jahr 1954. Auch die französische Avantgarde beeinflusste sie nachhaltig: Zum Tode des verehrten Pablo Picasso schuf sie ein Blatt mit dem Titel *Picasso ist tot*, welches ein Spätwerk des Malers im Scherenschnitt aufgreift. Olga Haunhorst wäre wohl in Vergessenheit geraten, wenn sich nicht Galeristin Anna M. Scholz (*Stiftung*

Hersbruck) ihres Nachlasses angenommen hätte. Im Jahr 2011 widmete das *Kunstmuseum Hersbruck* der Künstlerin eine umfassende Ausstellung, die von Dr. Ina Schönwald (*Stadtarchiv Lauf*) und Ingrid Pflaum (Leitung *Deutsches Hirtenmuseum*) kuratiert wurde und später auch auf Burg Hartenstein zu sehen war (Wanderausstellung). Der reich bebilderte und fast 100 Seiten starke Katalog ist noch immer erhältlich.

Abstecher zum Hirtenberg

Tour: Spaziergang auf den Hirtenberg. Start ist bei der Wandertafel am Dorfplatz/Gasthof *Goldenes Lamm*
Länge: 1 ½ km.
Dauer: 30 Min.
Höhenunterschied: 65 m.
Markierung: Hirtenberg Rundweg (»Weiße 4 auf grünem Grund«).

Wer nach einem Besuch in der Ritterausstellung noch motiviert ist für einen zielstrebigen Spaziergang mit raschem Erfolgserlebnis, sollte sich den folgenden Exkurs nicht entgehen lassen. Als einer der markanten Punkte in der Gemeinde Hartenstein bietet sich der »Hirtenberg« mit seiner Höhe von 563 Metern nämlich als idealer Aussichtspunkt an. Von hier aus hat man nicht nur einen schönen Blick auf Burg Hartenstein und die Ortschaft, sondern auch auf die umliegenden Berge der Fränkischen Schweiz und der Oberpfalz. Bei gutem Wetter und weiter Sicht sind sogar Burg Hohenstein und die Höhenzüge des Fichtelgebirges auszumachen. Der Weg führt zunächst vorbei am örtlichen Kriegerdenkmal und dann weiter die Dorfstraße entlang. Nach etwa 30 Metern biegen wir nach links ab und folgen mit unserer Markierung, der »Weißen 4 auf grünem Grund«, dem Waldpfad zum »Hirtenberg« hinauf. Bis zum Bergsattel geht es stetig bergauf. Die letzten Meter bewältigen wir dann über eine Treppe, die uns zwischen den Felsformationen den Weg zum Gipfelkreuz weist und dabei Schritt für Schritt das herrliche Panorama freigibt.

67. Veldener Spaziergang

Kleinste Stadt im Nürnberger Land

Tour: Stadtspaziergang durch Velden mit Start am Bahnhof. Der Weg führt über Marienkirche, Scheunenviertel, Pflegschloss, Mühltor, Panoramaweg mit Mühle und Kriegerdenkmal.
Länge: 1 ½ km.
Dauer: Ca. 30 Min.
Anfahrt: *ÖPNV:* Mit der Regionalbahn R3 von Nürnberg Hauptbahnhof kommend in Richtung Neuhaus. Haltepunkt ist Velden.

Wer mit dem Zug nach Velden kommt, sollte vor Tourantritt die Gelegenheit ergreifen, um die kleinste Stadt im Nürnberger Land ein wenig genauer unter die Lupe zu nehmen. Der Tourismusverband hat vier kleinere Rundwege durch die Stadt ausgewiesen, an denen wir uns aber nur lose orientieren. Unterwegs zu unserem Ausgangspunkt am Kriegerdenkmal (Panoramaweg) lassen wir den am nordöstlichen Ortsrand gelegenen Bahnhof hinter uns und folgen zunächst der Bahnhofstraße hinunter ins Dorf. Schon bald passieren wir die »Marienkirche«.

Erstmals im Jahr 912 n. Chr. als »karolingische Königskirche« urkundlich erwähnt, ist der stattliche Bau ein wahres Kleinod mit zahlreichen Kunstschätzen. Von außen wirkt das Gotteshaus mit seinen hohen Spitzbogenfenstern eher gotisch beeinflusst. Der Innenraum wurde nachträglich barockisiert. Vom sogenannten »Alten Turm« (13. Jhdt.) an der Nordseite haben nur die unteren Geschosse die Jahrhunderte überdauert. Darin befindet sich unter einem im 14. Jahrhundert eingezogenen Kreuzrippengewölbe die Taufkapelle. Der Taufstein soll aus der Zeit der Merowinger stammen. Markant ist auch der als Blattmaske gestaltete Schlussstein über dem Taufbecken. Das einschiffige Langhaus, der Chor sowie der 38 Meter hohe Westturm wurden ebenfalls Mitte des 14. Jahrhunderts erbaut. Der Ausbau des Innenraums (1729) sowie der Einbau einer zweigeschossigen Empore (1611) erfolgten erst nach der Reformation. Im Zentrum des gotischen Hauptaltars (1450) thront eine lebensgroße Marienfigur im Strahlenkranz (1,85 m). Im Chorraum rechts hängt der spätgotische Jungfrauenaltar. Er entstammt der im Mittelalter abgebrochenen

Gotthardkapelle auf dem Weg nach Hartenstein. Das Kirchenschiff ziert die Holztafel des »12-Apostel-Altars« von 1500. An seinem ursprünglichen Standort, rechts neben der Kanzel, hängt inzwischen der »Kleine Marienaltar«. Ein Predellabild mit den 14 Nothelfern wurde erst später unterhalb des Altarbildes angebracht. Die Marienkirche war ursprünglich von einem Friedhof umgeben, der heute nicht mehr zu finden ist. Reste der mittelalterlichen Stadtmauer hingegen kann man hinter der Kirche und neben dem Pfarrhaus entdecken.

Von der Marienkirche aus gelangen wir direkter Hand zum Veldener Marktplatz, wobei es sich hierbei mehr um einen Straßennamen handelt als um einen Ort der Begegnung. Von dort biegen wir nach rechts (Richtung Pfaffenhofen) in die Friedhofstraße ein und gelangen nach wenigen Minuten ins berühmte »Scheunenviertel«, ein ausgezeichnetes Ensemble (Denkmalschutz) mit historischen Scheunen. Die giebel- und traufständigen Fachwerkgebäude wurden wie früher üblich außerhalb des Ortskerns errichtet und vorwiegend als Lagerstätten genutzt. Scheunenviertel an und für sich sind typisch für die Hersbrucker Schweiz. Velden allerdings verfügt über das in der Region am besten erhaltene Ensemble.

Nach diesem kleinen Ausflug kehren wir zum Marktplatz zurück, biegen dieses Mal aber kurz zuvor in die Mühltorstraße ein. Auf unserem Weg kommen wir an der Rückseite (nördlich) des ehemaligen Pflegschlosses sowie dem zugehörigen Schlosshof vorbei. Es wurde im Jahr 1481 erbaut und Mitte des 16. Jahrhunderts nach einem Plan des Nürnberger Stadtbaumeisters Jörg Weber überarbeitet. Das dreistöckige Gebäude mit hohem Halbwalmdach – ein Mischbau mit Zeugnissen aus allen nur erdenklichen Epochen – verfügt im Erdgeschoss über Kreuzgewölbe und Spunddecken. Im Obergeschoss sind einfache Barockstuckdecken (Mitte des 18. Jhdt.) zu finden. Die Treppe zum zweiten Stock hingegen stammt wohl aus der Renaissance. Aus dieser Zeit datiert auch die rot-weiße Pflasterung in diesem Stockwerk sowie die Wandmalerei eines Nürnberger Patrizierwappens, die teilweise übertüncht wurde. Der Hof wird von zwei Flügelbauten flankiert. Über den Türen sind drei Wappensteine angebracht: die beiden Nürnberger sowie das Veldener Stadtwappen. Es stammt wohl vom 1743 abgebrochenen Veldener Rathaus. Seine ruhmreichen Zeiten hat das Gemäuer leider hinter sich. Es befindet sich seit 1808 in privater Hand, diente zeitweise mehreren Familien als Unterkunft, ist nun aber schon seit Längerem unbewohnt. Der Innenhof darf mitunter von der Stadt für öffentliche Veranstaltungen genutzt werden. Direkt im Anschluss passieren wir das Stadttor, welches der Straße auch ihren Namen gibt. Der »Mühltorturm« ist der letzte noch vollständig erhaltene von ursprünglich drei Türmen der Stadtbefestigung. Er wurde in der ersten Hälfte des 15. Jahrhunderts errichtet. Die Jahreszahl 1516 an der Ostseite bezeichnet lediglich das Datum seines Umbaus. Der Turm ist zwölf Meter hoch und misst etwa sechs mal sechs Meter. Auf seinem mächtigen Krüppelwalmdach sitzt ein zusätzliches Glockentürmchen. Die drei Obergeschosse wurden nach der Zerstörung im Zweiten Weltkrieg ab 1960 erneuert. Im Jahr 2004 ließ der neue Besitzer (Walter Taubmann) das Anwesen in Eigenleistung noch einmal komplett sanieren, so erhielt der »Mühltorturm« sein charakteristisches Aussehen zurück.

Von hier aus wenden wir uns nach links der Mühlgasse zu. Sie führt uns vorbei an der alten (wieder bewohnten) Mühle bis hin zum wunderschönen Uferweg, den linker Hand die Pegnitz und rechter Hand steile Felsüberhänge säumen. In dieser Konstellation wohl eine Seltenheit für eine Stadt. Rote Bänke bieten Gelegenheit zur Rast. Einige der Felsen sind explizit zum Klettern ausgewiesen. Wir folgen dem sogenannten »Promenadenweg«, steigen aber nach etwa 300 Metern über steinerne Stufen hinauf zum örtlichen Kriegerdenkmal am Fuße des Wachtberges. Die Vorarbeiten für dieses besondere Mahnmal, das 1921 für die Gefallenen des Ersten Weltkrieges geschaffen und 1957 erneuert wurde, hat bereits Mutter Natur geleistet.

Hier endet unser Stadtspaziergang. Mit dem Aufstieg zum Panoramaweg beginnt hier unsere Wanderung nach Vorra. Autofahrer parken direkt auf dem Parkplatz am gegenüberliegenden südlichen Ortsrand, nehmen den Steg über die Pegnitz und gleichfalls die Stufen hinauf zum Kriegerdenkmal. Sie können den Spaziergang durch Velden auf dem Rückweg nutzen, um vom Bahnhof wieder zurück zum Parkplatz zu gelangen.

Marienkirche, Bahnhofstr. 4, 91217 Velden, Tel. 0 91 52/76 19
geöffnet tägl. 9.00–19.00, Gottesdienst So 9.30 (14-tägig)

68. Auf Panorama- und Pegnitztalweg

Von Velden nach Vorra

Tour: Die abwechslungsreiche Tour mit leichtem Schwierigkeitsgrad führt von Velden, der kleinsten Stadt im Landkreis Nürnberger Land, durch das malerische Pegnitztal bis nach Vorra. Unterwegs bietet sich die Gelegenheit, einen kleinen Wasserfall unweit der Harnbachmühle zu besuchen. Die Tour lohnt sich zu jeder Jahreszeit.
Länge: 11 km.
Dauer: 3 ½ Std.
Familie: Familientauglich.
Markierungen: »Panoramaweg« (»Schwarze 1 auf gelbem Grund«), »Grünstrich« (bis Rupprechtstegen), anschließend auf dem »Pegnitztalradweg« (Darstellung einer Felssilhouette auf weißem Grund) bis nach Vorra.
Variante für Radler: Der Pegnitztal(rad)weg eignet sich auch für eine ausgedehnte Fahrradtour. Auf einer Stecke von 25 km über Flur- und Waldwege erstreckt er sich quer durch die Hersbrucker Alb und folgt dabei meist dem Lauf der Pegnitz. Start- und Zielpunkt sind je nach Richtung Hohenstadt im Mittleren und Neuhaus im Oberen Pegnitztal. Der Höhenunterschied beträgt lediglich 55 m, jedoch geht es im stetigen Wechsel bergauf, bergab, sodass auf dem Drahtesel insgesamt doch einige Höhenmeter zusammenkommen. Es besteht direkter Anschluss an den »5-Flüsse-Radweg«.
Anfahrt: *Kfz:* Über die A 9, im Süden Ausfahrt »Lauf Nord und Hersbruck« nehmen. Dann über die B 14 durchfahren bis Hohenstadt und weiter mit der Staatsstraße Richtung Velden. Oder direkt über die A 9, die Ausfahrt »Hormersdorf« wählen und via Rupprechtstegen in Richtung Velden fahren. Parken am südlichen Ortseingang (unbefestiger Schotterparkplatz) oder am Veldener Bahnhof (nordöstlicher Stadtrand).
ÖPNV: Anreise mit der Regionalbahn R3 von Nürnberg Hauptbahnhof kommend in Richtung Neuhaus. Direkter Haltepunkt ist Velden. Als Unterkunft bietet sich das *Heuhotel Fischbeck* in Vorra an.

Ausgehend vom Schotterparkplatz am südlichen Ortseingang von Velden queren wir die Pegnitz über einen Steg und steigen über steinerne Stufen auf bis zum eher martialisch anmutenden Kriegerdenkmal. Bis dorthin sichert noch ein Geländer unseren Aufstieg ab. Während sich der daran anschließende

Panoramaweg (schwarze 1 auf gelbem Grund) ohne Sicherung fortsetzt. Es ist also Vorsicht geboten und festes Schuhwerk. Dafür werden wir mit einem überwältigenden Ausblick über das kleinste Städtchen im Nürnberger Land belohnt. Nach etwa 200 Metern gelangen wir zu einem querführenden Weg mit etlichen Markierungen. Wir biegen hier, weiter aufsteigend, nach links ab und folgen nun der Markierung »Grünstrich«. Sie wird uns durchgängig zum Ortseingang von Rupprechtstegen begleiten. (Für Wanderer, die nicht ganz schwindelfrei sind, gibt es auch die Möglichkeit, im Tal mit den (Orts-)Markierungen 1 und 2 einige Meter hinter dem Kriegerdenkmal auf gemäßigterem Wege bis zum Bergrücken zu gelangen.)

Wir überqueren einen kleinen Kiefernhain und die anschließende Hangwiese und gelangen so, immer weiter aufsteigend, zum Übungsgelände des *TSV Velden* (Unterwegs schließen auch die (Orts-)Markierungen 1 und 2 zu uns auf). Nachdem wir den Sportplatz hinter uns gelassen haben, gelangen wir an ein weiteres lichtes Kiefernwäldchen, das teilweise umzäunt ist. Wir folgen dem regulären Waldweg und treffen nach etwa 100 Metern auf einen größeren geschotterten Fuhrweg, in den wir links einbiegen. Wenige Schritte weiter informiert eine hölzerne Tafel über den soeben durchquerten Lebensraum: Es handelt sich dabei um sogenannte »Dolomit-Kiefernwälder«, eine Rarität, die vor allem in der nördlichen Frankenalb vorkommt, aber selbst hier nur etwa ein Prozent der gesamten Waldfläche ausmacht. Zusammen mit den vorgelagerten Magerrasen bieten Dolomit-Kiefernwälder einigen seltenen Tier- und Pflanzenarten ein Zuhause. Kurz darauf treten wir aus dem Wald.

Unser Weg macht einen Bogen und fällt nun deutlich ab. Unter uns im Tal, wo die Pegnitz eine Schleife macht, liegt wie auf einem Postkartenidyll das kleine, noch sehr authentische Örtchen Lungsdorf mit seinen zahlreichen Fachwerkhäusern und Baudenkmälern – ein gern und oft fotografiertes Motiv der Hersbrucker Alb. Sobald wir auf der Ortsstraße (St 2162) angekommen sind, folgen wir derselben rechter Hand. Ein wunderschönes Scheunenensemble mit anschließendem Backofenhäuschen und Brünnerl erwartet uns in der daran anschließenden scharfen Linkskurve. Wir bleiben auf der Ortsstraße (St 2162), bis wir auf der linken Seite eine geschotterte Fläche mit Rast- und Spielplatz sowie Bootsanlegestelle ausmachen können. Wir queren die daran anschließende Brücke und münden wenig später mit der Markierung »Grünstrich« nach rechts in den querenden »Pegnitztalweg«. Nach etwa 300 Metern unterlaufen wir die erste von mehreren altmodisch anmutenden Eisenbahnbrücken des Pegnitztals. Diese wurden ursprünglich in den Jahren 1877 und 1899 als Bestandteil der »Fichtelgebirgsbahn« errichtet. Trotz ihres Schutzstatus als Baudenkmal droht einigen dieser beeindruckenden Konstruktionen wohl in den nächsten Jahren die Modernisierung durch den Eigentümer *Deutsche Bahn*.

Nun liegt ein wildromantisches Wegstück vor uns: Die Route verläuft ab sofort in unmittelbarer Flussnähe. Die Pegnitz schlängelt sich zu unserer Rechten in mehreren Bögen durch das enge Tal. Auf der gegenüberliegenden Seite begleiten uns bewaldete Felsabhänge, die im Herbst häufig ein außergewöhnlich schönes Farbenkleid tragen (»Indian Summer«). Nach etwa einem halben Kilometer sichten wir am linken Ufer den »Roten Felsen«, ein weiteres Naturdenkmal, das sowohl die Pegnitz als auch die St 2162 überragt. Die Spiegelung der Felsformation im ruhig dahinfließenden Gewässer bietet ein weiteres schönes Fotomotiv. Wir lassen die nächste Eisenbahnbrücke hinter uns. Der Weg schwenkt dabei nach links und das Tal wird etwas weiter. Die verbleibende Strecke bis nach Rupprechtstegen wird von

einer langen Baumreihe flankiert. Ein Steg unweit des Ortseingangs führt uns auf die andere Uferseite. Hier verlässt uns die Markierung »Grünstrich« in Richtung »Ankatal«, dessen »Eingang« das markante Naturdenkmal »Gaiskirchen« markiert – ein bei Kletterern beliebtes Felsmassiv. Wir hingegen folgen dem geschotterten »Pegnitztalradweg« ein kurzes Stück ohne weitere begleitende Markierungen, bis wir an einen weiteren Kinderspielplatz gelangen. Auf dem Damm darüber liegt der örtliche Bahnhof sowie ein beliebtes und originelles Ausflugslokal – der Rupprechtstegener *Rastwaggon*. Nach einer kurzen Rast gelangen wir, begleitet von den Markierungen »Blaupunkt« und »Rotkreuz« über die Hauptstraße (St 2162) rechts in die Ortschaft hinein. Nach etwa 130 Metern überqueren wir die Pegnitz und biegen schließlich auf der gegenüberliegenden Straßenseite in den Mühlenweg ein. Flankiert von Obstbäumen geht es auf geteertem Weg vorbei am *Senioren- und Pflegezentrum*.

Von jetzt an fließt die Pegnitz zu unserer Linken. Auf diesem kurzen Teilstück wird sie in ein steinernes Korsett gezwängt. Direkt gegenüber, auf der anderen Flussseite, können wir die Felstürme des Steinbruchs ausmachen. Bis Enzendorf wird »Blaupunkt« unser stetiger Begleiter. Bald schon sehen wir in der Ferne den Giebel der alten »Harnbacher Mühle« aus den Auen spitzen. Im weiteren Verlauf spazieren wir unterhalb der bewaldeten Berghänge auf der sogenannten Schneckenleite. Das Tal öffnet sich, während die Pegnitz einen lang gezogenen Linksbogen macht. Auf dem Scheitelpunkt der Biegung liegt die »Harnbacher Mühle«. Ihr Mühlrad steht schon lange still und das einstmals stolze Anwesen ist inzwischen – wie man bei näherer Betrachtung unschwer erkennen kann – arg heruntergekommen, um nicht zu sagen einsturzgefährdet. Das Gebäude wird deshalb weitläufig von Bauzäunen gesichert. Der *Mühlenkraft e. V.* macht sich bereits seit einigen Jahren unter anderem dafür stark, dass auf dem Anwesen zukünftig ein Freizeitzentrum für Familien mit Kindern und Jugendlichen entsteht. Konkrete Pläne gibt es aber noch nicht.

Abstecher zum kleinen Wasserfall nahe der Griesmühle

An dieser Stelle bietet es sich an, kurzzeitig den Hauptweg zu verlassen und einen Abstecher zu einem bezaubernden, kleinen

Wasserfall unweit der »Griesmühle« zu unternehmen. Hierfür halten wir zunächst direkt Kurs auf die »Harnbacher Mühle«. Zu unserer Linken weist uns bereits ein handbeschriftetes (Holz-) Schild an einem Baum auf unser Ziel hin. Am Mühlrad vorbei folgen wir dem idyllischen Bachlauf. Der Pfad steigt leicht an und führt mit den Markierungen »Paul-Pfinzing-Weg« und »Rotkreuz« zwischen Baumreihen und Büschen weiter ins Tal hinein. Nach etwa 400 Metern gelangen wir an einen kleinen Rastplatz. Der Wasserfall befindet sich sichtbar auf der rechten Seite. Wir passieren noch eine kleine Holzbrücke und gelangen über Wurzeln und Trittsteine mit wenigen Schritten an das reizende Naturschauspiel heran. Eine Schautafel erklärt alles Wissenswerte zum Phänomen des »Kalktuff«.

Nach Beendigung unserer Wasserfallexkursion kehren wir auf bekanntem Weg zum Ausgangspunkt an der »Harnbacher Mühle« zurück. Dann geht es vorbei am nahe gelegenen Gebäude des *Mühlenkraft e. V.* und von dort aus auf einem kleinen Pfad weiter in Richtung des Harnbachs. Mithilfe kleiner Stege passieren wir den fröhlich sprudelnden Bachlauf und biegen schließlich nach links auf einen breiteren Fuhrweg ein. Die Tour steigt wieder an. So spazieren wir oberhalb von Bahnlinie und Pegnitz bis nach Enzendorf. Bei der kleinen Quelle am Ortseingang besteht

Gelegenheit, auf einer Bank gegenüber einem schön renovierten Fachwerkstadel zu rasten. Wir lassen Enzendorf hinter uns und kehren zurück auf den »Pegnitztalradweg«. Bald passieren wir einen alten Felsenkeller und wandern im Schatten bewaldeter Berghänge. Erst nachdem wir erneut eine alte Eisenbahnbrücke unterquert haben, bekommen wir freie Sicht auf die beiden markanten Enzendorfer Felsen »Pavian« und »Student«. In einem lang gezogenen Bogen folgen wir dem Weg und umrunden den von einem Eisenbahntunnel durchbrochenen Berg »Vogelherd«. Auf der anderen Seite queren wir bereits die nächste Eisenbahnbrücke. Anschließend können wir unsere Tour durch die idyllische Auenlandschaft des Pegnitztals in Richtung Artelshofen fortsetzen.

Wir überqueren die Pegnitz auf einem in die Jahre gekommenen Brücklein, passieren eine Reihe herrlich blühender Schrebergärten und schwenken anschließend mit einer weiteren Brücke nach rechts über den Fluss. Vor uns tauchen die ersten Häuser von (Ober-)Artelshofen auf. Unmittelbar nachdem wir eine beeindruckende Eisenbahnbrücke hinter uns gelassen haben, knickt der Weg unvermittelt nach rechts ab. Über Wiesen und Weiden gelangen wir direkt hinein nach (Unter-)Artelshofen. Kurz darauf erreichen wir das privat bewohnte Schloss. Auf der gegenüberliegenden Seite bietet der *Pechwirt* Gelegenheit für eine ausgezeichnete Einkehr und dazwischen befindet sich das Wehr mit der Bootsausstiegsstelle für Kanuten und einem kleinen Park- und Rastplatz.

Nach einer Stärkung beim *Pechwirt* kehren wir über die Brücke wieder auf die Schlossseite zurück und setzen unsere Tour auf dem Pegnitztalradweg (mit begleitender Markierung »Gelbstrich«) fort. Den letzten Kilometer nach Vorra kann man getrost als »lockeres Auslaufen« bezeichnen. Der Weg, »Schulanger« genannt, führt ohne nennenswerte Höhen und Tiefen am Fluss entlang und ist auch prima mit einem vollen Bauch zu bewältigen. Er mündet direkt in die Bahnhofstraße. Von hier aus können wir mithilfe der Regionalbahn R3 wahlweise zum Nürnberger Hauptbahnhof oder zurück nach Velden (Autofahrer) gelangen. Falls bei Ankunft am Bahnhof noch Zeit und Lust besteht, bietet die Pegnitzinsel (s. S. 141), etwa drei Minuten weiter in Richtung Ortsmitte, nochmals die Möglichkeit für eine kleine Rast im Biergarten unter mächtigen Kastanienbäumen.

69. Rastwaggon Rupprechtstegen

Station für Eisenbahnfans

Dieses charismatische »Wirtshaus auf Rädern« ist wohl einer der originellsten Orte, um im Oberen Pegnitztal sein Bier zu genießen. Der aus dem Jahr 1930 stammende *Rastwaggon* war übrigens noch bis in die 1970er-Jahre aktiv im Schieneneinsatz. Erst im Jahr 2008 wurde er von der Gemeinde Hartenstein umgestaltet, um fortan seinen Dienst als Ausflugslokal zu tun. Bei seinem letzten Umbau im Jahr 2015/16 wurde dem stillgelegten Eisenbahnabteil auf Schienen ein zusätzliches Gebäude im Stil eines Bahnhofs angefügt. In dem sechs mal sechs Meter großen Gebäude mit Satteldach sind seitdem die Küche sowie der Ausschank für den Biergarten untergebracht. Der *Rastwaggon* selbst verfügt in seinem Innenraum über 50 Sitzgelegenheiten. Der angrenzende Biergarten mit Kinderspielplatz fasst mindestens noch mal so viele Gäste. Beides ist auch für Rollstuhlfahrer uneingeschränkt zugänglich. Ausreichend Parkmöglichkeiten sind ebenfalls vorhanden. Seit dem Umbau bewirtet Familie Belz das beliebte Ausflugsziel. Neben süffigen Veldensteiner Bierspezialitäten werden auch warme und kalte fränkische Brotzeiten gereicht.

Rastwaggon, Am Bahnhof 6, Rupprechtstegen, 91235 Hartenstein
Tel. 01 71/8 78 26 84, Biergarten u. Fahrradverleih (telef. Reservierung erforderlich), Mi–So 11.00–22.00

Und wer seinen Ausflug in die nähere Umgebung nicht per pedes machen möchte, kann sich in einer weiteren zum *Rastwaggon* gehörigen Hütte Fahrräder (telefonische Vorbestellung) leihen. Die Idee einer »Train & Bike«-Station zur Belebung des Tourismus in der Region geht übrigens auf den aus Vorra stammenden Sylvester Eigner zurück. Bereits im Jahr 2002 fand er mit Rudi Poppendörfer, dem Besitzer des privaten *Eisenbahnmuseums* in Artelshofen, einen ausgezeichneten Bahnkenner und überzeugten Mitstreiter für seine Idee. Gemeinsam gründeten sie den Verein *Eisenbahnfreunde Pegnitztal.* Eigner kaufte den *Rastwaggon* in Eigenleistung von den *Coburger Eisenbahnfreunden.* An seinem Wunschstandort, dem Bahnhof in Vorra, kam das Projekt allerdings nie zustande. Und auch die finale Verwirklichung seines Traums durfte Eigner nicht mehr miterleben. Er verstarb im November 2005. Der *Rastwaggon Rupprechtstegen* öffnete dann zweieinhalb Jahre später seine Türen für Gäste. Eine Tafel erinnert jedoch an den Spender und seine Verdienste.

70. Bitte einsteigen!

Eisenbahnmuseum Artelshofen

Das *Eisenbahnmuseum* in Artelshofen befindet sich im privaten Besitz des leidenschaftlichen Sammlers Rudolf Poppendörfer. Die beeindruckende und liebevoll arrangierte Ausstellung zeigt unter anderem Schilder aller Art, Signalpfeifen, Fahrpläne und Betriebsbücher, Uniformen, Rangabzeichen, Fahrkarten, Modelle, Geschirr aus dem Speisewagen sowie Bild- und Tonaufnahmen. Darunter sind Raritäten wie etwa das Sargtuch des Bahnbetriebswagenwerks Nürnberg-Hauptbahnhof, ein Beamtenzweispitz eines bayerischen Bahnhofsvorstehers um 1900, diverse Hoheitszeichen, aber auch Gerätschaften aus dem Stellwerk sowie alte Werbeständer der *Deutschen Bahn.* Das private Museum kann allerdings nur nach telefonischer Voranmeldung besichtigt werden.

Privates Eisenbahnmuseum, Rudolf Poppendörfer, Langäcker 2
91247 Vorra-Artelshofen, Tel. 0 91 52/86 02, www.vorra-mfr.de

Sittenbachtal

71. Zum Wahrzeichen der Hersbrucker Schweiz

Rundweg durchs Sittenbachtal

Tour: Abwechslungsreicher Rundweg über Wiesen, Wälder und Flure mit leichtem bis mittlerem Schwierigkeitsgrad. Höhepunkte der Route sind das Tetzelschloss und die St. Bartholomäuskirche in Kirchensittenbach sowie Burg Hohenstein und im Frühjahr der »Märzenbecherwald«. Oberhalb von Kirchensittenbach lohnen der »Wachfels« und das »Kirchenloch« einen Abstecher.

Länge: 9,5 km.

Dauer: Ca. 3 ½ Std. reine Gehzeit.

Markierungen: »Blaustrich auf weißem Grund« und »Fränkischer Gebirgsweg«

Saison: Ganzjährig, ihren besonderen Reiz entwickelt die Tour allerdings im Frühjahr, wenn ab Ende Februar der »Märzenbecherwald« bei Algersdorf in voller Blüte steht.

Variante: Nach einem Besuch an »Wachfels« und »Kirchenloch« kann die Tour kurzzeitig auch mit den Markierungen »Rotring« (bis Stöppach) und »Main-Donau-Weg« bis zur Burg Hohenstein fortgesetzt werden.

Anfahrt: *Nur Kfz:* Über die A 9, im Süden Ausfahrt »Lauf Nord und Hersbruck« nehmen. Dann über die B 14 bis Altensittenbach fahren und dort nach links in die Sittenbachtalstraße in Richtung Kirchensittenbach abzweigen. Alternativ von der A 9 (vom Norden kommend) die Ausfahrt »Hormersdorf« wählen und Richtung Hohenstein (vorbei an Algersdorf und Dietershofen) fahren. Fahrzeuge können entweder am Parkplatz in der Rathausgasse gleich hinter der »Landpension Postwirt« oder am Gemeindekindergarten (beim Schild »Vorsicht Schule« scharf links einbiegen) abgestellt werden.

Ausgangspunkt für diesen charmanten Rundweg durch das Sittenbachtal ist der Ortskern von Kirchensittenbach. Mit seinen lediglich 2 200 Einwohnern auf etwa 45 Quadratkilometern stellt das Sittenbachtal einen eher dünn besiedelten, dafür aber stark landwirtschaftlich geprägten Landstrich der Hersbrucker Alb dar. Hauptort der Gemeinde ist Kirchensittenbach. Unabhängig von der eigentlichen Wanderung lohnt sich zunächst ein Gang durch das malerische Dorf. Sehenswerte Baudenkmäler sind sowohl das Tetzelschloss (Infokasten), einst Sitz von Lehnsleuten, als auch die befestigte Kirche St. Bartholomäus (Infokasten), ein wehrhaftes Ensemble.

Anschließend schlagen wir den ansteigenden Weg zur Hauptstraße (Staatsstraße 2404) ein, die wir besonders achtsam überqueren. Dann begehen wir die Hauptstraße (Staatsstraße 2404) wieder in nördlicher Richtung (Hormersdorf/Hohenstein) und biegen nach rechts in die ansteigende Rathausgasse ein. Am Rathaus vorbei folgen wir den Markierungen »Blaustrich« und »Blaupunkt« sowie dem »Fränkischen Gebirgsweg« bis zum Ende der Gasse. Ein knorriger Obstbaum leitet uns rechter Hand in einen Fuhrweg, der über eine Wiese den Hang hinaufführt. Vorbei an einer Fallobstwiese geht es hinein in den Buchenmischwald. Der Weg steigt hier nochmals kurzzeitig stark an.

Variante zu »Wachfels« und »Kirchloch«

Nach wenigen Metern zweigt ein handbeschrifteter Trampelpfad vom Hauptweg ab. Die Markierung »Rotring« weist dem Wanderer den Weg hinauf zum »Wachfels« mit Gipfelkreuz und zum »Kirchloch«. Der Legende nach war das »Kirchloch« mit der St. Bartholomäuskirche durch einen Tunnel verbunden, der den Menschen im Dreißigjährigen Krieg als Fluchtweg diente. Vom 593 Meter hohen »Wachfels« bietet sich ein schöner Ausblick über das Tal und die darin eingebettete, romantische Ortschaft Kirchensittenbach. Wer diesen Weg schon einmal eingeschlagen hat, kann von hier aus seinen Rundweg – mit einer geringfügigen Verlängerung – auch mit der Markierung »Rotring« bis Stöppach und von dort aus auf dem sogenannten »Main-Donau-Weg« bis zur Burg Hohenstein fortsetzen. Wer das nicht will, kehrt einfach zum Ausgangspunkt unseres Abstechers zurück.

Von nun an geht es mit Auf- und Abstiegen im moderaten Wechsel auf breitem Fuhrweg tiefer in den Laubwald hinein. Die Hangkante zu unseren Köpfen wird immer wieder durch Felsformationen durchbrochen. Nach einiger Zeit stoßen wir auf eine umfassendere Hinweistafel: »Blaupunkt« und »Fränkischer Gebirgsweg« führen rechter Hand, deutlich ansteigend auf die

Bergkuppe in Richtung Stöppach und weiter zum »Main-Donau-Weg«. Wir hingegen bleiben auf der Route, die mit dem »Blauen Querbalken« markiert ist. Bis hierhin haben wir nun einen guten Kilometer unserer Tour zurückgelegt. Auf dem Weg nach Hohenstein liegen aber noch knapp drei Kilometer vor uns.

Wir verlassen schließlich den Wald, wo der Weg auf eine Landstraße trifft. Sie führt uns den Berg hinan in Richtung Hohenstein. Ein Stück des Weges müssen wir entlang dieser befahrenen Straße zurücklegen. Nach etwa 250 Metern begegnet uns an einem Baum auf der linken Straßenseite wieder die Markierung »Blauer Querbalken«. Hier führt uns ein eher unscheinbarer und schmaler Pfad (Achtung: leicht zu übersehen!) durch Gebüsch und Unterholz auf der linken Straßenseite den Hang unterhalb der Kläranlage hinauf. Unter uns schlängelt sich die Straße nach Hohenstein dahin, während unser Weg rasch weiter ansteigt. Nach einigen hundert Metern durchqueren wir einen Obstanger und erreichen endlich den Ortsrand von Hohenstein, der höchstgelegenen Ortschaft im Landkreis.

Wir folgen der Dorfstraße (nahtloser Übergang) in Richtung Burg (Infokasten). Am Fuß der Festung besteht die Gelegenheit für eine süße Einkehr: Die Riesenwindbeutel vom *Hohensteiner Hof* haben nämlich einen legendären Ruf (s. S. 250f.). Nach Rast

und einer ausgiebigen Besichtigung der frisch renovierten Burg kehren wir zurück zur Dorfstraße und beginnen unseren Abstieg mit Etappenziel Algersdorf auf zunächst bekanntem Weg mit der Markierung »Blaustrich«.

Etwa 50 Meter oberhalb der Stelle, an der wir bei unserer Ankunft auf die Dorfstraße eingebogen sind, müssen wir zunächst noch auf die Infotafel mit der Markierung »Fränkischer Gebirgsweg« achten. Mit diesem Zeichen zweigen wir nach rechts in den Wald ab, wobei wir das alte Feuerwehrhäuschen mit Fachwerkgiebel und Sirene hinter uns lassen. Im hellen Mischwald treffen wir nach wenigen Metern auf scheinbar regungslos zwischen den Felsen verharrende »Gestalten« (rechts oberhalb zwischen den Felsen: ein Widder; auf der Ebene etwas weiter links: zwei Bären). Wie sich herausstellt, handelt es sich aber lediglich um einen Teil des »3-D-Bogenparcours« des in Hohenstein und Nürnberg ansässigen Vereins *Schwert und Bogen*. Das Gelände ist privat und darf nur von Mitgliedern genutzt werden. Auch nachdem wir die wilden Tiere hinter uns gelassen haben, behält der Wald seine märchenhafte Atmosphäre. Das Gelände ist zwar felsig und teilweise stark abfallend, doch unser Pfad führt trittsicher hinab bis ins eineinhalb Kilometer entfernte Algersdorf. Am Fuße des Berges, noch an einem kleinen »Brünnerl« vorbei, treffen wir wieder auf die viel befahrene Staatsstraße 2404 (A9/ Anschlussstelle: Hormersdorf). Auf der gegenüberliegenden Seite liegt Algersdorf. Achten Sie bei der Querung bitte auf den Verkehr.

Algersdorf ist vor allem Naturliebhabern in der Region ein Begriff. Zwischen Mitte Februar und Anfang April lockt hier alljährlich ein kleines Wunder die Schaulustigen an: Dann nämlich, wenn die örtliche Waldfläche direkt am »Fränkischen Gebirgsweg« mit blühenden Märzenbechern nur so gespickt ist. In dem kleinen Ort angekommen, folgen wir zunächst (etwa 100 m) dem Bachlauf. Die erste Brücke in Richtung Entmersberg passieren wir noch, die zweite Brücke (Richtung Morsbrunn) hingegen weist uns mit einem am Geländer angebrachten Täfelchen den Weg zum »Märzenbecherwald«. Auch auf der geteerten und deutlich ansteigenden Verbindungsstraße Richtung Morsbrunn folgen wir weiter der Markierung »Fränkischer Gebirgsweg«. Nach etwa 300 Metern biegen wir linker Hand in einen Fuhrweg ab. Ein letzter Blick zurück lohnt sich: Einsam, doch erhaben

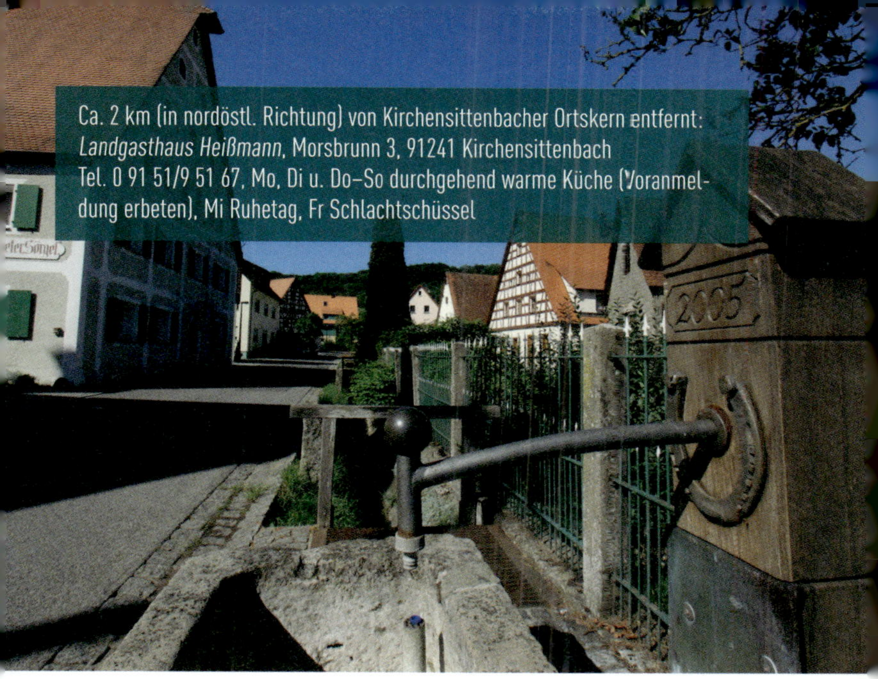

Ca. 2 km (in nordöstl. Richtung) von Kirchensittenbacher Ortskern entfernt:
Landgasthaus Heißmann, Morsbrunn 3, 91241 Kirchensittenbach
Tel. 0 91 51/9 51 67, Mo, Di u. Do–So durchgehend warme Küche (Voranmeldung erbeten), Mi Ruhetag, Fr Schlachtschüssel

wacht über uns Burg Hohenstein. Wir queren die anschließende Wiese und gelangen nach 200 Metern in einen zum Tal hin abfallenden Buchenmischwald. Bald darauf mahnt uns ein Schild mit dem Titel »Landschaftsschutzgebiet«, dass wir das Naturdenkmal »Märzenbecherwald« erreicht haben. Das Gebiet ist frei zugänglich. Doch es gilt: Um dieses kleine Naturschauspiel zu bewahren, ist es wichtig, dass Wanderer und Fotografen stets auf dem Pfad bleiben!

Wir laufen noch einige hundert Meter am Waldrand entlang, überqueren eine Lichtung und treten dann in dichteren Nadelwald ein. Zunächst geht es auf geschottertem Forstweg weiter. Nach einem halben Kilometer gelangen wir mit dem »Fränkischen Gebirgsweg« an eine Kreuzung: Die reguläre Route auf dem »Fränkischen Gebirgsweg« führt über einen schmalen, teilweise ausgeschwemmten und häufig matschigen Pfad zunächst bergab und dann ins Tal, auf eine Wiese zwischen Sittenbach und dem Waldrand von Dietershofen. Der kleine, ebenfalls zu Kirchensittenbach gehörende Flecken hat einige schöne Fachwerkhäuser zu bieten. Am nordöstlichen Ortsrand steht das »Wasserschlösserl«, eine um 1910 im Stile eines Herrensitzes erbaute, ehemalige Wasser- und Pumpstation. Wir queren einen Hinterhof und gelangen an die namenlose Dorfstraße, wo wir uns rechts halten. Kurz vor der Ortsausfahrt in Richtung Morsbrunn biegen wir an einer schön restaurierten Fachwerkscheune (Alternativroute stößt von oben wieder dazu) nach links und gleich hinter der Scheune nach rechts in einen Feldweg ein.

Variante bei/nach schlechtem Wetter

Alternativ lassen wir den »Fränkischen Gebirgsweg« links liegen und folgen dem forstwirtschaftlichen Nutzweg ohne Markierung. Nach einer lang gezogenen Rechtskurve eröffnet sich oberhalb von Dietershofen ein weitläufiges Panorama über das Sittenbachtal. Eine Holzbank bietet eine schöne Gelegenheit zur Rast. Danach nehmen wir die vom Dorf kommende Teerstraße nach unten (etwa 500 m), wo wir am nordwestlichen Ortsrand wieder direkt auf den »Fränkischen Gebirgsweg« in Richtung Kirchensittenbach treffen.

Zwischen Obstwiesen linker Hand und Pferdekoppel auf der rechten Seite geht es den Berg hinauf und nochmals ein kurzes Stück in den Wald hinein. Sobald wir oben angekommen sind, kreuzt ein von Nordwesten kommender Fuhrweg unsere Route. Wir biegen hier links ab und folgen dem weiteren Talverlauf in südlicher Richtung. Etwas erhöht setzt sich der Weg am Waldrand fort. Unter uns erstrecken sich Dietershofen sowie ein schöner, alter Hutanger. Weiter auf dem »Fränkischen Gebirgsweg« legen wir den letzten Teil unserer Tour über Wiesen, Flure und Anger bis nach Kirchensittenbach zurück. Im Ort angekommen biegen wir erst nach links in die »Mühlwiese« (Straßenname) und dann nach rechts in den Erlenweg ein. Der Bachlauf bringt uns schließlich an unseren Ausgangspunkt zurück.

Da das zentrale Gasthaus *Zur Post* nebst Hotel derzeit wegen eines Besitzerwechsels geschlossen ist, bietet vor Ort lediglich das Gasthaus *Zum weißen Roß* (Dorfstr. 5) die Möglichkeit einer Brotzeit. An Sonntagen hat zudem das Gasthaus *Schmidt* (Hauptstr. 15) geöffnet. Wer allerdings zünfig einkehren will und die fränkische Küche in all ihren wunderbaren Facetten genießen möchte, dem sei der *Landgasthof Heißmann* mit hauseigener Schlachtung im etwa zwei Kilometer entfernten Ortsteil Morsbrunn ans Herz gelegt. Größere Gruppen sollten sich aber auch hier vorab telefonisch anmelden.

Naturdenkmal Märzenbecherwald

Der malerische »Märzenbecherwald« ist an einem sumpfigen Osthang im Wald, etwa einen halben Kilometer südlich von Algersdorf, gelegen. Algersdorf ist einer von insgesamt 21 kleineren Ortsteilen der Gemeinde Kirchensittenbach. Seinen Namen verdankt der verwunschene Ort dem häufigen Vorkommen der Frühlingsblume Märzenbecher. Da es sich um das größte bekannte Vorkommen der Frühlingsknotenblume im Landkreis Nürnberger Land handelt, ist das etwa eineinhalb Hektar große Laubwaldgebiet ein ausgewiesenes Naturdenkmal. Der Märzenbecher gedeiht auf sumpfigem Boden besonders gut und bedeckt den braunen Laubwaldboden im Frühjahr mit einem beeindruckenden weißen Blütenteppich. Jedes Jahr, natürlich abhängig von der Witterung, steht das Areal zwischen Mitte Februar und Anfang April in voller Blütenpracht.

---

72. Brüderzwist unter Patriziern

Historisches Tetzelschloss mit Freiluftkino

Das Tetzelschloss steht bis heute in nahezu unverändertem Zustand unweit des Ortskerns von Kirchensittenbach. Selbst die weitläufige Parkanlage mit Voitenhaus und mehreren Nebengebäuden wie Stallung, Scheune und Waschhaus ist noch von der ursprünglichen Mauer mit Satteldach und gusseisernem Tor umfriedet. Damit ist das auch als »Neues Schloss« betitelte Anwesen ein anschauliches Beispiel für derlei Herrensitze, welche Nürnberger Patrizierfamilien reihenweise an strategischen Punkten Frankens bauen ließen, nachdem sie einmal mit zunehmendem Reichtum in den Adelsstand erhoben worden waren. Errichtet wurde das herrschaftliche Anwesen in den Jahren 1590 bis 1595 und zwar unweit des alten »Herrensitzes derer zu Erlbeck«, der nicht mehr erhalten ist. Die Bauleitung hatte laut Überlieferung der Nürnberger Ratsbaumeister Wolf Jacob Stromer. An das Haupthaus, einen dreigeschossigen Sandsteinbau, fügt sich rechtwinklig ein ebenfalls dreigeschossiger Flügel an. Die beiden Gebäude sind jeweils mit Satteldach und Schleppgaube versehen. Vom Innenhof gelangt man über einen achteckigen Turm mit Kuppelhelm und Spindeltreppe in die oberen Stockwerke.

Im Erdgeschoss befindet sich eine große Halle, der sogenannte Gartensaal: Eine mächtige Eichensäule im Inneren trägt die hohe Balkendecke. Der 120 Quadratmeter große Festsaal mit freiliegendem Fachwerk und anheimelnden Fensternischen wurde erst vor wenigen Jahren umfassend saniert und kann auch für private Zwecke wie Hochzeiten oder runde Geburtstage gemietet werden. Auch im zweiten Obergeschoss findet sich ein größerer repräsentativer Raum mit zum Teil originalem Mobiliar, der aber nur zu den Führungen besichtigt werden kann. In den meisten Räumen des Schlosses sind die ursprünglichen Spund- und Balkendecken erhalten geblieben. Die letzte Sanierung, die vornehmlich der statischen Sicherung der Fundamente und Dächer diente, wurde im Jahr 2007 abgeschlossen. Da der Erbauer Jobst Friedrich Tetzel keine direkten Nachfahren hatte, jedoch mit seinem Bruder Karl in Glaubensfragen im ständigen Clinch lag, rief dieser eine nach ihm benannte Stiftung ins Leben, um seine Besitztümer auch nach dem Tode vor den verhassten Katholiken zu schützen. Die kuriose Situation ging gar so weit, dass der kleine Ort fast 129 Jahre lang auf beide Familienlinien aufgeteilt war und sogar mit zwei Gerichten aufwarten konnte. Seit 1612 obliegt es deshalb der *Jobst-Friedrich-Tetzel-Stiftung*, einen Schlossverwalter zu bestimmen. Die Ehre kommt stets

Jobst Friedrich von Tetzel´sche Familienstiftung
Schloss 1, 91241 Kirchensittenbach, Tel. 0 91 51/9 44 96, www.tetzelschloss.de
Bürozeiten: Mo 14.00–20.00, Di 8.00–12.00, Führungen nach Vereinbarung
während des Kinosommers finden Kurzführungen statt (Termine s. Webseite)
Eintritt zu den Führungen 3,50 €

dem ältesten männlichen Nachfahren zu. Dieser hat zwar das Wohn- und Nutzungsrecht im Schloss, eine Veräußerung der Stiftungsgüter ist ihm aber verboten. Nach dem Aussterben der ursprünglichen Stifterfamilie rückten im Wechsel die Familien Volckamer (seit 1792 bis heute), Groland, Rummel und Stockamer nach. Später entschied das Los, so rückten die Familien Behaim und Stromer nach. Aktuell obliegt das Amt einem Nachfahren aus dem Geschlecht der Stromer von Reichenbach, der das Schloss nach langer Pause erfreulicherweise wieder der Öffentlichkeit zugänglich machte. Ein ehrenamtlicher Förderverein kümmert sich um die kulturelle Bespielung des Anwesens. So findet alljährlich im August das zweiwöchige Freiluftkino »Filmsommer im Tetzelschloss« in Kooperation mit dem *Babylon Kino* (Fürth) statt. Parallel dazu zeigen bildende Künstler im Schloss ihr Können und der Förderverein sorgt mit süßen Snacks, selbstgebackenen Kuchen, Salaten und Gegrilltem (auch vegetarisch) für eine leckere und abwechslungsreiche Bewirtung auf den Biertischen oder der Picknickdecke.

73. Augenstern des Nürnberger Adels

Wehrkirche St. Bartholomäus

Im Zentrum von Kirchensittenbach steht wohl das mit Abstand eindrücklichste Kirchenensemble der Hersbrucker Schweiz – die St. Bartholomäuskirche. Geschützt von dicken Mauern ragt der beeindruckende Kirchturm zwischen dem »Torhaus« linker Hand und dem »Frühmesserhaus« auf der rechten Seite in den Himmel. Die Kirche selbst hat einen kreuzförmigen Grundriss. Ein Großteil der mittelalterlichen Ummauerung ist zwar inzwischen abgebrochen. Besucher können sich dennoch leicht zurückversetzen, um sich vorzustellen, wie die Dorfbewohner wohl in Zeiten der Not hier Obdach und Schutz fanden. Die Wehrkirche aus spätromanischer Zeit trägt in Gewölbe und Sakristei spätgotische Züge. In drei hohe Kirchenfenster wurden um 1600 prächtige, bunte Wappenscheiben eingesetzt. Barocke Umbauten erfolgten wohl erst zu Beginn des 18. Jahrhunderts, anlässlich des 200-jährigen Jubiläums derer von Tetzel

St. Bartholomäus, Pfarrgasse 1, 91241 Kirchensittenbach
Tel. 0 91 51/9 46 16, tägl. 9.30–17.00, Gottesdienst So 9.30

als Schlossherren in Kirchensittenbach. Eine Inschriftentafel am südlichen Querschiff des Gotteshauses erinnert daran. Aus dieser Zeit stammt auch der frühbarocke Altar. Aus dem nördlichen Querschiff wölbt sich eine massive Herrschaftsempore hervor. Sie ermöglichte dem jeweils amtierenden Schlossherren den Besuch des Gottesdienstes ohne Berührungspunkte mit dem einfachen Volk. Im April 1591 brannte das evangelische Gotteshaus völlig aus. Das Feuer ist überliefert, da der Kartograf Paul Pfinzing das Ausmaß der Zerstörung in einer Zeichnung festgehalten hat. Der Kirchensittenbacher Patrizier Jobst Friedrich Tetzel scheute allerdings weder Kosten noch Mühen, um die St. Bartholomäuskirche unweit seines herrschaftlichen Wohnsitzes so bald als möglich wiederherzustellen. Er wurde dafür in einem mächtigen Tumbengrab unter der Herrschaftsempore beigesetzt. Die Verschlussplatte aus rotem Untersberger Marmor wurde vom bekannten Bildhauer Hans Werner gefertigt. Überhaupt erinnern im Inneren der Kirche etliche Totenschilde und Gedächtnisplatten an all die großzügigen Bauherren aus dem Geschlecht der Tetzel, Volckamer und Behaim.

Auf den fränkischen Spuren der »Via Mala«

Der Roman *Via Mala* von John Knittel ist ein Klassiker, den viele kennen. Das Drama um den Sägewerksbesitzer Jonas Lauretz, der seiner Familie das Leben so lange zur Hölle macht, bis die sich des brutalen Patriarchen schließlich drastisch entledigt, hat nicht zuletzt auch Filmgeschichte geschrieben: In den 1960er-Jahren schlüpfte Gert Fröbe in die Rolle des Tyrannen. 20 Jahre später brillierte Mario Adorf in einer dreiteiligen Fernsehadaption von Regisseur Tom Toelle. Die wenigsten wissen jedoch, dass die Geschichte eine reale Vorlage in Franken hat. Der Vatermord an einem grausamen Müller, der die Kirchensittenbacher Obermühle bewirtschaftete, ist durch ein Buch von Anselm Feuerbach, Vater des Philosophen Ludwig Feuerbach und zeitweiliger Vormund von Kasper Hauser, belegt. In dem Buch *Aktenmäßige Darstellungen merkwürdiger Verbrechen* beschrieb der Rechtsgelehrte und spätere Begründer des Bayerischen Strafrechts von 1813 diesen bemerkenswerten Akt von Selbstjustiz ausführlich. Der Fall wurde so im Sommer 1817 vor dem Hersbrucker Amtsgericht verhandelt. Der Schweizer Schriftsteller John Knittel allerdings verlegte die Handlung – ohne jemals einen Fuß ins Sittenbachtal gesetzt zu haben – an die beeindruckende Via-Mala-Schlucht im Kanton Graubünden. Die Kirchensittenbacher Obermühle ist schon längst nicht mehr in Betrieb. Das Gebäude an sich steht aber noch überwiegend so da wie auch vor 200 Jahren. Das Areal fungiert inzwischen als Reiterhof. In den angrenzenden Teichen, die noch vom Sittenbach gespeist werden, wird in kleinerem Rahmen Fischzucht betrieben.

---

74. Wuchtiges Bollwerk über den Baumwipfeln

Burg Hohenstein

Auf einem massiven Felsgipfel am nördlichen Ende des Sittenbachtales thront uneinnehmbar Burg Hohenstein. Die markante Silhouette der Veste zählt zu den einzigartigen Wahrzeichen der Hersbrucker Schweiz. Mit 634 Metern ist die Burg der wohl höchste bewohnte Punkt Mittelfrankens und bietet nach allen Seiten freie Sicht über das Hochland. Das wussten bereits die Vögte der Wittelsbacher und Staufer zu schätzen, die von hier aus bis nach Hersbruck regierten. Aus der Ferne verschmelzen Fels und Buckelquadermauerwerk zu einem wuchtigen Bollwerk über den Baumwipfeln. Ähnlich außergewöhnlich ist der »Glockenstuhl«, dessen Baumeister tatsächlich die Natur selbst war. Wer dieses atemberaubende Panorama genießen möchte, muss zunächst einmal über 150 Stufen bewältigen.

Die Burg hat eine lange und bewegte Geschichte: Erbaut in der zweiten Hälfte des 11. Jahrhunderts durch Bamberger Bischöfe, kam sie 1505 in den Besitz der Freien Reichsstadt Nürnberg, die dort für ihre Verwalter das sogenannte »Lange Haus« errichten ließ. 1553 wurde die Burg durch den Markgrafen Albrecht Alcibiades erstürmt und niedergebrannt. Nach über 300-jähriger reichsstädtischer Zugehörigkeit kam die Burg dann in bayerischen Besitz. König Ludwig I. sorgte ab 1840 dafür, dass die »Hohenstein« zum Denkmal erhoben wurde. Der damals einsturzgefährdete Palas wurde nicht abgetragen, sondern saniert. Später gingen Teile der Veste in Privatbesitz über. Zu Beginn der 1980er-Jahre erwarb der *Verschönerungsverein Hohenstein* den Hauptteil der Burg samt Palas vom Freistaat Bayern. Zuvor hatte

Burg Hohenstein, Hohenstein, 91241 Kirchensittenbach
www.burg-hohenstein.com, So u. Fei 11.00–17.00
Burg ist März–Nov geöffnet (sobald es die Witterung zulässt)
Mo–Fr kann man sich den Schlüssel im Lebensmittelladen *Lotte Igel* abholen
Erwachsene 2 €, Kinder 1 €

der Verein bereits die Burgkapelle erworben, stilgerecht renoviert und so eine kirchliche Nutzung wieder ermöglicht.

Seitdem setzen sich der Vereinsvorsitzende Georg Maul und seine Mitstreiter unermüdlich dafür ein, dass die geschichtsträchtige Burg auch weiterhin für die Öffentlichkeit zugänglich bleibt. Erst in den vergangenen Jahren ist die Festung mithilfe von Denkmalschutz und Spendengeldern für über eine Million Euro umfassend saniert worden. So ist es vor Ort inzwischen auch möglich, mithilfe eines computergesteuerten Terminals durch die Geschichte der Burg zu surfen. Die offizielle Einweihung nach der Renovierung fand im Jahr 2016 statt. Die neu gestalteten Räumlichkeiten bieten Platz für allerlei kulturelles Leben wie Ausstellungen oder Theater. Und im Innenhof wurde eine Gartenanlage nach dem Vorbild alter Bauerngärten mit heimischen sowie geschützten Wildkräutern, Gewürz- und Heilpflanzen angelegt. In den Wintermonaten ist die Burg aus Sicherheitsgründen für den Publikumsverkehr geschlossen.

Große Ausnahme ist die traditionelle Christmette am 24. Dezember: Wenn es die Witterung zulässt – die Kapelle selbst fasst nur wenige Besucher, sodass mancher im Burghof ausharren muss –, findet der Weihnachtsgottesdienst gegen Mitternacht statt. Programm ist regelmäßig auch zum »Tag des offenen Denkmals« geboten. Und seit dem Jahr 2015 sind auf Burg Hohenstein standesamtliche Eheschließungen sowie Eintragungen von Lebenspartnerschaften möglich. Die Trauungen finden dann im historischen Burgstübchen statt. Dort haben allerdings maximal 25 Personen Platz. (Anmeldung über die Gemeindeverwaltung Kirchensittenbach). Alljährlich zur Sommersonnenwende im Juni brennt am Hohensteiner Anger das Sonnwendfeuer mit Blick auf die Burg und mit einem Kinderfackelzug bei Einbruch der Dämmerung.

75. Hohensteiner Hof

Windbeutelschlacht am Fuße der Festung

Die Windbeutel der Familie Eckert vom *Hohensteiner Hof* sind bis weit über die Grenzen der Hersbrucker Alb hinaus bekannt und beliebt. Wer Lust auf eine der kreativen Köstlichkeiten hat, sollte deshalb für diese kulinarische Reise immer ein wenig Zeit und Geduld mitbringen. Auf der Sonnenterrasse mit Blick auf Burg Hohenstein und in den drei gemütlichen Gasträumen herrscht eigentlich immer reger Betrieb. Die Auswahl auf der Karte ist so groß, dass mindestens einer der »Brandteigkrapferl« das Wasser im Mund zusammenlaufen lässt. Die riesigen »Ofenküchlein« aus bestem Brandteig und mit echter Sahne gibt es in allen nur erdenklichen Geschmacksvariationen und mit einer Vielzahl von Füllungen wie Eiscreme, Obst, Nüssen oder Likör. Das Angebot wandelt sich mit den Jahreszeiten: angefangen mit dem Klassiker »Vanilleeis und heiße Sauerkirschen« bis hin zu exotischeren Kreationen mit Waldmeister oder dem sogenannten »Katharinchen« mit Eierlikör. Ein echtes Schlemmerstück ist übrigens der »Große Felsbrocken« mit Walnusseis und Karamell-Schokoladen-Soße. Eigentlich unnötig zu erwähnen, aber für Kinder und Spatzen gibt es auch »kleine« Windbeutel. Die Speisekarte bietet darüber hinaus zwar auch noch deftige fränkische Küche, die Tour zum Fuß der Burg Hohenstein lohnt sich aber vor allem wegen der namensgebenden Windbeutel. In den Wintermonaten kann man sich die süßen Kalorienbomben übrigens hinterm Haus auf Skiern gleich wieder abtrainieren (s. S. 185f.).

Architekt: Herr Thomas Glöckner, Nürnberg
©KREATION: Brandnew-Design.de
©FOTO: Fotolia MEDIA-IT: Studio-Winter.de
FACKELMANN®
THERME
HERSBRUCK
MEINE VITALQUELLE
IM NÜRNBERGER LAND
THERMENTELEFON
09151 / 83930
BADSTRASSE 16
91217 HERSBRUCK
THERMENWELT
SAUNAPARK
WELLNESSOASE
SPORT & ERLEBNISBAD
staatlich anerkanntes Heilwasser!
FACKELMANNTHERME.DE